루시의 발자국

LA VIDA CONTADA POR UN
SAPIENS A UN NEANDERTAL

소설가와 고생물학자의
유쾌하고 지적인
인간 진화 탐구 여행

루시의 발자국

남진희 옮김 ― 김준홍 감수

후안 호세 미야스 · 후안 루이스 아르수아가 지음

틈새책방

추천의 말

찰스 다윈은 명성 높은 학자이며, 그가 쓴 《종의 기원》도 아주 유명하다. 그런데 책의 내용은 제법 까다로워서 '자연 선택'의 과정을 통해 환경 적응에 더 적합한 형질을 가진 생물이 상대적으로 우월하게 생장하고 생식한다는 그의 거대한 주장을 제대로 탐독하기가 버겁다. 《루시의 발자국》을 읽으며, 다윈의 진화와 그 너머의 인류사를 부담 없이 읽었다. 책 속의 두 이야기꾼, 그러니까 고인류학자 '후안 루이스 아르수아가'와 소설가 '후안 호세 미야스' 사이에 오간, 지성 넘치고 감흥 돋는 대화 덕분이다.

사실 말을 풀어내는 학자 아르수아가와 말을 쓸어 담는 작가 미야스의 대화는 줄곧 덤덤하고 그들의 관계도 꽤 건조하다. 미야스는 아르수아가를 강박을 가진 예민한 사람으로 보았는데, 내가 보기에는 미야스도 만만치 않다. 어쨌든 감정적 동요가 적은 대화의 분위기는 책의 내용에 적절히 몰입할 수 있도록 돕는다. 이는 크게 어렵지는 않으나 결코 가볍지도 않은 책의 주요 내용을 주워 담는데 분명한 장점이 되었다. 또한, 대화 형식을 입은 화법은 내용을 탁월하게 전달하는 효과를 냈다.

두 사람은 들녘, 계곡, 해변, 박물관, 시장, 놀이터, 장난감 가게, 동굴, 문화센터 등 여러 공간을 함께 다니면서, 아주 오래 전부터 현재에 이르기까지 광활한 자연환경에 적응하면서 생장하고 생식하는 생물들에 관한 이야기를 나눈다. 이야기는 두 가지 측면에서 빠짐없는 인류 개체의 진화사와 전체의 사회사를 다뤘다. 먼저 사람이라는 존재, 그리고 이와 직간접적인 생존의 관계망에 있는 다종 생물들의 형질 변화와 진화 방향을 아울렀다. 여기에 인류학, 고고학, 역사학, 철학, 심리학, 유전학, 생물학, 생리학, 예술학, 지리학, 인구학, 사회학 등 각종 학문의 전통 이론과 최근 시각까지 망라했다. 결국 여러 공간들도 탁월한 화자와 치밀한 청자가 짧은 여정에도 깊은 성찰을 하도록 이끄는 유효한 무대였던 것이다.

이만큼 책의 내용 구성과 흐름이 치밀하여, 두 사람을 따라 걸으며 이어지는 대화를 듣고 담는데 별다른 혼선은 없었다. 가볍지 않은 내용들로 가득하지만, 읽는 방향을 거꾸로 되돌리지 않아도 됐다. 그래서 인류가 지금 우리 호모 사피엔스에 이르기까지, 복잡한 변인들의 영향을 받는 가운데서도 일관되게 진행되어 온 인류의 진화와 사회 구성에 대한 많은 논점들을 차분히 짚어볼 수 있었다. 독자들이 아르수아 또는 미야스가 되어 주변 생명들과 이 세계 모든 종의 진화와 생존, 그리고 관계와 공존에 대해 대화하는 데, 이 책이 유용한 유전자로 쓰일 듯하다.

옥재원 국립중앙박물관 교육과 학예연구사

차례

영

할아버지를
찾아뵙고

몇 년 전, 나는 아타푸에르카Atapuerca[1]에 한동안 머무르다 집에 돌아왔다. 그러자 이 사람 저 사람 모두 어디에 다녀왔냐고 물었다.

"할아버지를 뵙고 왔어요."

그곳에서 보낸 며칠은 내 삶을 완전히 바꿔 놓았다. 나는 돌아오는 길에 생각에 빠져들었다. 사람들에게 널리 알려진 선사 시대 유적지에 살았던 옛사람들과 나 사이에 신체적으로나 영적인 면에서 뭔가 특별한 유사성이 있을 것 같았다.

날카롭게 위벽을 찌르는 듯한 느낌을 받았다. 우리를 갈라놓고 있는 수 세기의 시간이, 우리를 하나로 묶고 있는 몇 천 년이라는 시간 단위 앞에선 매우 작은 동전에 불과했다. 인류가 살아온 시간 95퍼센트는 선사 시대先史時代다. 누군가가 이야기했듯이, 우리 인간이 역사 시대歷史時代라고 하는 이 짧은 시기에 들어온 것 자체가 얼마 되지 않았다. 예를 들어, 문자는 5000년 전에 만들어졌지만, 전체 역사에서 본다면 '어제' 발명된 것이다. 눈을 감고 팔을 뻗으면 아타푸에르카에 살았던 옛사람들의 손에 닿을 정도로 가깝다고 할 수 있다. 아타푸에르카에 살았던 선사 시대 사람들이 지금 내 마음 한편에 자리 잡

---

1   스페인 부르고스 주에 있는 작은 마을로, 선사 시대 유적지가 발견되어 세계 문화유산에 등재되었다.

영. 할아버지를 찾아뵙고

고 있듯이, 나 역시 이미 옛사람들의 가슴속에 존재하고 있을지도 모른다.

새로운 발견은 나를 엄청난 혼란의 회오리 속으로 사정없이 밀어 넣었다. 선사 시대는 과거의 문제일 뿐만 아니라, 내 마음을 움직일 수 있는 현실을 담고 있었다. 과거의 일들이 현재를 잘 설명하고 있다는 사실을 고려한다면, 내가 발 딛고 있는 현실 못지않게 선사 시대의 일들도 나와 밀접하게 연계되어 있다고 할 수 있다.

그래서 이 주제를 다룬 가장 기초적인 책을 모아 작은 도서관을 만들고 읽기 시작했다. 여기에 빠져들면 들수록, 지식을 더 쌓으면 쌓을수록 나의 무지가 더욱 드러났다. 그럴수록 쉬지 않고 읽고 또 읽었다. 구석기 시대인들이 첫 번째 마약이었다면, 신석기 시대인들은 두 번째 마약이었고, 네안데르탈인들은 세 번째 마약이었다. 내 나이와 턱없이 부족한 지식을 고려했을 때, 이 주제에 대해 독창적인 책을 쓸 수 있을 정도의 지식은 절대로 섭렵하지 못하리라 깨달았지만, 그때는 이미 여러 가지 약물에 중독된 상태였다. 나는 아타푸에르카 여행을 다녀오고 나서 책을 써 보겠다고 마음먹었다.

어떤 책?

장르도 정하지 않았다. 소설이 되었다가, 에세이가 되기도 했고, 가끔은 소설과 에세이를 섞어 놓은 장르가 되기도 했다.

르포도 생각했고, 긴 시를 떠올리기도 했다. 책을 쓰겠다는 목표는 곧 포기했지만, '마약'마저 포기할 수는 없었다.

그러는 동안 몇 가지 일이 일어났다. 나는 소설 한 편을 출간했는데, 부르고스에 있는 아타푸에르카 유적지와 연관이 있는 인류 진화 박물관에서 이를 소개해 달라는 초대를 받았다. 덕분에 그곳에서 박물관 학예연구팀장이자 유적지 부소장을 맡고 있는 고생물학자 후안 루이스 아르수아가를 알게 되었다. 친절하게도 그는 내가 박물관을 둘러볼 수 있도록 호의를 베풀었고, 안내도 해 주었다. 선사 시대와 진화를 다룬 책들이 모여 있는 내 작은 도서관 서가에는 그가 쓴 책들도 있었다. 그 책들을 정말 욕심껏 읽었지만, 당연히 받아야 할 '보상'이, 다시 말해 머리에 쌓여 있는 것이 별로 없었다. 고생물학자는 책을 쓸 때, 많은 것을 순순히 넘겨주지 않았다. 다른 말로 표현하면, 독자인 나는 저자인 아르수아가의 수준을 따라가는 게 쉽지 않았다.

그렇지만 '이야기꾼' 아르수아가는 거침이 없으면서도 예민하고 매력적인 사람이었다. 나는 그의 이야기를 말 그대로 침을 흘리면서 들었다. 구구절절 표현이 기발한 문장을 선사했다. 나는 그 표현들을 내 것으로 만들고 싶었다. 어쩌면 일부는 내 문장이 됐을 수도 있다.

나는 아르수아가가 선사 시대를 이야기하기 위해 반드시

현재를 거론한다는 사실을 알았다. 현재를 말하기 위해 선사 시대를 논해야만 하는 것과 똑같은 이치였다. 아르수아가는 전통적인 교육을 통해 우리가 배운 선사 시대와 역사 시대를 구분하는 부당한 경계선을 지워 버렸다. 그 덕분에 나는 시나브로 우리 조상들에게 더욱 친밀감을 느낄 수 있었다. 그의 이야기를 들으며, 선사 시대와 현재 사이에는 내가 그동안 감성으로만 받아들였던 연속성이 존재한다는 사실을 깨달았다. 그러나 논리적으로 이 둘을 연결하기는 여전히 어려웠다.

또 1년의 시간이 흘러갔다. 그동안 나는 책을 읽고 또 읽어서, 내 생각에 불과할지는 모르겠는데, 선사 시대 조상들과 나 사이를 갈라놓던 투명한 유리에 작은 틈새를 만들 수 있었다. 나와 진정한 나를 갈라놓고 있던 유리 벽 말이다.

또 한 편의 소설을 발표했고, 일 하나를 도모했다. 인류 진화 박물관에서 소설을 소개할 수 있는 자리에 나를 다시 한 번 초대하도록 박물관 측 사람들과 의견을 나눴다. 내 편집자들에게는 가능하다면 아르수아가와의 점심 식사 자리를 마련해 달라고 요청했다.

우리는 함께 점심을 먹었다.

두 번째 접시가 나왔을 때, 리베라 델 두에로Ribera del Duero 포도주 서너 잔을 마신 덕에 용기를 내어 본론으로 들어갈 수 있었다.

"아르수아가, 당신은 정말 뛰어난 이야기꾼이에요. 나처럼 무식한 사람들에게 말로 하는데도 설명을 잘해요. 글을 쓴 것 보다도요."

"수업 덕분이지요. 학생들이 졸지 않게 하려면 수천 가지 수업 자료를 미리 준비해야 해요."

"그래서 말인데요. 당신과 내가 한 팀이 되어 생명에 관해 이야기해 보는 것은 어떨까요?"

"어떻게 한 팀이 된다는 거죠?"

"이런 방법을 생각해 봤어요. 어디든 당신이 원하는 곳으로 나를 데려가요. 고고학 유적지든, 들녘이든, 분만실이든, 영안실이든, 카나리아 전시장이든…."

"그리고요?"

"우리가 함께 본 것을 나에게 이야기해 줘요. 나에게 설명하는 거지요. 그럼 나는 당신 이야기를 내 것으로 만들 거예요. 내 방식으로 소화한 다음, 그중에서 쓸 만한 재료를 골라서 잘 연결해 글을 완성하는 거죠. 그러면 생명이라는 '존재'에 대해 멋진 이야기를 그려낼 수 있을 거라고 믿어요."

아르수아가는 단숨에 포도주 한 잔을 마시고, 한참 동안 아무 말도 하지 않았다. 다시 우리는 식사를 하며 생명에 관해 이야기했다. 우리 계획을, 우리 취향과 혐오를, 좌절을…. 언뜻 보기엔 아르수아가가 내 제안에 별 흥미를 느끼지 못해서 귓

등으로 흘려들은 것 같았다.

마음 한쪽에선 이미 포기하고 있었다. 하지만 계속 홀로 기도하는 마음으로 시도할 요량이었다. 카페에 도착하자, 아르수아가는 찬찬히 나를 바라보더니 수수께끼 같은 미소를 지으며, 손바닥으로 탁자를 내리치면서 이렇게 말하였다.

"해 보죠!"

결국 우리는 함께하게 됐다.

하나

활짝 핀 금작화

"이것은 아스포델Asphodel이라는 꽃인데요. 엘리시온에서 피지요. 어느 날 선생님께서 눈을 떴을 때 주변이 아스포델 천지라면, 선생님은 이미 죽었다는 것을 의미해요."

내 눈앞에 환영의 꽃처럼 활짝 핀 아스포델의 하얀 꽃잎을 꼼꼼히 관찰했다. 나는 온 천지를 뒤덮은 아스포델을 바라보며 이런 의문이 들었다. '조금 전에 이 이야기를 해 준 사람과 나, 모두 이미 죽은 게 아닐까?' 나에게 '이야기를 해 준 사람'은 다름 아닌 고생물학자인 후안 무이스 아르수아가였고, '나'는 고생물학에 푹 빠진 후안 호세 미야스였다.

이미 죽었을지도 모른다는 생각에 용기를 내 과학자를 따라갔다. 아스포델은 작은 키 아래 울퉁불퉁한 땅바닥을 감춰 놓아 발을 딛고 서 있기 힘들게 했다. 아르수아가는 그런 아스포델에 진한 친근감을 느끼고 있는 것 같았다. 포도알처럼 움푹 패인 곳으로 올라서자 그곳엔 실개천이 흐르고 있었다. 아르수아가는 꽃 사이에 잘 보이지도 않는 길을 따라 나는 듯이 나아갔다. 나는 그의 발자국을 따라 밟으며 가려 했지만, 이따금 엉뚱한 곳을 밟거나 돌부리에 걸려 중심을 잃고 비틀거리기 일쑤였다. 그럴 때마다 민망한 꼴을 다시 보이지 않기 위해서 아무 소리 없이 얼른 몸을 곧추세웠다.

마침내 가장 높은 곳에 올랐다. 그는 그곳에 잠시 머물며 내가 따라올 때까지 기다렸다가, 멋진 극장 무대 같은 화강암 바위를 보여 주었다. 투명한 폭포수가 극장의 장막을 대신하고 있었다. 눈으로는 볼 수 있었고, 귀로는 소리를 들었으며, 콧속은 촉촉해졌다. 폭포수가 튀어올라 물방울이 수평으로 흩뿌려지자 피부도 감사의 몸짓을 했다. 기분이 상쾌했다. 온몸의 감각이 일제히 경계 태세를 취했다. 오감에, 아니 우리가 가지고 있을지도 모르는 그 이상의 감각에 도전해 오는 뭔가가 있었다.

여기는 왜 왔을까? 처음에는 폭포를 보려고 올라왔다. 아마 폭포도 우리를 볼 수 있었겠지. 잠시 후 6월 14일 오후 5시경의 장엄한 태양 아래에서, 나는 평생 자연과 완전히 떨어져 살아왔음을 깨달았다. 대자연의 한복판에서 미묘한 떨림을 감지해야 할 오감이, 그러나 오랫동안 사용하지 않아 퇴화해 버린 오감이 갑자기 깨어나 나에게 몇 초 아니 10분의 몇 초도 안 되는 시간을 넌지시 건네주고 있다는 생각에 이르렀다. 나와 나를 둘러싼 주변과의 위대한 합일.

'폭포야, 안녕!' 입술을 떼지 않고 말을 건넸다. '어서 와! 후안.' 폭포도 텔레파시로 대답해 왔다.

아무튼 죽었다는 것, 이건 사실 아닐까?

분명한 사실은 이와 비슷한 자극들과 하나가 되었던 기억이 전혀 없다는 것이다. 많은 나무가 내뿜는 향기, 알록달록한 색채, 폭포수의 낭랑한 소리와 상쾌함, 중금속이 없는 청량한 공기를 마시는 기분, 곤충들이 경계하는 소리 등이 불러일으킨 자극들과 말이다. 향수 광고가 떠올랐다. 그것은 어쩔 수 없었다. 내세라고 다를 리는 없겠지만, 향기, 색채, 소리, 청량감은 모두 이런 단어들이 가리키는 지시 대상의 희생물이었다. 하지만 지금 이 순간 나는 텔레비전을 눈앞에 두고 소파에 앉아 있는 것이 아니다. 꽃향기가 전해 주는 세계 안에 있다. 나는 강하게 중독된 것 같았다. 우리는 막힌 데 없이 사방이 탁트인 사원의 심오한 세계에 자리하고 있었다.

"대자연을 사원이라고 하지 않는다면 달리 뭐라고 하겠습니까?" 아르수아가가 입을 열었다.

우리는 처음엔 폭포에 경외심을 바치고 싶었다. 하지만 무엇보다 만개한 금작화를 실제로 보았다는 사실에 엄청난 경외의 마음이 일었다. 이 계절에만 줄기마다 미묘하게 다른 노란색 꽃을 피우고, 마크 로스코Mark Rothko[2]의 그림 속 풍경에 특유의 광채를 안겨 줬던 금작화.

삶은 위협적으로 겁박해 오던 불길한 기운을 잠시나마 저지할 수 있었다. 그 순간 차원이 변하는 것을 오롯이 느낄 수 있었고, 나 역시 그 일부분이, 다시 말해 삶의 변위의 한 부분이 되었다. 모든 생각이 금작화처럼 짧지만 노란 시간 속에, 아

---

[2]   20세기 추상화를 대표하는 러시아 태생의 미국 화가.

스포델처럼 하얀 시간 속에, 라벤다처럼 붉은 시간 속에, 풀잎처럼 또는 풍경에 일침을 놓는 가시처럼 녹색 시간 속에 머물렀다. 각각의 색은 무궁무진한 차이를 만들어냈다. 금작화를 덮은 구름의 그림자가 느리게 흘러가고 있을 때, 내 생각에도 조금씩 작은 변화가 일어났다.

활짝 핀 금작화.

한 달쯤 있으면, 아마 그보다는 조금 더 빠르게, 태양이 조여 오기 시작할 즈음 저 노란색도 작은 생명의 아름다운 죽음과 함께 사그라들 것이다.

"학교를 벗어나는 일에 견줄 만한 게 없어요." 아르수아가가 이야기했다.

맞는 말이다. 우리는 6월 14일에 학교를 탈출했다. 내가 알고 있기로는, 그때 아르수아가는 마드리드 국립 대학교에서 답안지를 첨삭하고 있어야 했다. 나는 집에서 소설의 첫 줄을 쓰려고 머리를 쥐어짜고 있어야 했다. 몇 달 전부터 구상한 소설 속 등장인물들이 빨리 시작하라고 채근하고 있던 터였다. 그런데 우리는 마드리드에서 95킬로미터나 떨어진 1,500미터 고지에 있는 푸에르토 데 소모시에라Puerto de Somosierra에서 즉흥적인 휴가를 즐기고 있었다.

"여기에는 약 2억 5000만 년이 된 히말라야만큼이나 높은 산맥이 있어요. 침식이 계속 진행되고 있죠. 지금 우리가 보고

20
루시의 발자국

있는 것은 그 뿌리에 해당하는 부분이에요." 돌아가는 길에 고생물학자가 설명을 시작했다. "현재 풍경은 아주 최근에 만들어진 것인데요. 목축을 포기한 결과예요. 가시덤불이 너무 자라 목초지를 망쳐 놓았지요." 아르수아가는 숨도 쉬지 않고 말을 덧붙였다. "스페인 역사는 두 시기로 나눌 수 있어요. 첫 번째 시기는 신석기 시대부터 1958년까지예요. 1958년은 프랑코 시대 기술 관료들의 개발 계획이 나왔던 시기죠. 그때까지만 해도 농촌에도 사람이 많아 시끌벅적한 소리가 끊이지 않았지요. 덕분에 시골 생활도 나쁘지 않았고 아이들도 적지 않았어요. 농촌도 도시의 작은 거리와 별반 다르지 않았어요. 그러나 1970년에 들어서면서부터 농촌 사람들이 하나둘 떠나기 시작해, 이젠 거의 다 떠나 버렸어요. 농촌 인구가 5퍼센트 이상을 차지하는 유럽 국가는 이젠 없어요."

"맞아요." 넘어지지 않으려고 앞만 똑바로 바라보며 고개를 끄덕였다.

"아, 참! 선생님께 《나는 왜 아버지를 잡아먹었는가》[3]라는 책을 읽어 보라고 한다는 걸 깜박 잊었네요."

"그래요? 무슨 책인데요?" 제목으로는 내용을 짐작조차 할

---

[3]   인류 진화 과정을 다룬 소설. 국내에서는 2019년에 《에볼루션 맨》이란 제목으로 출간됐다.

수 없어서 물어볼 수밖에 없었다.

"로이 루이스의 글인데, 꼭 읽어 봐야 할 책이에요. 저기 참
나무 좀 보세요. 이 근처에는 자작나무 숲도 있답니다."

둘

—

여기 있는 모두가
네안데르탈인이에요

몇 주 후 아르수아가를 다시 만났다. 그동안에도 내가 죽은 것 같다는 생각이 들었다가 사라지길 몇 차례 반복했지만, 그럴 때마다 그 사실을 가족과 주변 사람들에게 철저히 비밀에 부쳤다. 죽은 것 같다는 생각에도 살아있는 척하며 일상의 평범한 삶을 살았고, 일하고 있던 신문사에도 계속 글을 보냈다. 상당히 많은 글을 내세에서 쓴 것처럼 꾸몄지만, 독자들은 눈치채지 못했다. 여기에 덧붙이고 싶은 이야기가 있다. 이런 생각에 빠져들 때마다 삶 자체가 예전에는 없던 의미를 주었을 뿐만 아니라, 묘한 광채까지 났다는 사실이다.

고생물학자는 낮 12시도 안 되어 우리 집까지 나를 데리러 왔고, 그의 닛산 자동차를 타고 마드리드 근교에 있는 산을 향해 여행을 떠났다.

"선생님에게 놀랄 만한 것을 보여 주려고요."

운전을 그가 맡은 덕에 나는 이동 중에도 몇 년 전에 부에노스아이레스 서점에서 산 빨간 표지의 조그만 노트에 끼적일 수 있었다. 금방이라도 떠오를 것만 같았던 멋진 시상을 잡으려 마련한 수첩이었지만, 여전히 시상은 떠오르지 않는다. 이젠 기대도 하지 않는다.

우리는 한동안 말없이 라디오를 들었다. 사람들에게 널리 알려진 인물에 대한 풍문을 부인하는 내용이 흘러나오고 있었다.

"우리 인간은 풍문을 정말 좋아하지요." 뉴스를 듣던 아르수아가가 한마디 거들었다. "풍문은 어느 정도 험담과 연결되어 있어서 좋게 말하긴 어려운데, 풍문과 험담은 실제로는 성격이 완전히 달라요. 험담은 리더십을 제약하는 역할을 해요. 리더가 일상적인 사고와 배치되는 일을 할 때 그는 험담의 희생양이 됩니다. 인류의 진화에서 물리적인 힘에 기초한 계급이 어떻게 망했는지 혹시 생각해 본 적이 있나요?"

"아직 생각해 본 적이 없어요."

"돌팔매질 때문에 망했어요. 우리 인간은 어떤 물체를 정확하게 던질 수 있는 유일한 생물 종이지요. 선사 시대 사람들은 침팬지에게 볼 수 없는 능력을 개발했어요. 정확한 돌팔매질이 진화에서는 필수적이었거든요. 그 덕분에 신경계와 근육을 발달시킬 수 있었지요. 침팬지들이 돌을 다듬지 않은 이유는 인식 체계의 문제는 아니었어요. 육체적 조율을 하지 못한 탓입니다."

고생물학자는 고개를 돌려 나를 바라보았다. 마치 자기 이야기를 잘 따라오고 있는지 확인하려는 듯했다. 나는 아르수아가에게 운전 중임을 상기시키기 위해 전방 도로를 향해 가볍게 몸짓을 했다. 그의 옆모습을 다시 보니 오뚝한 코가 새의 옆모습과 비슷하다는 생각이 들었다. 얼마 전 그가 라디오 방송에 출연해서 툭 튀어나온 코가 인간 얼굴에서 가장 중요한 특징이라고 이야기하는 것을 들었다. 나머지 영장류의 코는 납작하다는 것이었다. 그날 이후 나는 인간의 얼굴에서 툭 튀어나온 이 부분을 감탄 어린 눈으로 바라본다. 거울에 비친 내 코를 바라볼 때도 마찬가지였다. 좀 더 자세히 살펴보면 흥미로운 사실이 또 있다. 얼굴 한가운데 붙어 있다는 점이다. 앞서 이야기했듯이, 코 때문에 아르수아가는 새와 비슷해 보였다. 여기에 조금 삐뚤어진 그의 치아가 한몫 거들었다. 머리카락 역시 일조했다. 열대 조류의 벼슬처럼 하얗고, 조금은 엉클어져 있었다.

고생물학자는 가볍게 숨을 내쉬었다. 그러고는 미소를 지으며 묘하게 향수 어린 표정으로 이야기를 이어 갔다.

"역사학자들은 이 돌 던지는 능력을 그리 중요하게 다루지 않아요. 머리에 돌멩이를 정확하게 던진다면 하이에나도 죽일 수 있는데 말이지요. 걔들은 우리가 돌을 집으려고 몸을 숙이기만 해도 도망칩니다. 주둥이에 맞으면 이빨이 다 빠질 수 있으니까요. 돌팔매질은 이렇게 중요한 것입니다. 아무리 사납고 용맹해도 쓸모가 없습니다. 같은 집단에 속한 다른 누군가가 돌을 던질 줄 안다면요."

"골리앗을 물리친 다윗인 셈이네요." 갑자기 이 생각이 내 머리를 스쳤다.

"맞아요. 돌멩이 때문에 물리적인 힘이 꾀로 대체되었지요.

지금 우리 시대에는 험담이 돌멩이 역할을 하고 있습니다. 누군가의 평판을 무너뜨릴 뿐만 아니라, 대장이 될 자격을 빼앗아 버리니까요."

"험담이요?"

"험담은 누군가가 규범에서 벗어나는 것을 방지하는 일종의 압박으로 작용합니다. 특히 자그마한 집단에서는 강한 압박감을 줍니다. 저기 금잔화 좀 보세요. 이젠 시스투스Cistus는 없는 것 같네요."

우리는 마드리드 자치주 북서쪽의 구아다라마Guadarrama 산맥에 있는 로소야Lozoya 계곡에 들어섰다. 계곡에는 똑같은 이름의 강이 흐르고 있었다.

"구아다라마 산맥은" 그는 대화의 주제를 바꾸었다. "가장 높지도 않고, 가장 아름답다고도 할 수 없어요. 하지만 가장 세련된 산이긴 해요. 98세대[4]의 모든 시인과 사상가 들이 이에 대해 글을 썼으니까요. 98세대 작가들은 카페가 아니라 자연과 관계를 맺고 있었어요. 그들이야말로 20세기 스페인 예술 문화 분야의 최고봉이지요. 스페인 내전 이후에는 농촌과

---

4   1898년 미서 전쟁에서 패배한 후, 스페인의 현실에 대해 반성적 사고를 하며 스페인의 미래를 위한 새로운 방향을 모색하려고 했던 일군의 작가와 사상가.

스포츠를 그리 좋게 보지 않았어요. 내전이 끝난 후 지식인들은 농촌에 가지 않았지요. 오른쪽을 좀 보세요. 저기가 페냘라라Peñalara 산입니다."

나는 오른쪽을 바라보다가 슬쩍 시계를 훔쳐보았다. 식사할 시간이 되었는데도, 고생물학자는 식당에 갈 기미를 전혀 보이지 않았다. 나는 제때 식사를 하지 않아 당이 떨어지거나 탄수화물이 부족하다는 생각이 들면, 나도 모르게 내분비계 내에서 뭔가가 저하되는 느낌에 기분이 나빠지곤 했다. 그 때문에 그의 말에 집중하기가 어려웠다.

그러나 작은 마을 로소야를 벗어난 지 얼마 되지 않아서 우리는 글자 그대로 낙원에 들어갔다. 이 세상에는 존재할 수 없는 곳이 내 눈앞에 펼쳐졌다. 우리가 죽었다는 또 다른 증거일까?

한낮의 태양은 작열해서 오감을 자극했고, 마치 가상 현실 속에 있거나 자각몽을 꾸는 게 아닐까 하는 착각에 빠지게 했다. 차창을 열고 깊게 숨을 들이마시자 빛도 따라 들어와, 내 온몸을 적시더니 모공을 통해 뼈까지 파고들었고, 골수를 가로지른 다음 내 등줄기로 빠졌다. 그러고는 지구 중심까지 계속 자기 길을 갔고, 그곳에 도달해서는 거꾸로 지구의 뱃속을 비추는 어슴푸레한 빛이 되었다. 우리 주변에는 아무도 없었다. 차도, 오토바이도, 자전거도 없었다. 가끔 새 모양의 그림자가 적막한 공기를 찢고 있었다.

"여기가 '비밀의 계곡'인가요?"

"네, 네안데르탈인의 계곡이기도 하지요. 매우 고립된 곳이라 '비밀의 계곡'이라는 이름을 붙였어요."

그는 지난번에 만났을 때 이곳에 관해 이야기하면서, 언젠가 꼭 한번 데려가겠다고 약속했었다.

내 입장에서 보면 이곳 방문은 할아버지를 찾아뵙는 것과 똑같았다. 내가 곧 네안데르탈인이었기 때문이다. 학교에 다닐 때부터 사피엔스에 속했던 영악한 아이들이 나를 이상한 눈으로 바라보았기에 이 사실을 너무나 잘 알고 있었다. 나는 네안데르탈인의 특성을 감추기 위해 엄청난 노력을 해야 했고, 사피엔스의 행동을 흉내 내기 위해 그들을 관찰하는 데 시간을 쓰느라 늘 공부할 시간이 별로 없었다. 그렇지만 언제부턴지 나는 이 모든 노력을 그만두었고, 오히려 좀 더 네안데르탈인이 되려고 노력했다.

언뜻 봐도 우리 가족은 전혀 네안데르탈인처럼 보이지 않았다. 그 때문에 내가 입양된 게 아닌가 생각하기까지 했다. 텔레비전에서 우연히 네안데르탈인에 관한 프로그램을 보기 전까지 나는 입양된 바보라고 생각했다. 나는 그 프로그램의 주인공 같다는 생각이 들었고, 그는 나의 복제 인간 같았다. 아니내가 그의 복제 인간이었을지도 모른다. 부모님은 아무런 눈치도 채지 못했다. 뿌리부터 순종 사피엔스 사피엔스였던 아빠는 인간이 네안데르탈인 상태에서 벗어날 수 있었던 것 자체가 나쁘지 않은 일이라고 말씀하셨다.

"왜요?" 내가 질문을 던졌다.

"네안데르탈인은 상징 능력이 부족했거든." 아빠는 쉽게 대답했다.

나는 그 능력이 무엇인지 감히 물어볼 엄두를 내지 못했다. 백과사전을 뒤져 상징이 무엇인지 배웠다. 예를 든다면, 깃발과 같은 것이었다. 내가 보기엔 깃발은 형편없는 상징이었지만, 나는 흥미가 있는 척했다. 다른 사람이 나를 사피엔스로 착각하게 하고 싶었기 때문이다. 우리는 상징으로 둘러싸여 있다. 다른 예를 들자면, 마호리카Majorica 사에서 만든 어머니의 진주 목걸이 역시 (지위의) 상징이었다.

나는 네안데르탈인과 사피엔스가 유전 형질을 포함해 다양한 물건을 교환했다는 사실을 알게 되었다. 처음에는 유리 목걸이와 음식을 맞바꾸었다. 네안데르탈인들은 반짝이는 것에 흥미를 느낀 반면, 사피엔스는 네안데르탈인의 맛있는 요리가 마음에 들었기 때문에 음식을 대가로 유리 목걸이를 내놓았다. 나는 네안데르탈인들이 상징 능력이 부족해서 처음에는 광채의 의미를 무시했을 거라고 생각했다. 그러나 그들은 금세 그 광채에 빠져들었다. 물건을 수없이 교환하다 보니 서로의 손길은 애정을 낳았고, 그 결과 네안데르탈인과 사피엔스는 함께 잠자리에 들기 시작했다. 머리 회전이 빨랐던 사피엔스는 단순한 욕망에서 비롯된 행동이었지만, 너무 순진했던 네안데르탈인들은 사랑을 바쳤다. 유전 형질의 교환은 바로 여기에서 비롯되었다.[5]

네안데르탈인의 품성을 지녔던 나는 매우 힘든 사춘기를 보냈다. 나는 (상징 능력이 부족해 은행이 발행한 화폐의 가치를 제대로 알지 못해서) 돈을 보고 여자아이를 좋아하는 것이 아니라, 여자아이들이 내뿜는 광채에 빠져들었다. 그러나 여자아이들은 상징 능력을 소유한 남자아이들을 좋아했다. 다른 말로 표현하면, 르노 자동차를 소유한다는 게 어떤 의미인지를 아는 남자아이들을 좋아했다. 그래서 나는 유전 형질을 나눌 방법이 없었다. 여자아이들은 식사 초대에 응하긴 했지만, 정액을 주고자 하면 순식간에 도망쳐 버렸다.

옛날에도 어려웠고, 지금도 그렇다. 나는 사피엔스를 잘 이해하는 것처럼 행동했고 그들 집단의 일원인 것처럼 굴었지만, 사실 사피엔스는 내가 정말 흉내 내기 힘든 지적인 능력을

---

5 현대 유전학자들은 사피엔스와 네안데르탈인의 상호 교배가 발생했던 시기와 장소가 6만~9만 년 전 중동이라고 본다. 저자가 제시하는 상호 교배의 이유는 가설에 불과하다. (감수자 주)

지녀서 너무 힘들었다.

고생물학자는 나를 다시 고향으로 데려왔다. 집을 나서며 나에게 했던 말마따나 정말 놀라운 곳이었다. 숨을 멎게 하는 풍경이 눈앞에 펼쳐졌다. 그곳은 플라톤의 이데아 속 계곡이자, 전형적인, 그리고 현실을 뛰어넘은 계곡이란 생각이 들었다.

"이런 곳이 존재한다는 게 믿어지나요?" 그는 엔진을 끄며 나지막한 소리로 입을 열었다.

우리는 아무 말 없이 차에서 벗어났다. 고생물학자는 우산을 가져와 햇빛을 가리더니, 더 넓은 시야를 확보할 수 있는 곳을 찾아 완만한 경사를 오르기 시작했다.

"여기 좀 보세요." 그는 나에게 풀을 보여 주면서 말했다. "이건 뮬린[6]인데요, 낚시하는 데 사용하기도 하지요. 저기 아래쪽 강의 원천이 될 이런 연못에 뮬린을 던져 놓으면, 물고기들이 반쯤 죽어 떠오르곤 했지요. 들장미도 잘 살펴보세요. 그리고 양귀비도요. 양귀비는 내가 가장 좋아하는 꽃이에요. 이 붉은 색은 정말 말로는 형언하기 어려워요. 그리고 여기 하리야[7]Jarilla도 절대 놓치지 마세요."

---

6   현삼과의 베르바스쿰속의 식물. 주로 노란색 꽃잎을 자랑한다. 유럽과 아시아가 원산지이며 지중해 인근에서 그 종류가 가장 다양하다.

7   파파야과의 십자화목에 속하는 속씨 식물.

그는 식물의 이름을 거명할 때마다, 오른손으로는 계속 우산을 들고 있으면서도 왼손 손가락 끝으로는 식물들을 부드럽게 어루만졌다. 나는 얼마 전까지만 해도 이 모든 풀을 전혀 구분하지 못한 채 보았는데, 이제는 뮬린, 들장미, 양귀비 외에도 토끼풀과 샐비어, 야생 아마 등을 구별할 수 있었다. 오래전부터 의심해 온 것처럼 풀 이름 자체가 직관에서 비롯되었다는 것까지지도 추론할 수 있었다. 특히 이 경우엔 직관의 확장에서 비롯된 것이 분명했다.

눈을 저쪽으로 돌리자 독특한 광채가 눈에 들어왔다. 꽃 깊숙한 곳에 머리를 파묻고 있던 벌의 모습은 생물들의 특별 전시회에 온 것 같은 느낌을 주었다.

"우리 서양인들은 아무것도 이해하지 못하고 있어요." 나에게 이야기했다기보다 혼잣말하는 것 같은 아르수아가의 말이 귀에 들어왔다.

우산을 든 아르수아가는 해골이 잘못 매장되어 툭 튀어나온 듯이 보이는 암석 지대를 향해 새가 날갯짓을 하듯 올라갔다. 바위가 바다처럼 끝도 없이 펼쳐져 있었다.

"전부 석회암이에요." 그는 내 마음을 읽은 것 같았다. "석회암 지대라 동굴이 정말 많지요."

"여긴 해발 몇 미터나 되나요?"

"1100미터 정도요. 여긴 강물이 만들어 낸 계곡이 아니라

지각 변동으로 생긴 계곡이지요."

"차이가 뭔데요?"

"지각 변동으로 생긴 계곡에선 강이 계곡 모양을 따라 흘러가요. 강이 계곡을 만든 게 아니기 때문이죠. 이 계곡은 조산 운동과 지질 운동으로 만들어졌어요. 엘 시스테마 센트랄El Sistema Central 산맥은 불쑥 솟아올랐는데, 바로 여기에서 발원한 강물이 타호Tajo 강과 두에로Duero 강, 두 곳으로 흘러들어 가지요. 이 계곡들은 횡단 계곡입니다. 두 강은 물길을 만들어 두 고원 한복판을 향해 흘러 내려가지요. 강물들은 이렇게 네트워크를 형성합니다. 이 계곡들은 '보이지 않는 계곡'이라고 불려요. 산 어느 곳에서도 보이지 않기 때문이죠.

저 길이 말랑고스토Malangosto 길인데, 소토살보스 교구의 주임 신부였던 아르시프레스테 데 이타Arcipreste de Hita[8] 신부님이 걸었던 길이에요. 저곳엔 곰처럼 생긴 털북숭이 여자가 살고 있었는데, 저곳을 지나려면 반드시 그녀와 동침을 해야 했답니다. 일종의 통행세였지요. 예전에는 여기에 진짜로 곰이 많았거든요."

---

[8] 14세기 스페인을 대표하는 작가. 삶을 살아가는 과정에서 진정한 사랑이 무엇인가를 다룬 《아름다운 사랑 이야기Libro de Buen Amor》를 썼다.

우리는 따사로운 햇살을 받으며 바다처럼 펼쳐진 바위 위, 그러니까 해골처럼 생긴 곳의 위쪽을 걸었다. 아르수아가는 여전히 우산으로 햇살을 가리고 있었다. 군데군데 펼쳐진 공터마다 선사 시대 유적지가 있었다.

"여긴 물과 다양한 식물층이 존재했던, 다시 말해 생물 다양성이 보장된 곳이었어요. 여기 잘 보세요. 강가엔 물푸레나무가 살고, 여기서 조금 더 가면 떡갈나무가 나오고, 그다음엔 소나무 숲이 나오지요. 더 위쪽엔 고산 지대에 사는 관목들이 있어요. 마지막으로 제일 위쪽엔 고산 잔디들이 살고 있지요. 여기 산마루를 오르는 것은 극지방을 향해 여행하는 것과 똑같아요. 그래서 이곳을 '극지·고산 격리대'라고 부르는 거예요."

우리는 수의처럼 생긴 거대한 비닐 막으로 덮어놓은 선사 시대 유적지에 도착했다.

"아직 발굴이 시작되지 않아서 덮어 놓았어요." 아르수아가가 설명했다.

나는 비닐 막 너머 내부가 어렴풋이 보이는 동굴 안으로 들어가도 되는지 물어보았다. 그는 힐난하는 듯한 표정을 지으며 고개를 저었다.

"이 동굴들엔 동물들이 우글우글했어요." 그가 말을 이어갔다. "우리는 유적지에서 사자도 발견했어요. 사자는 먹이 사슬의 정점에 있는 동물이에요. 그래서 사자가 있었다면, 들소,

말, 사슴, 오룩스, 멧돼지 등 선생님이 생각하는 것은 무엇이든 다 있었다는 말이지요. 모든 동물이 있었을 거예요. 이곳은 인간에게는 아주 유리한 장소였어요. 동물에게는 탈출구가 없었기 때문이죠. 인간은 동물들을 동굴 안으로 몰아넣을 수 있었어요. 말을 탈 줄 모른다면 초원은 사냥하기에 가장 안 좋은 곳이에요. 당시 카스티야Castilla는 고비 사막과 같은 곳이었습니다."

"그렇다면 네안데르탈인은 어디 있나요?"

"여기 있는 우리 모두가 네안데르탈인이에요. 생각해 보세요. 여기 이 동굴은 지붕이 없어요. 물론 예전에는 있었을 거예요. 5만 년 전 이야기를 하는 건데요. 이곳에서 네안데르탈 여자아이의 치아, 뿔이 있는 동물의 두개골을 발견했어요. 아마 전리품이었던 것 같아요. 두개골을 보존했던 것은 실용적인 행동이 아니라, 제례적인 행동에서 나온 것이거든요."

"상징적인 행동이라고요?"

"달리 설명할 수는 없을 것 같아요."

나는 의문이 일었다. 그렇다면 아빠는 네안데르탈인에게 상징 능력이 부족했다는 사실을 도대체 어디에서 알게 되었을까? 나는 그런 능력을 갖춘 척하기 위해 작가가 되었고, 덕분에 실제로 그것을 가지게 되었는데.

나는 흥분해서 고생물학자에게 내 안에 숨어 있는 네안데르탈인의 속성을 이야기하려다 겨우 참았다. 이제 두어 번밖에 보지 않았는데, 벌써 나쁜 인상을 심어 주고 싶진 않았다.

우리는 동굴 안 낙석으로 인해 생긴 듯한 바위 옆에 멈춰 섰다. 그의 설명이 다시 시작되었다.

"이 바위는 차양 역할도 하고, 처마 역할도 했어요. 또 버스 정류장에서 볼 수 있는, 유리로 만든 대피소와 비슷한 곳이 되기도 했고요. 보다시피 차양 역할을 하던 바위가 무너져 내렸는데, 바로 이 돌들이 그 잔재인 셈이지요. 바로 여기서 발견된 여자아이 밑에는 네안데르탈인들의 주거지가 있었어요. 지금 우리는 대략 7만 년 전 이야기를 하고 있는데요. 여기에서 그들은 불을 피웠고 식사를 했어요. 마지막 한 점까지 사냥물을 다 먹어치웠던 것이지요. 결국 들소는 뼈만 남았겠죠. 그리고 '르발루아 기법Levallois Technique[9]' 혹은 '다듬어진 몸돌'이라고 부르는 상당히 정교한 석기 제조 기술을 사용했습니다."

고생물학자가 석기 제조 방법을 자세하게 설명하는 동안, 나는 그곳을 전체적으로 둘러보았다. 짧은 시간에 네안데르탈

---

9 네안데르탈인이 개발한 돌 다듬기 기법. 자연석인 몸돌에 직접 타격을 가하거나, 다른 물체를 놓고 간접적으로 힘을 가해 원하는 형태로 석기를 만든다. 이들이 만든 뗀석기를 '다듬어진 몸돌'이라고도 부른다. 프랑스 르발루아페레 지역에서 석기가 발견되어 '르발루아 기법'이라고 부른다.

인들의 주거지도 꼼꼼히 살펴보았다. 아르수아가는 내가 자기 말에 얼마나 귀를 기울이는지는 별 신경을 쓰지 않았다.

그 옛날 네안데르탈인들이 살아가던 모습이 내 머리 안팎에 동시에 선명하게 떠올랐기 때문에 눈을 감아도 보일 것 같았다. 제일 처음 깨달은 것은 그들에게 피난처 역할을 했던 처마 아래에는 월요일도, 화요일도, 수요일도, 심지어는 일요일 오후도 없었을 것이라는 사실이었다. 얼마나 좋았을까! 물론 1월도, 2월도, 3월도, 크리스마스도 없었을 것이다. '시간'을 만들지 않았기 때문에 정오라는 개념도 오후 3시도 없었을 것이다. 불을 피우고, 추위로부터 자신을 보호해 줄 가죽을 다듬고, 사냥에 필요한 도구를 준비하는 것만으로도 충분했을 것이다.

노인, 젊은이, 어린아이, 중년의 사람들. 모든 연령대의 남자와 여자가 뒤섞여 여기 한자리에 모여 있었다. 아르수아가가 직접 집필한 책을 읽은 덕에, 초식 동물의 뼈에서 골수를 추출하기 위해 애쓰고 있는 청소년기의 네안데르탈인에 눈길이 갔다. 소녀는 평평한 돌을 모루처럼 사용하여 뼈를 그 위에 올려놓고 둥근 돌로 내려치고 있었다. 처음에는 뼈와 돌이 잘 맞지 않았지만 몇 번 반복하여 시도한 끝에 들소(만약 들소라면)의 대퇴골(만약 대퇴골이라면)을 쪼갤 수 있었고, 소녀는 골수에 입을 대고 짐승처럼 영양분을 빨아들였다.

고생물학자의 목소리에 나는 환상에서 깨어났다.

"여기에서도 사냥은 많이 했지만, 무기를 제조할 만한 규석이 없어서 자신들이 가지고 있던 석영을 주로 사용했습니다. 석영은 정말 별 볼 일 없는 것이었지만 방금 전에 설명한 기법을 이용하여 믿을 수 없을 만큼 예리한 조각을 떼어낼 수 있었습니다."

"그랬군요!" 내가 딴짓을 하고 있었다는 것을 눈치채지 못하게 조금은 과장된 몸짓으로 대답했다.

"지금부터는 코토스Cotos의 산마루에 가서 내 친구 라파가 운영하는 레스토랑에서 계란프라이와 콩 요리로 점심을 먹어요. 그런 다음에 산 반대쪽으로 내려가 이번 여행을 마무리 짓기로 하죠."

나는 잠시 허기를 잊고 있었지만, 콩 요리 이야기를 듣자마자 눈앞에 요리가 떠올랐다. 계란프라이에 감자튀김도 덧보태졌다.

차가 있는 곳으로 내려가며 언제 유적지에 직접 들어가 볼 수 있을지 물었다. 우산을 쓴 채 아르수아가가 입을 열었다. "선생님이 아직도 제대로 이해하지 못한 게 있어요. 선사 시대가 유적지에만 있는 게 아닙니다. 선사 시대에 무지한 사람들 대부분이 다 그렇게 생각하지요. 선사 시대는 아직 끝나지 않았어요. 한번 주변을 둘러보세요. 여기 사방이 다 선사 시대예요. 선생님과 제 안엔 여전히 선사 시대의 모습이 들어 있어요. 유적지에 있는 것은 뼈뿐이에요. 선사 시대는 그림자처럼 이곳을 지나는 모든 동물 속에 있어요."

맥주는 시원했고, 콩 요리도 온도가 적당했다.

"무엇으로 종種을 정의하나요?" 내가 질문을 던졌다.

"왜 종을 나누는지 먼저 생각해 보세요."

"왜 종을 나눌까요?"

"선생님이 종을 나누니까 그런 것 아닐까요? 자연의 세계에선 모든 것이 흘러가고 있지, 멈춰 선 것은 없어요."

"하지만 우리가 종이라고 부르는 것에 대한 과학적 합의가 있지 않나요?"

"선생님이 집요하게 여기에 매달린다면, 혼종이 아니라 뚜렷이 다른 것에 우리가 '종'이라는 이름을 붙인다고 이야기할 수 있습니다. 그렇지만 자연에선 코요테와 자칼도 교배를 합니다."

"네안데르탈인과 사피엔스가 서로 다른 종이라고 해야 하나요?"

"선생님이 직접 결론을 내리세요. 콩 요리가 마음에 드세요, 아니면 들지 않으세요?"

"어떻게 결론지어야 하죠?"

41

"언제 마을이 도시가 되죠? 언덕이 산이 되는 것은 언제부터죠? 작은 파도가 큰 파도로 변하는 것은 언제부터인가요?"

"알았어요. 그렇지만 네안데르탈인이라는 개념은 종인가요? 아닌가요? 당신은 어떻게 생각하나요?"

"선생님이 그렇게 생각한다면, 그렇다고 하죠. 맥주 한 잔 더 하죠."

"그렇지만 네안데르탈인은 사피엔스와 섞였잖아요?"

"스페인어는 아랍어가 아니지만, 'almohada 베개'라는 단어를 사용합니다. 이는 차용어예요. 유전적인 범주에서 빌려 오는 것도 언어를 차용하는 것과 똑같습니다. 섞이는 것과 빌려 오는 것을 동일하게 취급할 수는 없어요."

"아!"

"너무 여기에 집착하지 마세요. 자연을 인간이 만든 범주로 나누지 못해요. 동물학자 중에는 부인하는 사람도 있을 테지만, 분명한 사실은 동물학자가 존재하기 이전부터 동물은 있었어요. 그런데도 우리는 분류하는 데 시간을 씁니다. 저기 보세요. 계란프라이가 나오고 있네요. 얼마나 맛있는지 알게 될 거예요."

고생물학자는 주변 풍경을 다 품에 안으려는 듯이 몸을 뒤로 젖혔다. 그러고 보니 우리는 아르수아가의 친구 라파가 경영하는 레스토랑 테라스에 나와 있었다. 소나무가 그늘을 만들어 주는 곳이었다.

"우리는 부자인가요? 아닌가요?" 그는 심술궂은 미소를 흘렸다.

셋

—

·

루시 인 더 스카이

여름이 되자 고생물학자는 다시 발굴 현장으로 갔고, 나도 글을 쓰기 시작했다. 물론 헤어짐이 자꾸 길어져 영원한 이별로 이어지지 않을까 걱정이 됐다. 아르수아가는 이메일도, 핸드폰 통화도, 왓츠앱도 별로 즐기지 않는 사람이었다. 아르수아가는 너무 먼 곳에 있었다. 여름은 단절의 계절이었고, 가을이 되어도 우리 관계를 회복하기 어려울 것 같다는 생각이 들 정도였다.

놀랍게도 8월 1일 이메일 한 통을 받았다. 아르수아가가 내준 숙제였다. 서너 살짜리 아이들이 해변에 남겨 놓은 발자국을 잘 관찰해 보라고 했다.

"숙제를 하시면 두 발로 걷는 행위에 관해 설명해 드릴게요." 그가 이렇게 약속했다.

그는 이메일에 딸의 발자국 사진을 첨부하며, 루시의 키가 서너 살 먹은 아이 정도라고 덧붙였다.

하느님 맙소사! '루시'라고?

1974년 에티오피아에서 화석 형태로 발견된 루시는 약 300만 년 전[10]에 살았던 원시인이다. 키는 1미터가 조금 넘고, 몸무게는 30킬로그램도 안 되었으며, 20세를 전후해서 세상을 떴다. 그녀의 뼈는 발굴자들이 비틀스의 노래 '루시 인 더 스

---

10   좀 더 정확하게는 320만 년 전이다. (감수자 주)

카이 위드 다이아몬드Lucy in the sky with diamonds'를 듣던 순간에 세상에 나타났다.

루시는 200만 년 전까지 아프리카에서 살았던 호미니드(오스트랄로피테쿠스)속에 속했다. 내 환상 속의 그녀는 인류 역사상 최초로 두 발로 걸은 여성이었고, 그래서인지 나는 늘 그녀에 대해 경외에 가까운 감정을 느끼고 있었다. 나무에서 내려와 뒷다리 두 발로 선 후, 사바나와 열대림을 가르고 있던 경계를 가로지르는 그녀의 모습을 상상해 보았다. 아직 사용법을 모르는, 두 팔 끝에 의수처럼 달린 두 손 이외엔 변변한 무기가 없는 그녀. 나는 나무 꼭대기를 벗어난 아주 작고 연약한 우리 조상들, 고립무원의 상태에서도 끝없는 호기심을 보였던 그들에게 감동할 수밖에 없었다. 그들은 사자와 같은 사나운 맹수뿐만 아니라 전염력이 강한 미생물로 뒤덮인 지구를 정복하기 위해, 제대로 된 면역 체계조차 미처 갖추지 못한 채 나무에서 내려온 것이었다.

아르수아가가 넌지시 루시를 언급하는 바람에 절로 눈물이 나올 지경이어서, 매일 해변에 나가 서너 살짜리 아이들의 발자국을 관찰한 다음 메모도 하고 사진도 찍었다. 나는 각각의 발자국에서 루시의 흔적을 볼 수 있었다. 내가 보기에 그녀의 발은 고딕 양식으로 지어진 대성당의 화려한 천장보다 훨씬 더 복잡했다. 역사가 진행되는 동안, 우리가 땅에서부터 1센티미터 더 키가 커질 때마다 1센티미터 더 큰 '내'가, 다시 말해 더 큰 자아가 우리 안에 만들어졌는지 궁금했다. 루시는 몇 센티미터나 되는 '나'로 사바나를 마주했을까?

이족 보행과 '나'! 이상한 생각이 들었다.

나는 조금은 감상적인 생각을 담아 아르수아가의 이메일에 답장했다. 그러자 그는 매우 정중한 문장으로 우리가 걸을 때 어떤 식으로 걷는지 설명했다.

"발은 아치 뒤쪽에서 기둥 역할을 하는 발뒤꿈치부터 땅에서 떨어집니다. 몸무게는 발의 바깥쪽 가장자리에 잠시 얹혔다가 결국 발의 아치 앞쪽으로 옮겨 가지요. 이어서 발가락들이 구부러지면서 발이 그 위에 얹히게 됩니다. 엄지발가락이 마지막으로 땅을 밀면 다리는 시계추처럼 앞을 향해 나아가게 됩니다. 350만 년 전 이족 보행을 한 오스트랄로피테쿠스의 발자국들은 해변 모래 위에 찍혀 있는 우리 아이들의 발자국과 정확하게 일치합니다. 우리 모두 무의식 상태에서 생체 역학적으로 움직입니다."

나는 이른 아침 아스투리아스 주의 무로스 데 날론Muros de Nalón에 위치한 아길라르 해변을 걸으며 핸드폰으로 그가 보낸 이메일을 읽었다. 내 발의 아치 모양을 의식하며 발의 뒷부리와 앞부리를 움직여 보았다. 먼저 발뒤꿈치 부분으로 땅을 밟은 다음, 이때 받은 충격에서 비롯된 에너지가 발등을 통해 앞부리로 전달되고, 이어서 그 힘은 발가락, 특히 다리를 앞으로 미는 스프링 역할을 하는 엄지발가락까지 전달되는 것을 확인할 수 있었다. 나에게는 두 발로 선 자세 자체가 문법적인 기적과 같다는 생각이 들었다. 발 뒤쪽에서 앞쪽으로 이어지는 일련의 움직임을, 문장을 구句로 나누어 살펴볼 수 있듯이 분석할 수 있을 것 같았다. 주어, 동사, 직접 목적어. 나는 다시는 제멋대로 걷지 않을 거라는 생각을 했다.

잠시 뒤에 집에 돌아와 컴퓨터로 '루시 인 더 스카이 위드 다이아몬드'를 검색해 방안을 오가며 반복해서 듣고 또 들었다.

귤나무와 마멀레이드 빛 하늘이 어우러진 강에서
보트를 타고 있는 너의 모습을 상상해 봐!
누군가가 너를 부르면, 너는 아주 천천히 대답하지,
만화경 같은 눈을 한 소녀.

Picture yourself in a boat on a river,
with tangerine trees and marmalade skies.
Somebody calls you, you answer quite slowly,
a girl with kaleidoscope eyes.

강한 인상을 받았다.

넷

지방과 근육

9월 어느 날, 고생물학자는 나에게 아침 8시까지 프라도 박물관의 헤로니모스 문으로 오라는 연락을 해 왔다. 그의 연락을 받고 조금 안도했다. 루시에 관해 이야기를 나눈 이후로 단 한 번의 이메일조차 주고받지 않았던 터였다. 나는 그에게 갤러리—갑자기 이 단어가 떠올랐다—는 10시까지는 문을 열지 않는다고 이야기했다. 그러자 실망시키지는 않을 거라며 그 문제는 자기가 책임지겠다고 했다.

"8시까지 그곳으로 오시면 됩니다."

'영향력이 큰 사피엔스들은 서로 호의를 베풀며 사는 건가' 생각했다.

그런데 만나기로 약속한 전날, 지난 몇 달 동안 계속 나를 괴롭혔던 어금니가 다시 아프기 시작했다. 치과 의사에게 전화했더니, 아르수아가와 만나기로 약속한 바로 그 시간에 진료를 예약할 수 있다고 했다. 나는 고생물학자와의 약속을 놓치기 싫어 치과 진료를 포기했다. 치통으로 엄청나게 힘든 밤을 보낸 다음, 집을 나서기 전에 치통을 줄이기 위해 비밀 서랍에 감춰 놓았던 앰플로 된—가끔은 자살용으로 사용되기도 하는—진통제를 복용했다. 이 앰플은 원래 주사용이었는데, 통증이 심할 때는 직접 마실 수도 있었다. 내용물을 잠깐 입안에 머금고 있으면, 점막을 통해 흡수되어 순식간에 통증 부위에 약 성분이 도달했다.

계절 탓인지 상쾌한 아침 공기 덕분에 기운을 차릴 수 있었고, 약 기운에 잇몸이 마비되는 느낌에도 지하철을 향해 갈 수 있었다. '곧 괜찮아질 거야.' 지하철 안에서 스스로에게 최면을 걸었다. 그러면서 부에노스아이레스에서 멋진 시를 쓰기 위해 샀던 빨간 표지의 노트 마지막 장을 뒤적였다.

나는 평소 습관대로 30분 전에 약속 장소에 도착했다. 진통제의 메타미졸 분자가 내 뇌 주름 사이를 따라 퍼져 나가는 것을 느끼며 주변을 한 바퀴 돌았다. 그러자 정말 그런 물질이 있는지 확신이 서지 않지만, 머리에서는 낙관적인 생각을 불러일으키는 엔도르핀이 깨어나 활발하게 움직이는 것 같았다. 불안과의 한판 싸움에서 마음의 평화가 승리를 거뒀다. 그 순간 모든 것이 이완되는 듯한 느낌에, 잠시 나 자신과 대화를 나눠 보려고 헤로니모스 교회에 들어가려고 했다("누구든 자기 자신과 내면의 대화를 할 수 있는 사람이라면, 언제든 하느님과의 대화를 기대할 수 있는 사람이다."). 그렇지만 혹시라도 어느 문학 평론가가 나를 보고, 내 사진을 인스타그램이나 트위터에 올릴까 봐 얼른 포기했다.

8시에 맞춰 약속 장소로 갔다. 나는 고생물학자가 한 여성과 함께 걸어오는 것을 보았다. 서로 다가가 악수를 나누자 아르수아가가 소개를 했다.

"제 아내인 로우르데스입니다. 여보, 이분은 후안호 선생님이셔."

　나는 정중하게 로우르데스에게 인사하긴 했지만, 내심 그가 아내를 데리고 나온 것이 별로 마음에 들지 않았다. 이는 결혼 같은 문제 때문이 아니었다. 아르수아가와 나는 처음 만났을 때부터 이성애異性愛에 기초한 남성 간의 관계를 구축하고 있었다. 그렇다면 왜 갑자기 이를 비꿀 생각을 했을까? 나는 고생물학자가 암묵적인 합의를 깼다는 느낌을 받았다. 물론 그 합의라는 것도 내 머릿속에만 있던 것이긴 했다. 로우르데스의 출현은 한마디로 내가 존중받고 있다는 느낌을 없앴을 뿐만 아니라, 앞으로 벌어질 일에 대한 방어적 성격의 질투심까지 불러일으켰다. 프라도 박물관을 돌아보다가 어느 시점에선가 그녀를 돌보기 위해 나를 방치할지 모른다는 생각이 들었다.

　빅토르 카혜아오가 갤러리―다시 한 번 갤러리라는 단어를 사용하고 싶다―의 문을 열어 주었다. 그는 박물관 소속 건축가였는데, 박물관을 돌아보는 내내 우리와 함께했다. 아르수아가와는 계속해서 박물관의 최근 변화에 대해 의견을 주고받았다. 나는 아르수아가와 둘만 있을 때, 목적이 뭐든 우리가 여기에 온 목적에서 벗어날 수도 있으니 건축가에게만 지나치게 신경 쓰지 말라고 넌지시 이야기했다. 하긴 나는 그때까지만 해도 여기 온 목적이 뭔지 잘 모르고 있었다. 그는 나를 교양

없는 사람 취급하며 이렇게 이야기했다.

"무슨 말씀을 그렇게 하시나요? 이 시간에 우리를 들여보내 준 사람이 누구인데요."

나는 생각을 고쳐먹고 자연스럽게 그들 사이에 끼어들었다. 두 발로 뚜벅뚜벅 걸어가는 우리의 발소리가 텅 빈 회랑에 울려 퍼졌다. 내 머리에선 이족 보행에 대한 생각이 잠시도 떠나지 않았다. '나'뿐이 아니었다. 나를 포함하여 이족 보행의 '자아'를 가진 인간 네 명이 참된 지식을 찾아 헤매고 있었다.

갑자기 '뮤즈의 방'으로 알려진 원형 홀이 우리 눈앞에 나타났다. 이곳엔 9명의 여신이 각각 대리석 받침대 위에 세워져 있었다. 칼리오페, 클레이오, 에라토, 탈리아…. 고생물학자는 우리에게 이 조각들이 하드리아누스 황제 별장에서 나온 조각상이라고 설명했다.

"하드리아누스 황제는 아르헨티나의 작가인 코르타사르Cortázar가 번역한 《하드리아누스 황제의 회상록》에 나온 바로 그 인물이지요."

그는 아르헨티나 작가인 코르타사르가 스페인어로 번역한 마르그리트 유르스나르Marguerite Yourcenar[11]의 소설에 대해 언급하고 있었다.

---

11   20세기 벨기에 태생의 프랑스의 소설가이자 수필가다.

"그런데 이 뮤즈들은 모두 옷을 걸치고 있어요. 우리의 발길을 끌어들이는 데엔 성공했는지 모르겠지만 그렇게 흥미를 느끼진 못하겠어요." 우리가 조각상 앞에 발길을 멈추기도 전에 그는 단정적으로 못을 박았다.

이미 내가 지적했듯이 나는 박물관에 온 이유를 알지 못했다. 그러면서도 왜 여기에 들르게 되었는지 묻지 않았다.

우리는 방을 몇 개 더 지나쳤다. 발소리가 계속해서 회랑을 따라 울려 퍼졌다. 아르수아가가 들뜬 목소리로 건축가와 이야기를 나누는 동안 로우르데스와 나는 침묵을 지켰다. 진통제의 유효 성분을 구성하는 분자가 주름투성이인 내 머릿속 이곳저곳을 돌아다니며, 여기저기에서 섬광과도 같은 낙천적인 생각을 불러일으켰다. 그리고 언어 중추를 가로질러 언어 능력을 제한한 듯 나를 침묵 속으로 밀어 넣었다. 부분적으로는 로우르데스와 건축가라는 불편한 존재들 때문에 야기된 꽁한 침묵이었고, 다른 한편으로는 마비된 잇몸으로 인한 침묵이기도 했다. 입만 열면 어금니의 신경이 살아날 것 같아 무서웠다.

목적지로 가던 중에, 물론 그게 어디인지 모르나, 우리는 그 누구도 무관심하게 지나칠 수 없는 청동 두상을 보았다. 우리는 그것이 누구인지도 모르고 조각상 앞에 걸음을 멈추었다. 최소한 두 시간 전에 강력한 진통제를 복용한 사람이라면, 그 누구도 그냥 지나칠 수 없을 것 같았다.

"이 두상은 마케도니아의 왕인 데메트리오스 1세 폴리오르케테스라고들 합니다. 하지만 나는 알렉산더 대왕의 두상이라고 믿고 싶어요." 아르수아가가 설명했다.

눈높이에 놓인 두상에 다가갔다. 나는 이 두상이 엄청난 크기를 가진 조각상의 일부라는 것을 알 수 있었다. 최근에 복원을 거치면서 본래의 청동색을 되찾은 것 같았다. 코에 실금과 약간의 부식이 있었지만, 원 조각상의 특징을 완벽하게 보여주고 있었다. 곱슬곱슬한 머리카락과 그 사이로 살짝 엿보이는 잘생긴 귀, 두툼하면서도 화려한 약간 벌어진 입을 가진 근육질의 젊은 미청년 모습이었다. 이 조각상은 그 어떤 최신 항불안제를 복용해도 느낄 수 없는 자기도취적인 평온함이 있었다. 젊은이의 표정에서 비롯된 것인데, 플라토닉한 성격인 자신의 내면에 침잠한 모습이 느껴졌다. 툭 튀어나온 이마에서 느껴지는 복잡한 정신세계에도 불구하고, 걱정거리가 하나도 없는 것 같았다. 그의 텅 빈 듯한 퀭한 눈은 보이지 않는 눈동자라도 감추고 있는 것처럼 자신을 감상하는 사람을 뚫어지게 바라보았다.

"옆에서 한번 보세요." 아르수아가가 이야기하는 것을 들었다.

고생물학자는 고대 세계를 관찰하기에 가장 적절한 카메라

앵글을 찾는 데 악마와도 같은 능력이 있었다. 조각상을 측면에서, 그가 권한 각도에서 보자 뭐라고 말하기 힘든 완벽함이 느껴졌다. 기원전 세계를 다룬 영화 '300'에 나올 듯한 이 두상이 금세라도 나를 집으로 데려갈 것 같았다.

"방금 면도한 것 같네요." 나는 조각상의 매끈한 뺨을 보며 입을 열었다.

"관찰력이 정말 뛰어나네요." 아르수아가는 내 자존심을 한껏 북돋아 주며 말을 이어 갔다. "역사상 처음으로 면도를 한 가장 위대한 인물은 알렉산더 대왕입니다. 그의 아버지 필립 2세는 면도를 하지 않았거든요. 구글을 검색하면 찾아볼 수 있어요. 여기에서 주목해야 할 점은 수염이 이차 성징에 해당한다는 사실이지요."

"알렉산더가 동성애자였나요?" 나는 묻지 않을 수 없었다.

"알렉산더는 확실하게 분류하기도 어렵고, 접근하기도 어려워요. 신과 마찬가지였습니다. 그의 주변에서 일어났던 일들이 거의 알려지지 않아 특정 부류에 집어넣기도, 연구하기도 정말 까다롭습니다. 그의 동시대 사람들도 알렉산더가 어디에서 왔는지 궁금할 정도였으니까요. 알렉산더 대왕이 자기 아버지가 누구인지 신탁에 묻자, 제우스라는 대답이 돌아왔지요. 아무튼 우리가 수염에 주목할 수밖에 없는 이유는 오늘날 성을 구별해 주기 때문이에요."

넷. 지방과 근육

나는 속으로 '성을 구별해 준다.'라고 중얼거렸다. 사실 우리는 성애性愛 문제 때문에 박물관에 왔다. 고생물학자는 주제를 자꾸 분산시키는 것 같으면서도 언제나 일관되게 목표를 향해 나아가곤 했다.

우리는 한가득 고민을 안고 알렉산더 대왕—혹은 마케도니아의 왕인 폴리오르케테스—의 청동 두상을 뒤로 한 채, 벌거벗은 청년의 대리석상이 우리를 반갑게 맞이하는 방으로 발걸음을 옮겼다.

"현존하는 가장 뛰어난 복제품 중 하나가 여기 있습니다. 기원전 5세기 폴리클레이토스가 만든 디아두메노스Diadumenos 상의 복제품이지요." 아르수아가가 설명을 시작했다. "젊음을 예찬하는 작품이에요. 디아두메노스는 머리띠를 한 젊은 운동선수예요. 이 조각상을 발견했을 때만 해도, 오른팔이 없어서 정확하게 어떤 자세를 취하고 있는지 알 수 없었습니다. 그래서 궁수인 것처럼 팔을 만들어 붙였어요. 아마 두 팔을 이마 높이 정도로 올리고 있었을 거예요. 아무튼 여러분 모두 활력이 넘치는 조각상을 보고 있습니다. 그리스인들은 어찌 보면 인간의 육체를 발명했다고도 할 수 있어요. 실상 인간의 육체는 이렇게 생기진 않았거든요. 예를 들어, 저기 무릎 근육은 없는 거예요. 하지만 이 조각상은 전체적으로 정말 탁월한 작품이에요. 이 엉덩이는 인류의 예술사에서 최고의 엉덩이로 꼽

힙니다."

우리는 조각상 주변을 한 바퀴 돌며 벌거벗은 육체를 위아래로 뜯어보았다. 대리석의 인위적인 투명함, 돌이 주는 묘한 리듬에 빠져들었다. 관찰사의 시선은 소네트의 시구처럼 머리에서 몸통으로, 몸통에서 허리로, 다시 허리에서 운동선수의 허벅지로 자연스레 흘러내렸다. 발의 위치를 보고 이족 보행을 떠올렸지만, 아르수아가가 오늘은 성적 이형성異形性[12]을 따지는 날로 삼자고 했기 때문에 젊은이의 육체를 이차 성징을 중심으로 꼼꼼히 살펴보았다.

시간이 지나 우리가 조각상과 거리를 두자, 고생물학자는 다윈이 발견한 두 가지 원리를 설명했다.

"다윈은 만유인력의 법칙을 발견한 뉴턴을 닮았습니다. 그는 이형성을 명확히 설명하는 법칙을 찾으려 애썼습니다. 자연 선택은 생태 적응을 설명합니다. 예컨대, 각 동물들이 본성에 맞는 최적의 장소에 살아가는 것을 설명하고 있지요. 이 원리는 거의 모든 것을 설명합니다. 그런데 또 다른 법칙이 있습니다. 배우자 선택과 관련된 법칙이에요. 다시 말해, 환경에 적

---

[12] '성적 이형성'이란 같은 종류이면서 암수의 형태가 서로 다른 생물의 경우, 암수 개체의 외부 형태가 완전히 구분되어 나타나는 성질을 의미한다.

응하는 것이 전부가 아니라는 의미입니다. 번식을 위한 투쟁도 있으니까요. 바로 여기에서 재미있는 문제가 생깁니다. 예를 들어, 공작의 꼬리는 적응에 문제를 일으키는 데 그치지 않고 오히려 방해 요소로 작용하지요."

순간적으로 나는 고생물학자에겐 지혜가 오히려 공작의 꼬리가 아닐까 생각했다. 그가 '꼬리'를 보여 주지 않는 것이 무서웠고, 문득 왜 아내가 함께 왔는지도 이해할 수 있었다. 하느님, 성의 구별 문제를 놓치지 않기 위해 내 머릿속에서 없애려고 했던 질투심을, 이성애에도 불구하고 자꾸만 불거지는 그 질투심 때문에 비롯된 나의 공격을 제발 용서해 주세요.

"포유류에서는" 다시 현실로 돌아오자 그의 목소리가 들려왔다. "수컷이 가장 강해요. 그렇지만 조류에서는 정반대입니다. 덩치나 힘만의 문제는 아니에요. 사실 뇌조의 노래가 바로 여기에 해당해요. 뇌조에겐 일차 성기와 이차 성기가 있는데, 일차 성기는 번식과 관련이 있고, 이차 성기는 짝을 선택하는 것과 연결되어 있어요."

"우리 인간의 경우 수염 외에 이차 성징은 무엇이 있나요?" 내가 질문을 던졌다.

"어떤 시각에서 보든, 남성과 여성을 구별하는 것들은 부차적이에요. 예를 들어, 여성은 다른 영장류에서는 볼 수 없는 풍만한 가슴을 가지고 있습니다. 암컷 침팬지는 가슴이 없어요.

가슴이 풍만하고 허리가 잘록한 침팬지를 상상이나 할 수 있 겠어요?"

나는 그렇게 생긴 침팬지를 상상하며 빙긋이 미소를 지었다.

"수염은 생태적인 자원에서 봤을 때 아무런 기능노 없습니 다." 아르수아가는 한마디 덧붙였다. "단지 매력을 주기 위한 것이지요."

"그렇구나…" 나는 약간 맛이 간 사람처럼 중얼거렸다. 진 통제의 유효 성분이 최대 효과를 내는지 정신을 집중하기가 조금 힘들었다. 더욱이 알렉산더 대왕의 두상과 디아두메노스 의 나상을 보면서 받았던 감성의 충격에서 아직 완전히 회복 된 것 같지 않았다.

잠깐 정신이 멍했다. 약물의 부작용이라고 밖엔 설명할 수 없었다. 그러나 우리가 앞으로 나아가고 있고, 방과 방을 연결 하는 복도 한복판에 있다는 사실을 금세 깨달았다. 아르수아 가는 내가 무슨 말을 하기만을 기다리고 있다는 듯한 표정으 로 나를 바라보았다. 하지만 나는 뭘 물었는지 몰라 어떤 대답 을 해야 할지 주저했다. 그러자 그가 직접 말을 꺼냈다.

"선생님이 왜 여자를 좋아하는지 알고 싶다면, 여성의 공통 점이 무엇인지 자문해 봐야 해요."

"당신이 지금 어디로 가려고 하는지 잘 모르겠어요." 나는 공간 차원에서 방향을 잡으려고 노력했다.

"선생님에게 말씀드리고자 하는 내용은 예술사를 통틀어 봤을 때 여성을 재현하는 방식이 남성보다 더 많이 변하고 있다는 것이지요. 물론 제 의견이지만요."

"맞아요." 맞장구쳐 주었다.

"여성의 용모에 대한 규범은 상당히 다양한 편이에요. 그렇지만 다양성의 기저에는 변치 않는 뭔가가 있어야만 합니다. 모든 것을 문화라고 인정할 수는 없으니까요. 생물학적인 뭔가가 있어야 해요. 이해하시겠어요?"

"어느 정도는요."

"이러한 문제들이 부각되면 사람들은 좀 급진화되는 경향이 있어요. 누군가는 모든 것을 문화로 보고, 또 다른 사람들은 모든 것을 생물학과 연결하지요. 문화는 한 걸음 더 들어간 것입니다. 제가 어떻게 설명하는지 한번 들어보세요. 우리에게는 눈이 있어요. 그리고 육안으로 확인할 수 없는 곳을 보도록 도와주는 현미경도 있습니다. 눈은 생물학적인 것이지만 현미경은 문화인 셈이에요. 설명이 됐나요?"

"네!" 고생물학자의 아내와 건축가가 몇 발 앞에서 환담을 나누는 동안, 그가 오롯이 나에게만 집중하는 것에 만족하며 고개를 끄덕였다.

"좋습니다. 그러면 남성이 여성에게, 여성이 남성에게 매력적인 존재가 될 수 있는 이유는 뭘까요?"

"꼭 집어서 그걸 물어본다면, 뭐라 해야 좋을지 잘 모르겠어요. 하지만 묻지 않는다면 오히려 알 것 같기도 해요." 성 어거스틴St. Augustine의 시간에 대한 대답을 패러디해서 대답했다.

"번식의 가능성이지요." 그는 내 농담을 무시하고 이야기를 이어 나갔다. "성적인 매력은 다산多産과 아주 밀접하게 연결되어 있어요. 문화적 유행을 뛰어넘어, 생물학적 질서에 따라 선생님'이' 선택하기도 하고, 선생님'을' 선택하기도 하지요."

바로 그때부터 문제가 생겼다. '마비가 풀렸다'는 의미의 스페인어 동사가 있다면, 내 잇몸에 닥친 고통을 표현하는 데 쓸 수 있을 것 같았다. 사람을 죽일 것 같은 강한 자극이 어금니 신경에서 비롯되어 내 뇌에 모스 부호를 보내기 시작했다. 나는 패닉 상태에 빠졌다.

"왜 무슨 일 있어요?" 고생물학자가 놀란 표정으로 물어왔다.

"아무것도 아니에요."

"그럼 렘브란트의 '유딧Judith'과 루벤스의 '삼미신The Three Graces'을 보러 갈까요?"

렘브란트와 루벤스의 작품들을 보러 가는 길에 잠시 알브레히트 뒤러Albrecht Dürer[13]의 '아담과 이브' 앞에 걸음을 멈췄다.

---

13 독일의 화가, 판화가, 조각가다. 르네상스를 대표하는 화가로, 특히

"정말 현대적인 감각이죠?" 아르수아가가 감탄을 연발했다. "아직 사과를 먹기 전이에요."

"사과에 성적인 의미가 있나요?"

"이번엔 여길 좀 보세요." 내 말에는 전혀 개의치 않고 말을 이어 갔다. "여기 지방과 근육이요."

"지방과 근육이요? 알았어요."

나는 렘브란트의 '유딧'과 루벤스의 '삼미신'을 보는 척했다. 그렇지만 실상은 치통으로 아무것도 보이지 않았다. 집을 나서면서 진통제 앰플을 하나 더 가져왔어야 했다. 계속해서 반쯤 정신이 나간 상태에서, 이번에는 고야의 '옷을 벗은 마하' 앞에 서게 되었다. 네덜란드 화가에서 스페인 화가로 옮겨 가는데 얼마나 시간이 흘렀는지 아무 생각도 나지 않았다.

"여기에서 수수께끼에 대한 답을 찾을 수 있을 겁니다." 나는 고생물학자의 말에 귀를 기울였다. "지방과 근육이지요. 여기 '옷을 벗은 마하'의 허리와 엉덩이 비율을 잘 보세요."

나는 주의를 기울였다.

"이 비율은 다산에 대한 생각을 전하고 있는데, 이는 선사 시대의 그림에서부터 오늘날까지 꾸준하게 유지되고 있어요. 이 여성은 다산을 상징하는 여성이에요. 배란과 연결되어 있

목판화, 동판화 및 수채화 분야에서 독창적 능력을 발휘했다.

지요. 다른 것은 모두 유행에 따라 바꿀 수 있지만, 이것은 아니에요. 근육은 남성에서, 지방은 여성에게서 잘 나타납니다. 지방이나 근육의 양은 변할 수 있지만, 누구에게 얼마나 나타나는가는 변하지 않지요. 남성을 유혹하는 여성의 곡선은 바로 이러한 비율 때문이에요. 놀랍지 않으세요?"

"뭐가요?"

"성적 이형성 말이에요."

"놀랍긴 해요."

"각각의 종에 따라 성별에 따른 특유의 차이점이 존재하지요. 우리 인간의 차이점에 관해 설명해 봤어요. 아직 현대 미술을 보지 못했어요. 모딜리아니가 그린 여인들을 한번 생각해 보세요."

하느님, 맙소사! 모딜리아니의 여인들이라니. 나도 모르게 앓는 소리가 새어 나왔다.

다섯

작은 것의 혁명

고생물학자는 11월 중순 아침 9시에 마드리드의 차마르틴Chamartin 시장 입구에서 만나자는 이메일을 보내왔다. 그는 더블린에서 돌아와 부르고스에 갈 계획인데, 3시간 정도 짬을 내서 나에게 뭔가를 보여 주고 싶다고 했다.

나는 그가 마치 10대 청소년처럼 가볍게 차에서 내리는 장면을 보았다. 정말 행복하고 활기차 보였다. 더블린이 그를 영화 속 인물로 만든 것 같았다. 아르수아가는 기분이 좋을 때면 활발하게 소통한다. 막힘없이 말하고, 유머 감각까지 보여 준다. 그리고 언제나 따뜻한 마음으로 인류를 바라보고, 인류가 어떻게 표류해 왔는지를 지켜본다.

의례적인 인사를 나눈 다음 우리는 시장으로 들어섰다. 그러고는 말 그대로 형형색색의 모습으로 진열된 과일과 야채를 파는 가게 앞에서 발걸음을 멈추었다. 그곳에는 각종 과일, 채소, 콩, 뿌리채소가 깔끔하게 진열되어 있었다. 다양한 식물들이 자아내는 색채는 빨강, 노랑, 파랑, 밤색, 보라색, 초록색, 오렌지색 등이 어우러진 만국기와 경쟁하는 것처럼 보였다.

"우리는 구석기 시대에 관해 이야기할 텐데 안타깝게도 여기 있는 모두가 인간이 경작한, 다시 말해 신석기 시대의 것이네요." 아르수아가가 말을 꺼냈다.

"그렇다면 인간이 재배한 상추는 신석기 시대를 상징하는 깃발이 될 수도 있겠네요?" 나는 무심결에 떠오른 생각이 기발하다고 여기고는 얼른 물었다. 하지만 그는 무관심하게 지나갔다.

"한 가지에 더 집중해 볼까요?"

내가 이야기했듯이 우리는 과일과 야채를 파는 커다란 가게 앞에 발걸음을 멈추고 있었다. 모퉁이에 자리 잡은 그 가게에선 대여섯 명이 일하고 있었는데, 갑작스레 나타난 우리를 보고 조금 이상히 여기는 것 같았다. 고생물학자 입에서 불과 몇 센티미터 떨어진 곳에 녹음기를 들이대고 내가 마주 서 있었기 때문이다. 실은 나는 시장 소음 때문에 그의 말을 정확하게 잡아내지 못할까 봐 저어하고 있었고, 그래서 녹음기를 가까이 대고 있었다.

우리는 손님들을 방해하는 기이한 사람들이었다. 하지만 이를 의식하고 있었던 사람은 나뿐이었다. 교수는 우리가 낯선 분위기를 만들고 있다는 사실을 완전히 무시한 채, 자기 이야기에만 빠져 있었다.

몇 분이 지나자, 소음은 점점 더 커졌고 여기저기에서 외치는 소리 역시 강해졌다. 경청하기 위해선 고생물학자에게 바짝 다가서야만 했다. 야채 가게 한쪽 끝에 있던 상인이 다른 쪽 끝에 있는 동료에게 양파 1킬로그램과 대파 한 다발을 달라고 큰소리로 외쳤다. 금전 등록기에서 계속 나오는 소리는 손님 주머니에서 상인 주머니로 돈이 옮겨가고 있다는, 신바람 나는 생각을 떠올리게 했다. 손님들은 고생물학자와 나를 의아하게 바라보았다. 사람들을 끌어들이기 위해 가게 주인이 고용한 호객꾼으로 생각하는 것 같았다. 아르수아가는 우리가 야기한 호기심은 무시해 버린 채 자기 이야기만 계속했다.

"좀 더 집중하기로 합시다."

"침팬지, 고릴라, 오스트랄로피테쿠스를 이리 데려왔다고 상상해 보세요."

나는 빙긋이 미소지었다.

"좀 웃기나요?"

"아니요."

"아니긴 뭐가 아니에요. 웃었잖아요?"

"영국인과 프랑스인 그리고 스페인 사람, 이 세 사람에 대한 농담이 생각났거든요. 스페인 사람은 어땠을지 오랫동안 생각해 봤거든요."

"그래요? 재미있겠네요. 다시 본론으로 돌아가서 영장류 셋인데…. 이에 대해 좀 익숙해졌는지 모르겠어요? 영장류 셋이요. 그중 하나가 호미니드[14]예요. 진화의 사슬에서 갈려 나온

---

[14] 침팬지와의 공통 조상 이후 인류 쪽의 모든 종을 지칭하는 용어다. 2000년대 초반까지는 호미니드라는 분류명을 쓰다가 그 이후에는 같은 대상에 대해 '호미닌hominin'이라는 분류명을 더 많이 쓴다. 호미니드는 인류와 다른 유인원들을 과family 수준에서 구분 짓는다는 의

세 개의 고리인 셈이지요."

"알아요. 순수한 구석기인이죠."

"맞아요, 구석기인이에요. 고릴라는 풀이나 잎을 먹어요. 나뭇잎이나 채소를 먹는다는 이야기죠. 고릴라들은 식물의 연한 부분을 좋아해요. 정글에 사는 고릴라들은 먹거리의 바다에 푹 빠져 살아가는 셈이지요. 그들은 주변 환경을, 다시 말해 풍경을 먹는 거예요. 풍경이 주식이기 때문에 정글을 떠나지 않는 겁니다. 그런데 그 풍성한 먹거리가 별 볼 일 없어요. 열량이 별로 없거든요. 그래서 온종일 먹고만 있어야 해요. 고릴라가 만일 이 자리에 있다면 가게 점원에게 뭐라고 했을까요?"

"글쎄요. 잘 모르겠네요. 녹색으로 된 것은 다 담아달라고 하지 않았을까요?"

"맞아요. 상추, 시금치, 대파, 근대, 꽃상추, 적상추…. 모든

미이며, 족tribe 수준에서 구분 짓는 호미닌보다는 인류와 다른 유인원들의 차이에 주목한다. 하지만 2000년대 이후 분류학은 계통발생도에 기반해서 분류명을 정하는 경향이 강해졌으며, 계통발생도 상에서 유인원들 간의 거리를 비교해 보면 인류를 따로 떼어 놓기 어렵기 때문에, 과 수준에서 모든 유인원을 호미노이드hominoid로 분류하고, 인류를 따로 떼서 분류할 때에는 족 수준에서 '호미닌'이라고 부르는 것을 선호한다. (감수자 주)

루시의 발자국

것이 녹색이죠. 고릴라는 아마 녹색으로 된 것을 다 담아 달라고 했을 거예요."

"내 생각도 똑같아요. 아마 그랬을 거예요."

"그럼 이번에는 열매를 먹는 침팬지가 온다고 해 보죠. 침팬지는 녹색 채소가 아니라 잘 익은 과일을 담아 달라고 했을 거예요. 물론 침팬지도 고릴라의 먹이를 먹고, 고릴라 역시 침팬지의 먹이를 먹기도 하지요. 다만 그 경계가 뚜렷하진 않아요. 하지만 고릴라는 풀을 주로 먹고, 침팬지는 열매를 주로 먹는다는 사실은 분명해요. 그런데 열매에는 단백질은 없고, 당분과 수분뿐이에요."

"당분과 수분뿐이다…." 나는 고생물학자의 말을 반복했다. 동시에 뭔가 묻고 싶다는 듯이 나를 세 번째 쳐다본 과일 가게 상인에게 별 거 아니라는 듯이 눈썹을 추어올렸다.

"이제 이렇게 생각하도록 하지요. 침팬지는 수 킬로그램의 과일을, 고릴라는 수 킬로그램의 야채를 가져갈 거라고요." 고생물학자가 결론지었다.

"알았어요."

"자, 이번엔 오스트랄로피테쿠스가 온다고 해 보죠. 앞에서 언급했던 것처럼 영장류이면서 호미니드이기도 해요. 진화에서 크게 한 걸음 나아갔죠. 우리는 지금 150센티미터 정도의 키를 가진 이족 보행을 하는 사람 이야기를 하는 거예요. 루시와 비틀스의 노래를 떠올려 보세요."

"잘 기억하고 있어요."

"오스트랄로피테쿠스는 과일과 채소 두 가지 모두로 바구니를 채울 거예요. 그런데 이 호미니드의 어금니는 침팬지나 고릴라보다 크고, 두꺼운 에나멜 층을 가지고 있어요. 이건 정글에서 얻을 수 있는, 으깰 필요가 없는 과일이나 야채와는 완전히 다른 것을 씹었다는 의미예요. 그래서 앞니보다는 뒤쪽 치아가 발달하게 된 것이고요. 반대로 침팬지는 앞니가 더 발달했어요. 복숭아를 베어 먹어야 하거든요. 정글에 들어왔다 나갔다를 반복하던 오스트랄로피테쿠스는 크기가 작아도 열량이 더 높은 것들을 먹거리 목록에 집어넣었어요. 그래서 앞니의 역할은 줄어들고 두꺼운 에나멜 층을 가진 뒤쪽 치아가 발달하게 되었어요. 제 말 이해하시겠어요?"

"뭔가 바뀌었다는 거죠."

"그래요, 뭔가가 바뀌었어요." 고생물학자가 말을 이었다. "무엇을 먹었을까요? 바로 곡류와 콩류를 먹었어요. 예를 들어, 강낭콩과 완두콩을 먹었어요. 껍데기를 깨기가 불편했지만 껍데기가 있는 열매도 먹었고요.[15] '건장한 오스트랄로피테

---

15 사실 오스트랄로피테쿠스를 비롯한 초기 호미닌이 무엇을 먹었는지는 확실하지 않다. 아르수아가처럼 곡류와 콩류를 먹었다는 고인류

쿠스'로 불리는 파란트로푸스Paranthropus의 아래턱은 진짜 호두까기 기계처럼 생겼어요. 조금 있다가 기계처럼 움직이는 신체 각 부분에 대해서, 즉 생체 역학에 관해 이야기할 거예요. 아무튼 선생님이 통조림 형태로 볼 수 있는 모든 것을, 예를 들어 렌즈콩, 병아리콩, 완두콩, 강낭콩 같은 것을 기본적으로 다 먹게 되었어요."

"잘 알겠어요." 내가 대답했다. 우리는 다시 걷기 시작했는데 또 다른 가게 사람들의 시선을 끌었다.

아르수아가는 나를 멈춰 세웠다.

"잠깐만요. 여기에서 너무 멀리 가면 안 돼요. 이 가게가 우리 인간의 기원을 모두 설명해 줄 수 있거든요. 자, 유기체에는 두 가지 임무가 있어요. 먹이와 관련해서는 경제적일 것, 그리고 번식할 것."

"성경에 나오는 잘 성장해서 번성하라는 말씀과 같네요."

"두 가지 임무죠. 이 임무를 잘 수행하려면 뭐가 필요할까요?"

"그러니까…"

학자도 있지만, 땅속 식물을 전문적으로 먹기 시작했다고 주장하는 고인류학자들도 있다. 확실한 것은 초기 호미닌이 침팬지와의 공통 조상에 비해서 거친 음식을 먹었고, 어금니가 훨씬 발달했다는 사실이다. (감수자 주)

"제가 이야기할게요. 단백질이에요. 단백질은 우리 몸을 구성하는 요소예요. 이외에도 열량을 만들어내는 지질 또는 지방, 에너지원인 탄수화물도 필요해요. 우리 몸은 탄수화물을 포도당으로 변환시키는데, 순수한 상태의 포도당을 뇌가 소비합니다."

우리 가까이에서 핸드폰이 울렸다. 한 아주머니가 그 소리를 듣더니 황망히 핸드백 속을 뒤져 핸드폰을 꺼내 들었다. 남편과 통화하는 것 같았는데, 분명 버섯 앞에 서 있으면서 버섯이 없다고 이야기하고 있었다. 화가 난 목소리로 "다음엔 당신이 장 봐!"라고 퉁명스럽게 내뱉었다. 아르수아가는 자기 이야기에만 몰두한 탓에 전화로 무슨 대화가 오가는지 전혀 모르는 것 같았다. 하지만 나는 아르수아가의 이야기를 들으면서도 잠깐씩 과일 가게 주인에게 미안한 눈길을 보내고, 우리 때문에 갈 길을 제대로 못가는 손님들도 살펴보았다.

바로 그때 고생물학자가 다시 입을 열었다.

"침팬지들에겐 사냥은 매우 특별한 음식을 마련하는 방법이에요. 앞에서 이야기했듯이 야채는 열량이 거의 없어요. 그래서 일부 수컷들은 어린 원숭이를, 그것도 젖먹이들을 사냥하곤 해요."

"사냥할 때 서로 협력하나요?" 나는 놀라지 않을 수 없었다.

"물론 이에 대해선 논란이 있지요. 늑대들은 협력할까요?

모두 한꺼번에 사냥감을 추격할까요? 나는 그렇지 않다고 생각해요. 협력하지 않아요. 사냥할 때 협력을 하려면 공정한 분배가 있어야 가능해요. 아무튼 이는 사회생물학에서 가장 중요한 주제 중 하나인데요. 저는 이에 관해 회의적이에요. 협력은 아주 수준 높은 복잡함을 요구해요."

"침팬지들이 사냥을 한다고 했잖아요?"

"작은 원숭이나 초식 동물의 새끼들이요. 1킬로그램 남짓의 원숭이를 사냥하지요. 몸을 유지해야 한다는 경제적인 측면만 따진다면, 이걸로는 아무것도 해결할 수 없어요. 작은 원숭이나 초식 동물의 새끼는 아이들에게 주는 캐러멜과 같은 거예요. 굉장히 자극적이지요. 침팬지들은 고기와 뇌를 정말 좋아해요. 고기는 거래를 위한 화폐와 같은 역할을 해요. 전체 열량을 계산할 때에는 별 의미가 없지만, 맛있는 고기만 있으면 뇌물을 줄 수 있고, 정치도 할 수 있고, 동맹도 맺을 수 있을 뿐만 아니라, 섹스도 할 수 있어요."

나는 얼마 전부터 고생물학자의 말투에 묘한 향수가 어려 있다는 것을 눈치챘다. 그런데 엉뚱하게도 내가 그걸 인지하면서부터 활기가 생겼다. 우리 인간이 그런 상태에서 비롯되었다는 것을, 먼 옛날 주전부리인 어린 원숭이를 잡으려는 사냥꾼의 후예라는 생각이 들었다. 아직 살아있는 불쌍한 원숭이들의 팔을 잡아 통째로 뜯어 입으로 가져가는 나와 내 가족들의 모습을 떠올려 보았다. 아르수아가의 말투는 최면을 거는 듯해서 그가 이야기하고 있는 바로 그 시대로 사람을 데려가는 묘한 힘이 있었다. 다시 정신을 차렸지만, 입에는 침팬지 시절에 먹었던 원숭이 맛이 여전히 남아 있었다.

"원숭이를 소유한 침팬지는" 그 순간 고생물학자가 한마디 덧붙였다. "다른 침팬지들이 원하는 것을 가지고 있는 겁니다. 자, 여기에서 다시 오스트랄로피테쿠스로 돌아가 보죠. 이들은 열대림 밖에서 획득한 것들을 소비했어요. 대초원이 아니라 사바나 지역으로 나갔기 때문이지요. 많은 사람이 사바나와 대초원을 혼동하는데요. 우리는 그래선 안 돼요. 곡물은 사바나에 있습니다. 사바나가 정글보다 건조하거든요. 게다가 사바나에는 과일이 열리는 나무나 관목 들이 널려 있었어요. 우리가 오스트랄로피테쿠스라고 부르는 이족 보행 영장류의 키 높이에 말이죠."

"정글과 사바나 사이에 명확한 경계가 있나요?" 내가 질문을 던졌다.

"아니요. 조금씩 단계적으로 변하지요. 그렇지만 앞에서 이야기했듯이 사바나에는 알곡이 있었어요. 그리고 이 알곡을 수확하려면 아주 숙련된 손 기술이 필요했어요. 침팬지나 고릴라는 피스타치오를 관리하고 수확할 재간이 없었어요. 그것을 집을 수가 없었거든요. 모든 영장류는 엄지손가락이 다른 손가락과 마주 보고 있어요. 하지만 원숭이의 경우 엄지손가락이 좀 우스꽝스럽게 생긴데다가, 손이 매우 길어서 집게손가락의 끝부분과 완전히 동떨어져 있어요. 침팬지의 손은 갈고리처럼 생겼고요."

"나뭇가지에 매달리기 위해서겠지요."

"몇몇 학자들은 이와 같은 새로운 형태의 먹거리가 인간의 특성에 잘 맞아떨어졌다는 의견을 내놓았어요. 오디나 베리 종류는 일반적으로 덤불에서 발견됩니다. 자, 이제 우리는 작은 과일류와 곡류의 세계로 들어섰어요. 이젠 커다란 앞니는 별 필요가 없어졌어요. 하지만 과일이나 곡류를 능숙하게 다루기 위해서 집게손가락이 필요하게 됐고, 씹기 위해서는 어금니를 반드시 사용하게 되었지요. 또, 나무에 올라가지 않아도 됐어요. 베리 종류는 키 높이 정도에 열렸기 때문이죠."

"정글을 떠나 사바나로 모험을 나선 오스트랄로피테쿠스가 발견한 게 또 뭐가 있을까요?"

"빛이지요. 열대 지방의 정글에선 땅바닥까지 내려오는 빛이 단 한 줄기도 없어요. 땅바닥으로 내려오는 도중에 다 사라져 버려요. 엄청나게 키가 큰 나무들의 이파리들에게는 빛이 너무너무 소중하기 때문이죠. 그래서 정글은 어두운 감옥 같아요. 반면에 초원에는 빛이 있지요. 오스트랄로피테쿠스는

다섯. 작은 것의 혁명

빛을 보는 것을 좋아했어요."

내가 빛의 발견을 생각하는 동안 아르수아가는 한 시간 이상 머물렀던 과일과 야채 가게 앞으로 다시 돌아가더니 열광적으로 감탄사를 내뱉었다.

"이 과일 가게는 정말 아름다워요!"

"그건 그래요!" 덩달아 맞장구쳤다.

"자, 신석기 시대로 뛰어넘어 가려 했는데 잠깐 미루기로 해요. 지금은 오스트랄로피테쿠스에서 호모 에렉투스로 넘어가기로 합시다."

"그게 더 낫겠어요. 순서를 좀 정리하려면요."

고생물학자는 돌아서면서 나에게 언짢은 표정을 지었다.

"순서라니요? 이것은 이야기가 아니에요. 만약 선생님이 연대기를 원한다면 창세기를 읽으세요. 진화는 이야기 구조를 가진 게 아니에요. 사건의 발단, 절정, 결말이 없어요. 진화는 카오스의 세계거든요."

"진화에서는 모든 게 순서대로 발생하지 않나요?" 나는 솔직하게 물어보았다.

"가끔은 아니에요. 나는 단순한 이유에서 연대순을 따라가는 것일 뿐이에요. 알겠어요?"

"알았어요!"

"인류는 열량의 90퍼센트 이상을 쌀, 밀, 감자, 옥수수, 이 네

가지에서 흡수해요. 네 가지 주요 작물이지요. 외계인들이 우리를 본다면, 아마 채식주의자로 분류할 거예요. 다시 돌아가, 네안데르탈인은 육식을 주로 했을까요? 네, 그렇습니다. 왜냐하면 1년 중 9개월 동안 먹을 만한 식물성 먹거리가 없었거든요. 과일은 늦여름과 가을에만 나오지요. 그때는 정말 엄청나게 많아요. 도토리를 한번 생각해 보세요. 스트라본Strabon[16]은 우리 인간이 도토리를 먹는 종족이라고 했어요."

"도토리 보관이 쉽나요?"

"도토리를 가루로 만들거나 토르타[17] 같은 둥글고 납작한 덩어리로 만들어 보관해야 돼요. 가을에는 도토리 양이 정말 넘쳐나지요. 토르타로 만들어 놓으면 1년 내내 먹을 수 있어요. 이베리아 사람들의 기본 먹거리는 토르타니까요. 그러나 선사 시대엔 방앗간이 없었습니다. 빻을 줄 몰랐다는 것이지요."

마침내 아르수아가는 이동하자고 하더니, 이번에는 전혀 생각하지도 않았던 닭 가게로 갔다. 그는 호모 에렉투스 상태여서 사냥감을 찾고 싶었던 것 같았다. 그러나 안타깝게도 그럴

---

16 프톨레마이오스와 함께 고대 그리스에서 가장 뛰어난 지리학자로 일컬어진다.

17 스페인의 달콤한 케이크.

듯한 것이 없었다.

"예전에는 메추리나 꿩이 갈고리에 걸려 있었어요. 그것도 깃털도 안 뽑고 말이에요. 그것을 보는 것만으로도 정말 즐거웠는데." 아르수아가는 점원에게 말을 붙였다.

"지금은 그렇게 할 수 없어요." 점원이 설명했다.

"여기 이 비둘기들은 산비둘기인가요?"

"물론이죠." 점원은 사냥해 온 게 별로 없어서였는지 조금 민망한 표정을 지었다.

"자, 이제 호모 에렉투스는 아프리카로 가고 있어요." 다시 아르수아가가 말을 이었다. "1년에 두어 번씩 넘어갔습니다. 기회를 잘 이용해야 했어요. 아무튼 호모 에렉투스는 조류를 그리 많이 먹을 수는 없었어요. 예를 들어, 육류를 제공하는 사슴에 비해 사냥이 어려웠거든요."

우리는 잠시 닭 가게 앞에 머물렀다. 계속 실망의 나락으로 떨어지고 있었다. 그 순간 아르수아가가 내 팔을 잡아끌며 소리를 죽여 이야기했다.

"모두 다 양계장에서 나온 거예요. 야성적이면서 원시적인 사냥 중에서 아직까지 우리 곁에 남아 있는 것은 낚시예요. 그것도 이젠 얼마 남지 않았어요. 25~30년 정도면 물고기를 잡는 일도 없어질 거예요. 다 양식만 할 거예요. 제가 학생이었을 때만 해도 바다는 인류의 식량 창고라고 했는데, 이제는 아니지요. 이제 어족 자원도 씨가 말라 가거든요. 너무 많이 잡아먹어서요. 이 점을 기억하세요. 지구상 포유류 총 무게의 96퍼센트가 인간, 소와 돼지예요. 어떤 생각이 드나요?"

"그 정도나 돼요?" 나는 너무 놀랐다.

"조류의 경우에도, 소비용(수탉과 암탉)으로 기르는 새가 전 세계 조류의 60퍼센트나 돼요. 어때요? 우리 인간은 전 세계 포유류의 3분의 1이나 되고요."

나는 당황하기 시작했다.

"조개잡이는 구석기 시대 말기에 나타납니다." 우리는 방금 전에 머물렀던 생선 가게 앞을 다시 지나고 있었다. "그건 과도기적인 행위였어요. 선사 시대에는 모든 동물이 떼로 몰려다녔죠. 말, 매머드, 들소… 문제는 너무 너무 숫자가 많다는 것이었어요. 인간이 말 한 마리를 잡아먹을 때의 열량만큼 얻으려면 정말 많은 홍합을 채취해야 했어요. 이 작은 먹거리는 혁명이었어요. 말에서 갑각류로의 도약은 경제적인 측면뿐 아니라, 정신적인 측면에서, 사회적인 측면에서도 일종의 혁명이었어요." 아르수아가는 힐끔 시계를 쳐다보며 말을 이었다. 이미 두 시간이 넘어 이젠 좀 서둘러야 할 것 같았다. "오늘은 지중식물地中植物에서 마무리를 짓기로 하지요."

"지중식물이요?"

"식물의 다양한 생물형에 관해 연구하던 식물학자들이 새롭게 만든 개념이에요. 지중식물은 휴면아休眠芽[18]가 땅속에 있는 식물입니다. 여기에는 알뿌리, 덩이뿌리, 뿌리, 뿌리줄기 등이 포함됩니다. 대체로 일 년에 한 번 싹이 나죠. 그런데 지중식물의 경우, 먹거리가 될 만한 부분이 땅속에 있어요. 전분이나 녹말을 말하는 건데, 한마디로 탄수화물을 의미해요. 감자가 바로 녹말의 결정체예요. 밀도 쌀과 마찬가지로 녹말을 제공하고요. 지중식물들은 이 녹말을 지하에 보관하는 것입니다. 이해할 만해요?”

“그럼요.”

“식물도 먹히고 싶진 않죠. 우리가 이야기하고 있는 지중식물들은 동물들의 손길이 닿지 않는 땅속 깊이 들어가 자신을 보호하고 싶은 거예요. 여기에서 중요한 게 있어요. 선생님께서 지중식물의 개념을 정확하게 이해했으면 하는 겁니다.”

“열심히 노력하고 있어요. 믿어 보세요.”

“지중식물은 유럽에서는 별로 중요하지 않아요. 하지만 우리 인간의 기원인 아프리카에선 굉장히 중요하지요. 다시 야채 가게로 가 볼까요?”

우리가 야채 가게로 돌아가니 상인들은 깜짝 놀라는 표정을 지었다. 상인들은 우리가 사라졌다고 여겼던 것 같다.

---

18 어느 기간 동안 발육하지 않은 휴면 상태의 눈.

"여기 고구마가 있습니다. 아메리카 대륙의 안데스에서 온 겁니다. 탄수화물이 많아서 수많은 사람들의 식량이 되었죠. 1845년 대기근이 발생하기 전까지 아일랜드 사람들을 먹여 살렸던 감자도 한번 생각해 보세요. 병충해를 야기하는 곰팡이 비슷한 미생물로 완전히 초토화되었던 감자 말이에요. 당시 아일랜드에서 감자는 단일 경작 작물이었어요. 껍질을 포함해서 전부 다 먹었죠."

"나도 어려서 발렌시아에서 살 때는 고구마를 정말 많이 먹었어요. 구워 먹었지요."

"다른 지중식물인 유카를 본 적 있나요? 먹어 봤어요?"

"잘 모르겠는데요. 먹어 본 적이 없는 것 같아요."

"양파, 마늘, 대파, 아스파라거스, 감자, 고구마 등을 떠올려 보세요. 여기서 보는 모든 것이 다 지중식물이에요. 사람들이 일부러 경작하긴 했지만, 분명히 지중식물이에요. 이것들이 왜 중요할까요?"

"배고픔을 없애 줄 수 있기 때문이지요."

"그것들을 손에 넣을 방법만 안다면, 더할 나위 없이 좋은 먹거리이지요. 그렇다면 이건 어떻게 얻을 수 있을까요? 거꾸로 생긴 창이 필요해요. 창날이 위가 아니라 아래에 달린 게 필요해요. 하늘을 향한 창이 구석기 시대 남성을 상징한다면, 거꾸로 선 창 또는 땅을 파기 위한 막대기는 구석기 시대 여성을 상징해요."

"그렇군요."

"오늘날에도 수렵과 채집을 동시에 하는 종족을 보면, 지중식물이 정말 중요하다는 것을 알게 됩니다. 남성은 사냥에 집중하고, 여성은 자그마한 것들, 예를 들어 개구리, 곤충, 지중식물 등을 채집합니다. 열량의 절반은 젊은 남성들의 사냥을 통해 얻고, 나머지 절반은 여성이나 노인, 아이 들이 캐오는 지중식물에서 얻지요. 선생님도 힘만 있으면 조금 전에 언급한 땅 파는 막대기나 창으로 지중식물을 캘 수 있어요. 그래서 동물들은 접근하기 어려운 먹거리라고 이야기한 것입니다."

"오스트랄로피테쿠스의 지적 수준에서 그것이 가능했을까요?"

"어려웠을 것 같아요. 확실히는 알 수 없어요. 나무 막대기가 지금까지 남아 있지 않거든요. 이와 관련한 화석도 없고요. 그렇지만 호모 에렉투스는 지중식물을 캘 수 있을 만큼의 힘을 가졌던 게 분명해요. 호모 에렉투스부터 분업이 시작되는데, 이는 경제적인 자원의 범위를 넓혔다는 점에서 진화의 역사를 이야기할 때 정말 중요해요. 지중식물은 주기적으로 얻을 수 있는 보완재 성격을 띤 자원이에요. 덕분에 아이들이 매일 식사를 할 수 있었어요. 선생님도 아시다시피 작은 먹거리들이 가장 안정적인 기본 식량이 되어 주었죠. 열량 측면에서도 이 작은 먹거리들은 커다란 사냥물 못지않게 중요했어요. 작은 먹거리들의 장점은 주기적으로 얻을 수 있을 뿐만 아니라, 예측이 가능하다는 것이었죠."

"인간의 식량에서 이 작은 먹거리들이 언제까지 필수적인 역할을 했나요?"

"신석기 시대가 될 때까지요."

"그렇다면 신석기 혁명은 여성의 혁명이라고 할 수 있을까요?"

"기본적으로 그렇습니다. 하지만 사냥을 그만둔 노인들, 아직 사냥을 시작하지 않은 아이들도 염두에 둬야 합니다."

"농업은 누가 발명했을까요?"

"여성이에요.[19] 이건 의심의 여지가 없어요. 남성은 들소, 말, 매머드를 쫓아 온종일 돌아다녔거든요. 남성은 들소를 잡아 귀가하고 싶었어요. 바로 이것이 지위와 권력을 상징했거든요. 선사 시대 그림은 사냥을 나간 남성들을 기다리는 아이들, 노인, 여성의 모습을 우리에게 잘 보여줍니다. 하지만 보통은 아무것도 잡지 못하고 돌아왔을 겁니다. 오히려 여성들이 캐온 지중식물이나 바다에서 잡은 갑각류와 같은 소소한 것들을

---

19 이는 저자의 가설에 해당한다. 농업을 어떤 성이 먼저 시작했는지는 확실하지 않다. (감수자 주)

가지고 기다렸을 거예요."

"예측이 가능하고, 일관성이 있으니까요."

"바로 여기에서 내 손에 쥔 자원을 관리한다는 개념이 생깁니다. 이 때문에 농업이라는 진일보한 단계로 나아가게 되죠. 자원 관리는 아주 중요한 인식 수준을 담고 있어요. 예를 들어, 계절을 알아야 해요. 봄에는 어디에 있어야 하는지, 가을에는 어디에 있어야 할지 반드시 알아야 합니다. 이를 이용하려면 시스템이 어떻게 작동하는지 그 흐름을 쫓아갈 수 있어야 해요. 온 힘을 다해 보살필 종과 외면해야 할 종을 구분할 줄 알아야 합니다. 어떤 종이 생산에 더 유리한지, 어떤 종을 경작할지 잘 기억해야 하지요. 어떤 식물이 싹이 트고 성장할 수 있도록 돕는다면, 아직 완전히 농업에 발을 들여놓은 것은 아니지만 농업에 거의 다가갔다고 할 수 있지요."

"잠깐만요. 그들이 좋아했던 것을 하나만 예를 들어 주세요."

"나는 일반적으로 도토리는 쓴맛을 맛보게 했을 거라고 생각해요. 어느 날 달달한 도토리가 매달린 나무를 발견하자, 다른 나무들을 뽑아내고 이 나무를 키우지 않았을까요? 물론 가설이긴 해요."

나는 고생물학자와 함께 시장을 나왔는데, 그곳에 차가 기다리고 있었다. 우리는 자동차 문 앞에서 작별했다.

"이제 우리에겐 신석기 시대만 남았네요." 그가 출발하기 전에 창문을 내리며 이야기했다.

나는 시장으로 다시 돌아가 가리비 0.5킬로그램과 고구마 3개를 샀다.

"이게 뭐야?" 아내가 부엌에 들어오며 물었다.

"작은 것. 구석기 시대 말에는 점심용 먹거리였어. 얼마나 맛있는지 곧 알게 될 거야."

놀라운
이족 보행 동물

1월 16일, 구아다라마 산맥에서 불어오는 부드러우면서도 얼음장 같은 바람은 '마드리드의 바람은 사람을 죽일 듯이 매서우면서 등잔불도 끄지 못한다'는 속담을 잘 증명하고 있었다. 사람들은 대수롭지 않으면서도 살을 에는 듯한 바람에 몸을 보호하려는 듯이 신문지로라도 가슴을 가리던 계절이었다.

점심을 먹은 다음 텔레비전 앞에서 꾸벅꾸벅 졸고 있었던 것을 보면 아마 오후 4시가 조금 넘은 시간이었나 보다. 그때 핸드폰 벨이 울렸다.

"선생님, 아르수아가인데요. 지금 막 선생님 댁 앞에 도착했는데 나오실 수 있어요?"

간단하게 정리를 한 다음 얼른 집을 나섰다. 고생물학자는 짓궂으면서도 즐거운 표정으로 나를 기다리고 있었다.

"무슨 일이에요?"

"뭘 하고 계셨어요?"

"지금은 아무것도 안 하고 있었어요."

"선생님께 뭔가 재미있는 것을 가르쳐 드리려고 하는데, 가까운 곳에 아이들 놀이터가 있나요?"

나는 알라메다 데 오수나에 살고 있었는데, 근처에는 레티로Retiro 공원보다 훨씬 더 큰 후안 카를로스 1세 공원이 있었고, 여기엔 아이들을 위한 놀이 기구가 많았다. 나는 다시 집으로 들어가 외투를 걸치고 나왔다. 그러나 이것도 조금 있으면

여섯. 놀라운 이족 보행 동물

알게 되겠지만 그리 충분하지 못했다. 15분 후 우리는 공원 입구를 지나고 있었다.

"여기 왜 온 거죠?" 다시 물었다.

"밧줄에 매달려 노는 아이들과 시소 타는 아이들을 보러 왔어요."

고생물학자는 현실을 자주 이용했지만, 언제나 현실과 동떨어져 있었다.

"이런 추위에 아이들이 있을 리 없어요. 게다가 아직은 학교에 있을 시간이고." 내가 한마디했다.

그는 깜짝 놀라 나를 바라보았다. 분명 생각지 못한 정보를 접한 듯했다. 그러나 그는 이내 다른 대안을 내놓았다.

"그럼 한 바퀴 돌아보면 어떨까요?"

우리는 걷기 시작했다. 오른쪽으로는 눈 덮인 산봉우리가 눈에 들어왔고, 그의 얼굴에서는 폐가 뿜어내는 차가운 날숨을 느낄 수 있었다.

"정말 춥네!" 나는 그가 집요하게 매달리고 있는 일을 빨리 포기하게 하려고 일부러 큰소리로 말했다.

"선생님과 생체 역학에 대해서 이야기하고 싶었어요." 그는 내 말을 못 들은 척하며 자기 말을 이어 나갔다. "몸의 메커니즘과 어떤 식으로 이족 보행이 이루어지는지 등에 관해서요. 며칠 전 팔렌시아에서 그리 멀지 않은 아무스코에 갔었는데,

거기는 산티아고 라몬 이 카할Santiago Ramón y Cajal[20] 다음으로 중요한 인물인데도 사람들에겐 잘 알려지지 않은 의학 박사 후안 발베르데 데 아무스코Juan Valverde de Amusco가 태어난 곳이에요. 혹시 그 사람에 대해 들어본 적이 있나요?"

"사실 처음 들어봐요."

"베살리우스Vesalius와 동시대에 살았던 사람이지 그의 제자예요. 베살리우스는 모든 유럽 의사들이 가방에 넣고 다니는 해부학 저서를 남긴 사람인데, 나도 한 권 가지고 있어요. 참, 베살리우스에 대해선 아는 게 있나요?"

"베살리우스에 대해선 좀 들어본 것 같아요." 조금은 머뭇거렸다.

"현대 해부학의 아버지예요. 16세기 중반에 세상을 떴어요. 그분이 나오기 전에는 우리는 인체 기관에 대해 아는 것이 하나도 없었어요."

"인간에게 육체가 있다는 사실도 몰랐다고요?"

"몸은 오늘날까지도 인간에게 신비의 영역이에요. 신비하죠. 뭘 설명해야 하는데…. 시소가 필요해요."

"저기 하나 있네요." 예상대로 텅 빈 아이들 놀이 기구를 가

---

20 스페인 출신의 신경조직학자다. 뇌의 미세 구조에 대한 그의 선구적인 업적으로 흔히 근대 뇌과학의 아버지라고 일컬어진다.

리키며 이야기했다.

"너무 작네요. 다른 것을 찾아보기로 하죠."

우리는 조용하다 못해 황량하기까지 한 공원을 계속 걸었다. 벌거벗은 나뭇가지들조차 너무 놀라 하늘을 향해 두 손을 번쩍 든 것처럼 보였다. 몇몇 나뭇가지의 끝부분은 손가락뼈만 남은 앙상한 손가락처럼 생겼다. 문득 스티븐 킹의 소설 속으로 빨려 들어간 듯한 느낌이었다. 혹시 이 남자가 나를 죽이려고 이곳에 데려온 것은 아닐까?

"이제는" 아르수아가가 말을 이었다. "시소, 그네, 미끄럼틀 모두 안전한 것 같네요. 내가 어렸을 적에는 이것들 때문에 이가 부러졌는데, 요즘 아이들은 이가 부러질 것 같진 않네요. 하긴 그랬다가는 아이들 부모가 당장 시청을 고발할 거예요."

"요즘은 그런 데는 별문제 없어요." 나도 동의했다.

"혹시 이 공원에는 찌르레기가 없을까요?"

"구관조나 오리는 있는데요. 찌르레기는 모르겠어요. 그런데 앵무새는 엄청나게 많아요."

"앵무새 이야기는 꺼내지도 마세요. 나는 정말 싫어해요."

"그런데 베살리우스에 관해 이야기하던 중이었던 것 알죠?" 나는 말을 돌렸다.

"그래요, 베살리우스 이야기를 하고 있었지요. 그는 보통 사람이 아니었어요. 천재였어요. 인간의 몸을 머리에서 발끝까지 다 새롭게 발견한 사람이에요. 베살리우스 이전까지 인체에 대해 알려진 것이라고는 클라우디오스 갈레노스Claudius Galenus[21]가 했던 이야기뿐이었어요. 그러나 갈레노스는 인체를 해부해 본 적이 없었어요. 겨우 돼지와 원숭이를 해부해 보았을 뿐이에요. 죽은 사람의 시신을 처음으로 해부한 사람이 베살리우스예요."

"레오나르도 다빈치도 법의학에 관심이 많았는데…."

"하지만 레오나르도는 훌륭한 해부학자는 아니었어요. 이렇게 이야기하면 세상 사람들이 모두 나를 가만두지 않으려고 할 텐데요. 좀 뜯어보면, 다빈치는 훌륭한 예술가이긴 했지만 해부학자로는 별로였어요. 어찌 보면 최악의 과학자였지요. 선생님은 다빈치의 도판을 보고 정말 완벽하다고 생각할지 모르겠어요. 잘 살펴보면 여기엔 이것이 빠져 있고, 저기엔 또 다른 것이 부족하단 사실을 알게 될 거예요."

"그럼 베살리우스가 나타나기 전엔 인체에 대해 알려진 게 전혀 없었나요?"

---

[21] 고대 그리스의 의학자이자 철학자다. 페르가몬에서 태어나 스미르나와 알렉산드리아 등에서 의학을 배운 다음, 고향에서 의료 활동을 시작했다. 훗날 로마로 이주하여 마르쿠스 아우렐리우스 황제의 시의侍醫가 되었다. 히포크라테스 이래 최고의 의학자로 꼽힐 뿐만 아니라, 고대 의학의 완성자로 널리 알려져 있다.

"아무것도 없었어요."

"다른 고대 의사들도 마찬가지인가요? 히포크라테스도요?"

"전혀 생각도 하지 않았어요. 히포크라테스는 약용 식물에 해박했지만, 해부학은 전혀 몰랐어요. 의학과 해부학은 완전히 다른 분야이니까요. 해부학이 연구이자 과학 지식을 의미한다면, 의학은 응용 분야예요. 의사들은 어떻게 째고, 꿰매고, 분만을 도울지 실용적인 지식을 가지고 있어야 합니다."

"이를 뽑는 방법도요." 나는 당시 삽화를 머리에 떠올리며 한마디 덧붙였다.

공원 안쪽으로 더 들어가자, 얼음장 같은 바람이 겹겹이 껴입은 옷을 뚫고 들어왔다. 금세 피부, 근육, 그리고 뼈를 거쳐 골수까지 파고들었다. 추위가 골수에 사무쳐 떨쳐낼 방법이 없었다. 반면 인적마저 끊긴 대지를 밟고 가는 우리의 발소리는 차가운 정적 때문에 천둥처럼 울렸다. 300~400마리의 앵무새들이 시끄러운 소리를 지르며 구름처럼 우리 머리 위를 날아가더니 근처에 위협적으로 내려앉았다. 공포 소설 속 한 장면에 들어간 것 같았다.

"망할 것들!" 아르수아가는 새를 죽일 듯이 노려보았다. "이 녀석들을 다 없애기 어려워서 결국 텃새들이 다 사라질 거예요. 이 말은 잘 적어 두세요."

"녹음하고 있어요." 녹음기를 보여 주며 이야기했다.

"항상 가지고 다니는 빨간 표지의 작은 노트에도 꼭 적어 두세요."

나는 빨간 표지의 노트와 펜을 꺼냈다.

"말해 봐요."

"앵무새는 군집 생활을 해요." 그는 이야기를 이어 갔다. "진화에서 성공한 종들은 대개 군집 생활을 하죠. 이 망할 녀석들은 같은 둥지를 사용하고 서로 협력하기 때문에 때려잡기도 어려워요. 한 마리 한 마리는 별 힘이 없지만, 종으로 함께 몰려 살 때는 무척 강하거든요. 집단을 이루었을 때는 정말 천하무적이에요."

"우리는 베살리우스 이야기를 하고 있었어요." 나는 대화의 방향을 바꾸고 싶었다.

"바쁜 일 있어요? 아니면 다른 일이라도?"

"주제에서 너무 벗어나지 않았으면 좋겠다는 생각 때문에요."

"선생님은 이야기를 돌리면 심할 정도로 패닉 현상을 보이시네요. 별거 아닌데. 알았어요. 다시 베살리우스로 돌아가기로 하지요. 그래야 선생님께서 진정하실 것 같네요. 그런데 해부학에 관해 이야기하고 있었다는 사실도 잊지 마세요."

"무슨 의미죠?"

"베살리우스는 생리학에 몸담지 않았거든요."

"차이가 뭐죠?"

"해부학은 구조를 다룬다면, 생리학은 기능을 다뤄요."

"그렇다면 해부학은 기관에 관해 기술하고, 생리학은 각각의 기관이 몸속에서 맡고 있는 기능에 관해 기술하겠네요." 나는 명확하게 정리해 놓고 싶었다.

"정확해요!"

"내 입장에서는 문법에서 형태론과 통사론의 차이가 떠오르네요. 형태론적 분석은 단어를 연구하는 것이고, 통사론적 분석은 문장 안에서 단어가 어떤 기능을 수행하는지 연구하는 것이에요."

"맞아요. 언어학의 모든 용어는 해부학에서 비롯됐어요. 이런 것들은 모두 우리 생물학 분야에서 나온 거예요. 형태 통사론, 형태소…. 모두 생물학에서 끄집어냈어요. 요약하면, 강철로 만든 쟁반에 심장을 올려놓고 연구할 수 있고, 피의 순환에 관해서도 연구할 수 있어요. 심장을 독립적으로 떼어 내서 본다면 이는 해부학이에요. 그런데 심장을 순환과 연결해서 살펴본다면 그건 생리학입니다. 아시겠어요?"

"네!"

"그런데 죽은 시신에서는 피의 순환이 일어나지 않아요. 살아 있는 사람에게서만 볼 수 있죠."

"움직이지도 않죠." 나는 추위를 떨치려 그에게 좀 더 빨리 걷자고 부추겼다.

"시신에는 해부학이나 구조만 있어요. 베살리우스의 추종자들은 갈레노스의 지지자들에 맞서 매우 혁신적인 주장을 했어요. 그렇지만 갈레노스 지지자들은 권력을 잡은 노련한 사람들이었어요. 그들은 이미 대학에서 엄청나게 논쟁을 하며 살아왔던 사람들이었지요. 베살리우스 추종자들과 갈레노스 지지자들 사이에 일어났던 격론 중 아주 유명한 일화가 있습니다. 어느 베살리우스 추종자가, 정확히 무엇이었는지 잘 기억이 나지 않는데, '갈레노스가 틀렸다.'라고 말했어요. 그러자 갈레노스 지지자들은 '감히 너희들이 권위에 도전해?'라며 맞받아쳤어요. 제가 앞에서 시신을 가지고 이야기한 것처럼, 베살리우스 추종자들도 똑같이 대꾸했지요. 그러자 갈레노스 지지자들은 '죽은 사람은 틀릴 수밖에 없다.'는 결론을 내렸어요."

"이건 당대 사제들이 '태양 중심주의'에 대해 현실은 그렇지 않다고 이야기한 것과 엇비슷하네요."

"어느 정도는요. 여기서 눈여겨봐야 할 점은 베살리우스 추종자들이 무엇이 어떻게 만들어졌는지 보기 시작했다는 겁니다. 근육, 뼈, 장기들…. 이런 것들은 우리가 앞으로 구조에 관해 이야기하는 데 도움이 될 거예요. 선생님이나 저는 네발짐승들과 비교했을 때 허리 아래쪽이 다르고, 그리고 지상에 사

는 대부분의 포유류와 비교했을 때 허리 위쪽이 다른 구조로
되어 있어요. 허리 위쪽을 보면 우리는 거의 침팬지에 가깝지
요. 허리 아래쪽은 인간만의 특징이 있어요. 생각해 보면 좀 희
한한 조합입니다."

"켄타우로스처럼요?"

"우리는 키메라예요."

고생물학자는 가끔 이처럼 충격적인 출구를 제시하곤 했다.
그리스 신화에서 키메라는 사자의 머리, 염소의 몸통, 용의 꼬
리로 이루어진 상상의 괴물이다. 우리는 이 단어를 이룰 수 없
는 욕망을 가리키는 데 사용한다.

"맞아요, 우리는 키메라예요." 나는 큰소리로 따라 했다. 그
리고 마음속으로 셰익스피어를 존경하는 마음을 담아 한마디
덧붙였다. "우리는 꿈을 빚어내는 재료로 만들어진 존재죠."

"우린 원숭이가 아니라 이족 보행을 하는 유인원이에요."
아르수아가는 내 생각을 바로잡아 주려는 것 같았다. "여기엔
아주 미묘한 차이가 있어요. 우리는 유인원 그룹, 다시 말해 꼬
리가 없는 원숭이 그룹에 속한 영장류입니다. 허리 위쪽은 다
른 유인원들과 거의 같습니다. 반반한 가슴을, 다시 말해 앞쪽
에서 뒤쪽으로 납작하게 눌린 흉곽을 가지고 있지요. 선생님
이 보시는 것처럼요."

고생물학자는 잠깐 말을 멈추고, 한 손은 내 가슴에 다른 한

손은 내 등에 얹은 다음, 내 장기가 받는 압력을 생각해 보게 했다.

"앞쪽과 뒤쪽 사이는 채 한 뼘도 되지 않는데, 이 한 뼘도 안 되는 곳에 심장과 폐 등이 자리 잡고 있어요. 그렇지만 네발 동물의 경우에는 옆쪽에서 압력을 받습니다."

"모두가 그런가요?"

"예외가 없어요. 개를 생각해 보세요. 그리고 개의 흉곽을 떠올려 보세요. 견갑골이 어디에 있는지도 생각해 보세요. 그런 다음 선생님의 흉곽과 견갑골 위치와 비교해 보세요."

나는 개의 흉곽과 견갑골의 위치를 떠올린 다음 내 견갑골의 위치도 머릿속으로 그려 보았다. 아르수아가는 뭔가 묻고 싶다는 표정으로 내 대답을 기다리고 있었다.

"차이를 알겠어요?" 그는 몹시 조바심을 내며 물었다.

"조금 알 것 같기도 해요."

"그럼 지금부터는 네발 동물은 잊어버리세요. 지금부터는 선생님이나 제 몸의 생체 역학 차원의 효율성에 관해서 이야기하도록 하죠. 음, 우리 몸의 질량 중심은 어디에 있을까요?"

"무게 중심을 말하는 건가요?"

"무게 중심이든 질량 중심이든 선생님이 원하시는 대로 생각하세요. 몸무게가 집중되는 점이라고 보면 돼요. 선생님 몸의 무게 중심은 배꼽과 치골 사이, 벨트 버클 높이의 몸 안쪽에 자리 잡고 있어요. 그 점에서 지면까지 수직으로 선을 그으면 두 발 사이에 떨어지게 됩니다. 그렇죠?"

"네."

"우리는 두 발이 점유하고 있는 영역을 기저면base of support이라고 부를 겁니다."

고생물학자는 내 등 뒤에 서서 몸을 절대로 굽히지 말고 곧게 편 채 자기 쪽으로 쓰러져 보라고 했다. 도움을 주고받는 집단에서 주로 하는 신뢰 게임을 하는 것 같았다.

"걱정하지 마세요. 내가 단단히 붙잡을 테니까요."

여기에서 나를 죽이려고 하는 것은 아닐까 생각하면서도 시킨 대로 뒤로 넘어졌다. 그러나 그런 일은 일어나지 않았다.

"선생님의 무게 중심에서 지면에 늘어뜨린 수직선에 어떤 일이 일어났나요?"

"위치가 이동한 것 같아요."

"그럼 지금 그 수직선은 어디에 떨어질까요?"

"기저면에서 벗어난 것 같아요."

"그러니까 제가 잡아주지 않는다면 선생님은 넘어질 거예요. 물체는 무게 중심에서 지면으로 늘어뜨린 가상의 선이 기저면인 발판을 벗어날 때까지 밀면 엎어지거나 넘어지게 되지요."

"그래서 피사의 사탑이 쓰러지지 않는 것이죠." 오래전에 읽었던 것을 떠올리며 이야기했다. "중력선Line of Gravity이 아직은 기저면 안에 남아 있어서요."

"맞아요. 속이 꽉 찬 물체의 경우, 무게 중심은 질료의 어느한 부분에 위치하지요. 그런데 속이 빈, 예를 들어 공과 같은 물체는 무게 중심이 어디에 있을까요?"

"어디에 있나요?"

"모양을 형성하는 몸체에 있는 것이 아니라, 텅 빈 구의 한복판에 있어요."

"정말 신비하군요." 나는 너무 놀랐다.

"그래요, 정말 신비하죠."

텅 빈 가구의 무게 중심이 위치한 비물질적인 점을 상상해 봤다. 아마 물건에도 혼이 있다면 혼의 중심과 일치할 것 같다는 결론을 내렸다.

"그렇지만 지금은 이런 신비는 덮어 두기로 하죠." 아르수아가가 내 생각을 끊고 들어왔다. "이런 것을 삼위일체의 신비라고는 말하고 싶지 않아요. 그렇게 부러워할 것도 없고요. 중요한 것은 선생님이 무게 중심, 중력선, 기저면 등에 대해 명확한 개념을 정립하는 거예요. 그래야 두 발로 선 자세가 보여주는 신비를 이해할 수 있어요. 넘어지지 않으려면, 계속해서우리가 지금까지 이야기했던 수직선 혹은 중력선이 언제나 경계선을 벗어나지 않아야 합니다."

"그렇군요."

"우리는 무게 중심이 벨트 버클 높이에 있다고 했었지요. 메커니즘 관점에서 보면, 걸을 때 무게 중심이 덜 움직일수록 몸의 효율성이 훨씬 높아져요. 몇 걸음 걸어 보면서 버클의 움직임을 관찰해 보세요."

나는 걸으면서 움직임을 잘 느껴 봤다. 버클이 지면과 평행이 되는, 거의 일직선에 가까운 선을 그린다는 것을 알 수 있었다. 나의 무게 중심은 위아래로 움직이지 않았고, 양옆으로도 움직이지 않았다.

"놀랍지 않나요?" 아르수아가는 의기양양한 표정을 지었다. "인간의 이동은 생체 공학이 만든 기적이에요. 덕분에 우리는 이동하는 데 미량의 에너지만 사용해도 되는 겁니다. 우리는 먼 거리를 이동할 수 있게 만들어진 종족이에요. 우리는 보행을 기초로 한 종족이니까요."

"덕분에 이렇게 멀리까지 올 수 있었던 건가요?"

"그럴지도 모르지요."

"우리 인간의 경우가 유일한가요?"

"영장류 중에선 그래요. 괜찮다면 몸의 윗부분인 몸통은 잠시 한쪽으로 밀쳐 두고, 아랫부분으로 돌아가시죠."

"그럽시다." 계속해서 적막한 공원 깊숙이 들어가기 위해 나는 그의 의견에 맞추기로 했다. 해가 기울기 시작한 탓에 앵무새들도 이미 종적을 감췄다.

루시의 발자국

"원숭이들은 나뭇가지 위를 걷습니다. 원숭이는 쥐처럼 나뭇가지 위를 걷는 네발 동물이에요. 혹시 전선 위를 걷는 쥐를 목격한 불쾌한 경험이 있는지 모르겠어요."

"어렸을 때 본 적 있어요."

"쥐는 나뭇가지 위에서도 땅에서처럼 잘 걷지요. 일부 네발 동물들은 이런 경우를 대비해 설계되었다고 할 수 있어요. 그러나 나뭇가지들이 언제나 수평을 유지하는 것은 아니어서, 우리가 이야기하는 네발 동물들(원숭이들)은 손발이 움켜쥐기 편하게 되어 있어요. 손발이 여기에 적응된 거죠. 그래서 손에서도 차이를 발견할 수 있어요. 원숭이가 개처럼 걸을 수는 있지만, 개가 원숭이처럼 나뭇가지 위를 걷는 것을 본 사람은 없을 거예요. 안 그래요?"

"맞아요."

"몸무게도 많이 나가고 덩치가 큰 영장류 그룹도 있어요. 이들은 절대로 나뭇가지 위를 걸어서 이동하지는 않아요. 나뭇가지에 매달리긴 해도요."

"물론이죠."

"한번 생각해 보세요. 갑자기 영장류가 나뭇가지 위를 걷는 것을 포기하고 나뭇가지에 매달리기만 한다고 해 보죠. 무엇이 필요할까요?"

"…"

"갈고리처럼 사용할 수 있는 긴 팔과 긴 손일 거예요. 이들이 갈고리를 이용해 매달리기 시작하면서 그 결과 가슴이 평평해졌습니다. 매달려 이동하면 어떤 현상이 일어나는지 볼 수 있게 철봉 종류의 기구가 있는 놀이터가 있었으면 좋겠어요."

"50미터쯤 가면 있어요. 조금 외딴 곳이에요. 내 아이들이 어렸을 때 굉장히 좋아하던 장소죠. 아지트 같은 느낌을 주거든요."

우리는 비밀 공원 쪽으로 조금 속도를 내서 걸었다. 공원 출입문에서 점점 멀어지자, 내 안의 불쾌한 기분도 조금은 가라앉았다. 해가 지자 기온이 2~3도 정도는 더 떨어졌다. 아르수아가는 코 주변이 붉어지긴 했지만 그리 춥다고 느끼는 것 같진 않았다. 그래서인지 서두르지도 않았다.

아르수아가는 외로워 보이는 새 한 마리가 우리 머리 위를 날아가는 것을 보더니, 걸음을 멈추고 녹색 딱따구리라고 알려 주었다. 나는 녹색 딱따구리에 관한 이야기는 단 한 번도 들어본 적이 없어, 그때까지도 참새라고 생각하고 있었다. 그래서 아주 조심스럽게 렌즈에 담았다.

잠시 후 우리는 풀숲에 반쯤 가려진 놀이 기구에 도착했다. 부모님의 도움을 받아서라도 매달리고 싶은 기다란 철봉과 미끄럼틀 두 개 그리고 성처럼 생긴 놀이 기구가 있었다. 그러나 그 시간엔 아이들도, 부모님들도 한 명도 없었고, 추위와 어스름한 어둠, 그리고 정적, 다시 말해 화산처럼 분출된 정적만 맴돌았다. 새들조차 뭔가 휘몰아칠 것만 같은 오후를 피해 탈출한 것 같았다. 그곳에 있는 것 자체가 무서웠다.

고생물학자가 철봉에 다가가며 말했다. "철봉에 매달리는 것을 실명하는 기술적인 용어가 있어요. '양손 번갈아 매달리며 건너가기brachiation'라는 것이죠. 잠깐 흘려 봤기 때문에 정확한지는 잘 몰라서 어원을 확실히 이야기할 수는 없는데요. '팔'을 의미하는 라틴어 'brachium'에서 나왔을 거예요."

"맞아요."

"철봉에 매달린 고양이 상상해 봤어요?"

"아니요!"

"그러면 개는요?"

"말도 안 돼요!"

"고양이나 개는 손이 갈고리처럼 생기지 않았어요. 그렇지만 철봉에 매달린 고릴라나 침팬지는 상상해 볼 수 있을 거예요."

"개도 매달릴 줄 안다면, 시간이 지나면 가슴이 판판해질까요?" 나는 솔직하게 물어보았다.

"선생님이 말씀하신 게 바로 라마르키슴Lamarckisme[22]이에

22　생물의 진화 과정을 라마르크의 학설에 기초해 설명하는 것으로, 생

요. 일종의 이단인데, 선생님은 절대로 이런 생각에 빠지지 않았으면 좋겠어요. 옛날에야 어땠을지 모르지만요."

"알았어요."

아르수아가는 철봉에 매달리며 이야기를 이어 갔다.

"'이 능력'은 우리 인간이 나무에서 살았다는 기원을 잘 설명해 주죠. 그리고 우리와 관계가 있는 유인원류에서 진화한 그룹에 속한다는 것도요."

"피곤하면 그만 내려오세요."

"피곤해질 거예요! 그렇지만 매달리는 것과는 별도로 지금부턴 이동해 볼 거예요. 내가 영장류라고 한번 상상해 보고, 침팬지가 나무에 매달려 어떻게 이동할지 한번 이야기해 보세요."

"잘 모르겠는데요."

"사람들은 이런 식으로 옆으로 움직이겠지 생각해요. 그렇지만 이건 잘못된 생각이에요. 침팬지들은…."

"양손 번갈아 매달리며 건너가기요."

"여기에 기초한 거죠."

고생물학자는 한 손을 놓고 180도 돈 다음, 원래 있었던 곳

물은 외부의 영향에 의해 변화하고 그 생물의 생활에 유리한 형질을 완성한다는 이론.

에서 1미터 또는 1.5미터 떨어진 곳을 손으로 다시 잡았다. 양쪽으로 한 번씩 오간 다음에 땅으로 내려오더니, 힘들었는지 거친 숨을 몰아쉬었다.

"이 움직임은 상당히 복잡해요." 그가 다시 입을 열었다. "팔, 팔뚝, 손목 등을 사용해야 하거든요. 이를 위해선 엄청난 힘도 가져야 하지만 적절한 형태도 갖춰야 하죠. 침팬지는 한 손으로 철봉에 매달린 채, 다른 한 손으로 차분하게 아무렇지도 않게 담배를 피울 수도 있어요. 침팬지는 저만큼 힘들어하지 않아요. 철봉에 매달린 채 한 시간 이상 선생님과 아주 자연스럽게 대화를 나눌 수도 있어요."

"이렇게 이동하는데 엄지는 별다른 역할이 없나요?"

"없어요. 엄지손가락이 거의 없다고 생각할 정도로요. 나뭇가지가 부러지면서 조금 남아있는 거나 별반 다름없어요. 나뭇가지에 매달린 침팬지는 지금 선생님과 똑같아요. 사실 지금 서 있다는 것을 의식하고 있진 않죠?"

"그런데 약간 의식하긴 해요. 좀 피곤하기도 하고 많이 춥기도 하거든요."

"아니요." 고생물학자는 강하게 부정했다. "서 있다는 것을 전혀 의식하지 않을 거예요. 의식할 수 없거든요. 아이들은 아직도 양손을 이용해 번갈아 매달리며 이동을 하는데, 아이들이 없어서 유감이네요. 아이들만 있으면 좀 더 쉽게 이해할 수 있는데."

"하지만 나이 든 사람 둘이 우두커니 서서 아이들을 바라보고 있다면 그것도 좀 이상할 것 같아요. 경찰서에서 잠을 자게 될지도 모르고요."

"좋아요. 지금까지는 계속해서 유인원이었어요. 그렇지요?" 고생물학자는 뭔지 모르게 만족스러운 표정으로 이야기했다.

"네."

"그럼 지금부터는 이족 보행을 하는 유인원이 되어 보죠. 이젠 두 발로 반듯하게 서야 해요. 이젠 몸 일부분을, 다시 말해 윗부분을 얻었어요. 그 덕분에 인간답게 만들 수 있게 된 것이지요. 이제 우리는 상반신을 진화론적으로 이해할 수 있는 능력을 갖췄어요. 자, 일어나 보죠."

"알았어요."

"이미 이야기했듯이, 우리 인간은 잘 걸을 수 있게 설계되었어요. 나그네 종인 셈이죠. 보폭이 넓을수록 더 효율적이에요. 시소를 찾아야 하는데…."

"이미 날이 어두워졌으니까 이제 들어오는 사람을 보면 서둘러야 한다고 이야기해 줘야겠어요." 나는 그 음침한 곳에서 빨리 벗어나기 위해 그를 채근했다. 동네에서 죽은 아이들이 밤만 되면 이 공원에 다 모일 것 같았다.

"지금까지 해부학에 관해 이야기했는데, 다시 생체 역학으로 돌아가죠. 학교에서 지렛대 공부했던 거 기억나세요?"

"조금은요. 지렛대의 한쪽 끝을 나에게 준다면 지구를 움직이겠다고 아르키메데스가 이야기했지요."

"지레에는 세 종류가 있습니다. 1종, 2종, 3종 지레가 있어요."

우리는 공원 연못가를 지나고 있었다. 연못 위엔 수의처럼 보이는 엷은 안개가 끼기 시작했다. 오리가 나는 것을 보고 그에게 이야기했다.

"저기 오리 좀 보세요."

"아뇨. 선생님 저건 가마우지예요." 그가 바로잡아 주었다. "가마우지는 정말 성실한 새예요. 이 공원은 정말 환상적인데요!"

"그래서 새로운 개념의 공원이라고들 해요. 스마트 공원이라고요. 그동안 바보 공원이었던 것도 아닌데."

"가마우지에 대해 말씀드릴게요. 정말 멋진 어부예요. 어떤 나라에선 가마우지가 물고기를 삼키지 못하게 목에 뭔가를 넣어요. 그런 다음 물고기를 빼앗아요."

"알았어요. 그런데 가마우지 이야기로 새지 맙시다."

"또 조금만 옆으로 벗어나면 패닉 현상을 보이시는군요. 어디에서 이런 트라우마가 생겼을까 모르겠네요."

"나도 잘 모르겠어요. 하지만 나는 바로 본론으로 들어가는

여섯. 놀라운 이족 보행 동물

것을 좋아해요."

"지레에 대해서…"그는 체념한 듯한 표정을 지었다. "우린 지레에 관해서 이야기하고 있었어요. 지렛대의 메커니즘은 지렛대 유형에 달려 있어요. 동력원이 없는 기계는 다 지렛대예요. 시소는 1종 지레지요."

"시소나 지레가 몸과 어떤 관련이 있나요?"

"우리가 걸어갈 때 몸의 무게 중심이 지면과 평행한 직선을 그리는 것이 가장 편한 자세라고 이야기했죠. 인간은 하루에 대체로 2,500칼로리를 섭취할 수 있다는 것을 먼저 염두에 두세요. 그 정도 열량을 구하기가 쉽지 않기 때문에 섭취한 거라도 잘 관리해야 해요. 해결책은 걸을 때 무게 중심을 최소로 움직이게 하는 거예요. 별로 멋져 보이진 않는 이동 방법이 두 가지가 있어요. 위아래로 움직이는 것과 양옆으로 움직이는 것이에요. 우리 인간은 이족 보행을 하니까, 예를 들어 오른발을 지면에서 뗄 때 두 가지 힘이 발생해요. 하나는 중력이에요. 받쳐 주는 것이 없어진 쪽으로 몸을 당기는 역할을 하지요. 그러면 넘어지지 않으려고 왼쪽, 즉 아직 땅을 디디고 있는 쪽으로 약간 움직이고, 왼쪽 엉덩이도 반작용으로 힘을 쓰게 되지요. 선생님도 한번 생각해 보면 알겠지만, 걷는다는 것은 계속 앞으로 넘어지는 것이라고도 할 수 있어요."

"정말 멋진 설명이네요!" 나는 정말 감탄할 수밖에 없었다.

"걷는다는 것은 계속 앞으로 넘어지는 것이라니…. 산다는 것은 결국 끊임없이 죽어가는 것이라는 말과 똑같네요."

"그렇지만 잘 제어된 방식으로 넘어지는 겁니다." 고생물학자는 내가 수사적으로 한마디한 것엔 전혀 아랑곳하지 않고 자기 말만 이어 나갔다. "그렇지만 선생님은 의식하고 있지 않기 때문에 전혀 눈치채지 못하는 거예요. 앞으로 넘어지는 것도 눈치채지 못하고요."

"죽어가는 것 역시 눈치채지 못하지요." 나도 계속 말을 받았지만 별 소용이 없었다.

고생물학자는 나에게 실연을 해서 보여 주려는 듯이 걸음을 멈췄다.

"봤어요? 오른발을 들었지만, 바로 쓰러지거나 넘어지지 않아요. 다른 발의 엉덩이 높이에 근육이 있기 때문이에요. 이것이 반대로 균형을 잡아 주니까요."

"무슨 근육이죠?"

"내가 오른발을 들면 외전근이 왼쪽으로 잡아당기지요. 무게 중심이 너무 많이 이동하지 않을 정도로요. 크게 힘을 들이지 않고, 최소한의 열량을 사용하여 부드럽게 자세를 바로잡는다고 이야기했었지요. 다시 반복해서 이야기하는데, 우리는 하루에 2,500 정도 사용합니다. 여기에는 뇌를 쓰는 것, 모든 장기가 제 역할을 하는 것, 체온을 유지하는 것까지 다 포함됩

여섯. 놀라운 이족 보행 동물

니다."

"전부 더하면 2,500유로나 된다고요?"

"유로가 아니라 칼로리예요."

"미안합니다. 나도 모르게 나왔어요. 회계 용어로 생각했거든요. 당신이 말한 내용에 따르자면, 우리는 내부에 아주 엄격한 통제자를 가지고 있는 셈이군요."

"자연 선택이죠."

"그런데 이 모든 것이 지레와 무슨 상관이 있죠?"

"방금 제가 설명한 동작에서, 몸의 움직임이 1종 지레의 움직임과 똑같으니까 관련이 있죠. 우연이긴 하지만, 아이들이 노는 시소 역시 똑같은 메커니즘을 가지고 있어요. 그래서 지금 시소가 필요한 거예요."

"이제 다 왔어요."

"1종 지레는 어떻게 작동하지요?" 고생물학자가 갑자기 질문을 던졌다.

"당신이 설명해 주세요."

"중앙에 받침점이 있어요."

"받침점요?"

"쉽게 말하면 눈이죠. 저울의 눈이요. 시소의 눈은 두 힘의 중간 지점에 있어요. 선생님이 시소 한쪽 끝에 앉고 제가 다른 쪽에 앉는다면, 우리는 각각의 힘을 의미합니다. 만일 제가 더 무거우면 시소는 제가 앉은 쪽으로 기울 거예요. 기울지 않게 하려면 어떻게 해야 할까요?"

"당신에게 힘을 빼라고 부탁해야죠."

"기계적인 차원에서 이야기한다면, 어떤 방법이 있을까요?"

"잘 모르겠는데요."

"선생님 쪽이 위로 올라가면, 신생님은 아무것도 할 수 없어요. 받침점이든 눈이든 뭐라고 부르든 상관없지만, 기술자를 불러 그것을 제가 있는 쪽으로 옮겨 달라고 부탁하는 것 말고는 방법이 없어요. 그렇게 해서 선생님 쪽 지렛대 길이가 더 길어지면, 결과적으로 더 많은 힘을 가지게 되는 것이죠. 이해가 되시나요?"

"그것을 몸에 적용할 수 있나요?"

"진화는 지렛대를 가지고 논 셈이에요. 받침점, 그러니까 축은 대퇴골의 제일 윗부분과 연결된 고관절 부위에요. 무게 중심이 벨트의 버클 높이에 있다고 했던 것 기억하죠? 걸음을 걷기 위해 한 발을 들었을 때, 왜 몸이 발을 든 쪽으로 기울어지지 않을까요? 무게 중심이 땅을 딛고 있는 발 위에 있지 않고, 게다가 중력선이 그 옆으로 떨어지죠. 만일 오른발을 든다면, 중력에 의해 오른쪽으로 쓰러져야 맞지 않을까요? 바로 여기에 소위 고관절 외전근이 개입합니다. 중력에 맞서 수평을 유지하기 위해 역이용하는 식으로 외전근이 당겨집니다. 시소에서 봤던 것과 똑같은 이치입니다. 선생님이 저보다는 몸무게가 좀 더 나갈 것 같은데, 그러면 시소를 선생님 쪽으로 기울어지게 만드는 건 중력이라고 할 수 있고, 나는 시소가 수평을 유지하게끔 만드는 외전근이라고 할 수 있지요.

선생님 쪽의 지렛대가 좀 더 길면 길수록 더 유리해요. 축에서 더 멀리 떨어져 있으려고 할 거예요. 저도 똑같은 이유에서 축에서 더 멀리 떨어지려고 할 거고요. 해부학에서 외전근의 지렛대는 대퇴골의 목에 해당하는 부위에요. 이 부위는 너무 길면 안 되는데, 잘못하면 부러질 수가 있거든요. 골다공증 환자의 경우, 이 부위가 부러지는 사례가 종종 있어요. 그래서 시소를 탈 때도 제가 원하는 만큼 선생님에게서 너무 멀리 떨어질 수는 없어요. 그렇다면 저는 선생님이 제가 앉은 쪽으로 좀 더 오기를 바라겠지요. 그러나 이것은 산도産道가 좁아진다는 것을 의미하고 아기들이 태어나기 힘들다는 걸 뜻해요. 진화의 결과가 만든 타협이에요. 이는 출산을 하는 여성들이 산통을 겪을 수밖에 없는 걸 의미하고요.

중력을 이야기할 때, 질량과 체중을 혼동해서는 안 돼요. 질량은 나를 구성하고 있는 물질의 양이에요. 체중은 질량에 작용하는 중력의 힘이에요. 질량은 지구에서나 달에서나 똑같지만, 체중은 달라지지요."

나는 발을 내리고 주변을 둘러보았다. 혹시라도 누가 우리 두 사람을 지켜보고 있지 않나 싶었다. 한 사람은 한 발로 서 있고, 한 사람은 엉덩이에 손을 대고 있는 모습이 우스꽝스러울 것 같았다. 그러나 그곳엔 개미 새끼 한 마리도 얼씬거리지 않았고, 태양도 우리 등 뒤쪽인 공원 서쪽으로 모습을 감추었다.

"이 모든 움직임이 너무 동시에 이뤄져서 무게 중심의 이동이 조금은 우스꽝스럽기도 해요. 척추 환자들이 전문 병원에 가면 의사들은 이런 이야기를 합니다. '우리가 이족 보행을 하는 것은 분명해요. 만일 우리가 지금도 네발로 걷는다면…'이라고 말이에요. 진화 차원에서 보면 이건 말이 안 돼요. 어쩌면 우리는 한심한 종이 되었을지도 몰라요. 아니면 거꾸로 우리를 제외하고 다른 모든 종이 더 멋지게 되었을지도 모르지요. 웃기잖아요. 얼마 전까지만 해도 몇몇 진화생물학자들이 이런 생각에 빠져, 몇 년씩이나 상상 속의 생체 역학 차원의 재앙을 상쇄할 만한 장점을 찾으려고 노력했어요. 우린 불필요하게 이런 생각에 빠져 우리가 생체 역학 차원에서 보면 좀 모자란 종족이라고 생각했고요. 모든 사람이 '이런 엉터리 진화를 압도할 만한 장점이 틀림없이 있을 것이다.'라고들 이야기했죠."

"장점을 찾았나요?"

"찾아냈죠. 이족 보행을 하면 마주 보면서 섹스를 하기에 좋고, 오렌지를 짜는 데 좋을 수도 있고, 리모컨을 조작하는 데 좋을 수도 있지요. 제가 아는 것은 이 정도이지만, 각자 자신만의 장점을 찾았을 거예요. 그렇다고 절대로 설명이 부족하진 않았어요. 이족 보행은 정말 대단하거든요."

우리는 후안 카를로스 공원의 출구 근처에 있는 아이들 놀이터에 도착했다. 그곳엔 조그만 시소가 하나 있었다. 고생물학자는 오후에 처음 보았을 때 무시하고 지나쳤던 시소를 타자고 끈질기게 우겼다. 이미 밤이 되어 가로등 불빛에 길게 늘어진 우리 그림자가 어린아이들이 뛰어놀던 모래밭에 길게 드리워져 있었다.

누군가에겐 우리가 무서운 존재로 보일 것만 같았다. 정신병원에서 도망쳐 나온 듯한 어른 둘이 1월의 어느 수요일에 얼어붙을 것만 같은 차가운 날씨 속에서 시소를 타며 흔들대고 있었다. 오르내리는 중에 고생물학자는 우리 중 한 사람이 앞뒤로 자리를 이동하면 힘의 균형이 무너진다는 것을 물릴 정도로 실컷 보여 주었다. 이어서 시소를 아래로 눌렀다가 위로 떠우길 반복하면서 대퇴골에 대해 엄청난 찬사를 했지만, 필기도 할 수 없었고 녹음도 할 수 없어서 아르수아가의 말은 빗줄기에 눈물이 사라지듯 사라져 버렸다. 대퇴골은 동시에 너무 많은 것을 제어하고 있었다. 그는 이 뼈가 진화의 가장 위대한 발명품이라고 이야기했다.

루시의 발자국

"건축학 차원에서 봤을 때, 진정한 의미의 완벽 그 자체라고 할 수 있지요. 세계 최고의 건축가도 우리가 걸을 때 우리 몸무게 전체를 지지해 주는 대퇴골의 목 부위는 꿈에도 생각지 못했을 테니까요."

나는 계속 그림자에 신경 썼다. 내가 아는 동네 사람이 이 늦은 시간에 개를 데리고 산책을 나왔다가 괴기 소설에나 나올 법한 상황을 보고 깜짝 놀라지는 않을까 싶었다. 마침내 그를 시소에서 끌어내려 출구 쪽으로 발걸음을 옮겼다. 그는 어디에선가 회중시계를 꺼내 땅바닥에 놓았다.

"잠깐 걸음을 멈추고 이 시계를 좀 보세요."

나는 걸음을 멈추고 시계를 바라보았다.

"만일 이게 시계가 아니라 돌멩이였다면, 저는 이 돌멩이가 여기에서 무엇을 하고 있었을지 물었을 테고, 아마 선생님은 거기 계속 있었던 것 아니냐고 반문했을 겁니다. 어때요? 그렇죠? 자연의 한 부분일 테니까요."

"물론이지요."

"그러나 돌이 아니라 시계라면, 저에게 분명 누군가가 그것을 차고 있었을 거라고 대답했을 거예요. 안 그래요?"

"맞아요."

"다윈의 모든 연구는 시계가 스스로 만들어졌을 수도 있다는 것을 보여 주고자 했어요. 땅바닥에 놓은 시계라는 생각은

18세기 공리주의자였던 윌리엄 페일리William Paley[23]에게서 나온 것인데요."

"우주라는 거대한 시계를 만든 분이 바로 하느님이라고 했던 바로 그 사람이요?"

"맞아요! 그 사람이에요." 아르수아가가 시계를 집어 들며 이야기했다. "다윈의 모든 연구는 바로 이 페일리의 생각에 맞서는 것이죠. 곧 이야기할 기회가 있을 거예요. 이젠 서둘러 뛰어가야 해요. 페드로 게라Pedro Guerra의 콘서트에 늦겠어요."

다음 날 아침, 나는 습관처럼 아침 6시에 침대에서 일어났다. 이상한 일이 일어났다는 것을 곧 느꼈다. 당신이 리모컨을 눌렀는데 묘하게 이웃의 차가 열려서 당신 차와 똑같이 생긴 이웃의 차에 타는 엉뚱한 실수와 같은 일이 발생한 것이다. 그

---

23 페일리는 성공회 신부이자 공리주의자다. 그가 지은 《자연신학》에 따르면, 시계가 무엇인지 모르더라도 시계를 본 사람은, 누구나 저절로 만들어진 것이 아니라 탁월한 지능을 가진 누군가가 시계를 만들었음을 생각할 수 있다. 시계와 마찬가지로 신이 창조한 우주는 아주 복잡한 과학적 원리와 법칙에 따라 움직이고, 우주에서 일어나는 모든 현상은 시계의 침들이 움직이는 것처럼 정교하게 일어난다. 따라서 우주는 저절로 만들어진 게 아니라, 지적인 존재가 창조한 것이고, 그 창조주는 바로 기독교에서 말하는 야훼(여호와)라고 설명한다. 이 것이 지적 설계 이론이다.

렇지만 자리에 앉아 시동을 걸려고 하다가, 모든 것이 조금은 어색하다는 생각에 움찔한다. 시트에서 운전대까지의 거리도 평소와는 다르다. 자동차 내부에서 나는 냄새도 조금은 다르고, 계기판도 당신 차보다 더 깨끗할지도 모른다….

카그라스 증후군[24]이 있다. 어느 날 당신이 침대에서 나와 부엌에 갔더니 부모님이 아침 식사를 하고 있었다고 치자. 그런데 그 사람들은 당신의 부모님이 아니다. 어젯밤 잠자리에 들 때, 당신에게 잘 자라고 입맞춤을 해 주었던 그 사람들과 똑같이 생겼기 때문에 증명할 방법은 없지만, 분명 밤에 누군가가 바꿔치기한 것이다. 그뿐만이 아니다. 하나씩 가족들의 삶에 끼어들어 오는 형제들도 당신의 형제가 아니다. 매일 사용했던 바로 그 주방이 매일매일 사용했던 그 주방과 똑같은 복사판처럼 보일 때도 있다. 문제는 당신은 그 변화를 눈치채지 못한 척할 수밖에 없다는 것이다. 만약 그 반대라면 정신병원에 가야 할 테니까.

그날 아침 6시에 침대에서 나온 사람은 나와 똑같은 사람이었는데, 진짜 나는 아니었다. 나는 화장실에 가서 샤워했는데,

---

24 망상적 동일시Delusional misidentification syndrome의 하나로, 자신의 친구나 배우자 또는 주변인들이 똑같은 모습으로 분장한 전혀 다른 사람으로 바꿔치기 되었다고 믿는 증상.

지난밤에 나와 바꿔치기한 누군가가 샤워를 하는 것 같다는 묘한 확신을 느꼈다. 이 또 다른 '나'는 자기 몸을 지나치게 의식하고 있었다. 그는 집안 이곳저곳을 향해 발걸음을 뗄 때마다 얼마나 많은 생물학적이면서 기계적인 자원이 작동되는지 분명하게 의식하고 있었다. 또 다른 '나'는 스스로를 관절들이 뇌에 보내는 고뇌의 메시지에 따라 움직이는 존재가 아니라 기계로, 정말 완벽한 로봇으로 인식하고 있었다.

무슨 일이 일어나고 있는지 금세 깨달았다. 고열에 시달리고 있었다. 다른 사람이 아니라 바로 나한테 열이 나고 있었다. 체온을 재 보았다. 38.5도. 이른 아침부터 체온이 너무 높았다. 다른 증상도 하나씩 나타나기 시작했고, 결국 청진기를 든 의사가 집에 와 폐렴이라는 진단을 내렸다.

독한 약을 먹고 시트 사이에 웅크리고 있자니, 어제 있었던 후안 카를로스 1세 공원에서의 여러 장면이 떠올랐다. 가마우지, 앵무새, 녹색 딱따구리의 모습도 떠올랐지만, 무엇보다도 이족 보행 움직임과 연결된 메커니즘을 이해하려고 노력하던 내 모습이 선명하게 떠올랐다. 결국 인간은 장거리를 여행하고, 서로 마주 보고 섹스를 하고, 오렌지를 으깨기 위해 완벽하게 설계된 기계 장치에 불과하다는 생각에 뭔가 묘한 두려움이 일었다. 철학과 문학을 공부하던 시절에 봤던 데카르트에 대한 생각이, 좀 더 자세히 이야기하면, 동물과 기계에 대한 그의 생각이 머리에 떠올랐다. 데카르트의 개. 단순한 기계와 같은 동물.

아르수아가는 내가 바라던 그곳에서 마치 내 생각을 읽은 것 같았다. 저녁 내내 침대 머리맡 탁자에 두었던 전화가 울렸다. 나는 칠칠맞게 보이고 싶지 않아 아프다는 말은 하지 않았다.

"무슨 일이죠?"

"선생님을 좀 머리 아프게 한 것 같아서요. 생각해 보니 어제 이야기는 좀 기계론적인 이야기였거든요."

"조금은 그랬어요."

"문제의 맥락을 적절하게 설명한 것 같지 않아서요. 초창기 해부학자와 생리학자에 관해 이야기했었는데요. 바로크 시대이자 과학 혁명의 시대였던 17세기에 사람들의 세계관에는 '기계'가 자리 잡고 있었어요. 모든 것을 기계적으로 설명했지요. 갈릴레오가 제일 먼저 시작했고, 데카르트와 뉴턴, 라이프니츠 등이 뒤를 이었죠. 이들은 모든 것을 기계적으로 설명할 수 있다는 것을 깨달았어요. 이 세상이 기계였고, 인간도 기계라고 봤지요. 인간의 몸을 자동 기계라고 봤기 때문에, 다른 여러 가지 자동 기계에, 예를 들어 '부르고스 대성당의 딱새'와 같이 시보를 알리는 자동 기계에도 매료되었어요."

"열이 나는 것은 자동운동이라고 봐야 하나요?"

"열이 무슨 상관이에요? 선생님에게 말씀드리고 싶은 것은 17세기가 물리학의 세기라면, 18세기는 화학, 19세기는 생물학, 20세기는 심리학의 세기라는 것이지요. 우리는 어제 오랫동안 17세기에 대해, 다시 말해 물리학과 역학에 관해 이야기했어요. 역학에 열광하던 시대였거든요."

"알고 있어요."

"그런데 무슨 일 있어요?"

"아니요!"

"좋아요. 데카르트는 물질과 정신이라는 이분법적 사고를 했어요. 영혼은 송과체松果體에 놓여 있다고 보았죠. 이것은 내분비 기관이었기 때문에 데카르트가 방향을 잘못 잡은 것은 아니었어요."

"기계론자에게 영혼이 왜 필요했을까요?"

"어떤 곳을 생각하게 하는 뭔가가 있어야 했으니까요. 몸과는 대립되는 '레스 코기탄스res cogitans', 즉 '사유하는 실체'와 기계 사이엔 뭔가 연결을 책임질 만한 게 있어야 한다고 봤거든요."

"우리는 단순한 기계라고 하지 않았나요?"

"아니요. 몸만으로는 뭔가 부족해서 이중성으로 해결하려고 했어요. 물리학자들은 성경에 나오는 하느님은 믿지 않아요. 사람들이 시험에 붙게 해달라고 열심히 기도하는 턱수염

난 신을 말이에요. 그렇지만 물리학자들은 정말 의심하고 있어요. 평생 거기 누가 있는지 없는지 의심하며 살아갑니다. '누가 있을까? 누가 있을까?' 하고 말이에요."

"생물학자는요?"

"우리 생물학자들은 모든 것은 태어나서, 성장하고, 번식하고, 죽은 다음에 씩는다고 알고 있어요. 신앙을 가진 생물학자는 그리 많지 않지요. 하지만 물리학자들과 수학자들은 어떤 위대한 일이 일어나고 있는지 끊임없이 묻고 또 묻지요. 간단한 방정식으로 표현될 수 있는 언어로, 이 모든 것을 기계처럼 정확하게 작동하도록 하려면 어떻게 해야 할까요?"

"어떻게 해야 하죠?"

"곧 알게 될 거예요."

그 순간 나는 거의 허파가 입으로 튀어나올 정도로 엄청나게 기침을 했다. 고생물학자가 계속 이야기를 하고 있어서 그가 듣지 못하도록 수화기를 막아야만 했다.

"내가 어제 이야기했듯이, 다윈의 모든 연구는 시계가 스스로 만들어졌다는 것을 증명하기 위한 것이기 때문에 페일리의 시계를 완전히 이해해야 해요."

"어떻게 시계가 스스로 시계를 만들죠?" 기침이 좀 가라앉은 후 질문을 던졌다.

"그것을 증명해 줄 장소로 데려갈 거예요."

"어딘데요?"

"곧 알게 될 거예요. 놀랄 만한 곳이죠."

"참, 페드로 게라의 콘서트는 어땠어요?"

"선생님 때문에 늦었어요."

일곱

베토니아의 재건

"선생님이 바스크 사람이 아니라면, 인생에서 가장 열망할 수 있는 것은 켈트족이 되는 거예요." 고생물학자는 다소 갑작스레 자동차 핸들을 꺾어 차선을 바꾸며 이야기했다.

3월 26일 화요일 오전 8시, 우리는 다시 학교에서 탈출했다. 콜루냐Coluña로 통하는 도로. 그 위를 달리던 자동차 속 사람들 역시 삶을 계속 이어갈 것이다. 그들의 실망한 표정, 화가 난 표정도 지켜볼 수밖에 없을 것이다. 그중 한 사람을 계속 지켜보다 보면 언젠가 빙긋이 웃는 모습을 발견할 수도 있다. 직장 상사의 죽음을, 복권 당첨을 상상했을지도 모른다. 드디어 합당한 대우를 받게 되었다는 생각을 한 것일 게다.

차창 밖 온도는 2도 정도였는데 햇볕은 화창했다. 날씨 예보에 따르면, 한낮에는 15도까지 올라간다고 했다. 모두 봄이 더디 온다며 투덜거리고 있었다.

"사람들이 켈트족이 되는 것을 열망한다는 말은 도대체 무슨 의미죠?" 별로 추위를 타지 않는 아르수아가의 눈총을 맞으면서도 히터 온도를 높이며 질문을 했다.

"켈트족이 된다는 것은 정말 대단한 거예요. 켈트족이 아니라면 뭘 할 수 있겠어요?"

"글쎄요. 뭐가 있을까요?"

"사무실에 가거나, 까르푸에 가거나, 아이들을 데리러 학교에 가거나…."

"언젠가는 손자들을 데리러 가겠지요."

"그것도 괜찮은 것 같긴 해요. 하지만 뭔가 필요한 게 더 있지 않을까요? 인간으로 살아가려면 말이에요. 우리가 켈트족이라고 한번 상상해 보세요. 실존의 문제가 다 해결될 텐데! 우리는 위대한 국가를 세울 수도 있어요. 모든 걸요."

잠시 이에 대해 진지하게 생각해 봤다. 결국 나도 그의 의견에 동의했다.

"그건 사실이에요. 언제부터인가 모두 다 켈트족이 되고 싶어 하죠. 갈리시아 사람이건, 아스투리아스 사람이건…."

"칸타브리아 사람들도 마찬가지예요. 켈트주의는 정말 감성을 자극하는 단어예요."

"켈트주의와 백파이프." 나는 한 걸음 더 나아갔다.

"백파이프는 터키에서도 연주돼요." 아르수아가는 내 이야기를 정정했다.

그가 나를 어디로 데려가는지 알 수 없었다. 물어보고 싶은 생각도 없었다. 언제부터인가 나 역시 어디로 튈지 모르는 그의 즉흥적인 성격을 즐기고 있었다. 문제라면 오늘따라 아침을 거의 먹지 못했는데, 그러면 몇 시간씩 먹을 것만 생각난다는 것이었다.

"켈트족은 이베리아반도의 북서쪽 4분의 1을 차지했어요."

아르수아가가 말을 이어 갔다.

"그들의 흔적이 남아 있는 게 있나요?"

"여기 선생님과 저도 남아 있잖아요. 게다가 오늘 나라를 하나 재건해 볼까 하는데요."

"무슨 나라요?"

"베토니아Bettonia요. 철자는 다양하게 쓰는데, 대부분 b와 t 두 개를 써요. 내가 가장 좋아하는 표기 방식이기도 하고요."

"t를 두 개 겹쳐 썼다면 중부 유럽 쪽에 있던 나라 이름 같네요."

"그렇게 생각해도 돼요. 베토니아 사람들은, 잘 기록해 두세요, 로마 이전에 오늘날의 시스테마 센트랄Sistema Central 산맥에 살던 종족이에요. 아빌라, 살라망카, 카세레스 등이 여기에 해당합니다. 거기에 베토니아 사람들이 살았어요. 조금 있다가 선생님과 제가 그 나라를 부활시켜 볼까 해요."

(누가 고생물학자가 유머 감각이 부족하다고 했지?)

"국가를 건설하려면 무엇이 필요하죠?"

"요리법과 멸망이요. 멸망하지 않은 나라는 국가라는 이름을 받을 자격이 없어요."

"누가 멸망시켰는데요?"

"로마인들이지요."

"그럼 대표적인 요리는요?"

"'파타타스 레볼코나스Patatas revolconas'라는 감자 요리예요."

파타타스 레볼코나스가 감자 외에 어떤 재료를 이용해 만든 것인지도 몰랐지만, 음식 이야기만으로도 침샘이 돌았다.

"우리 지금 몇 세기에 관해 이야기하고 있는 거죠?"

"기원전 5세기 이야기예요. 우리는 지금 20세기에 그것도 자동차를 타고 선사 시대로 여행을 떠나는 거예요."

"감자는 아메리카 대륙에서 왔는데, 어떻게 그들이 감자를 접할 수 있었죠?"

"감자가 수 세기 뒤에 들어왔다는 사실을 잘 알아요. 그렇지만 베토니아 사람들이 다른 것을 먹었다고 상상할 수 없어요. 내 이야기를 자꾸 끊지 마세요."

"잘 알았어요. 행복하게 살았나요?"

"물론이죠. 신화에 등장하는 모든 민족은 다 행복하게 살았을 뿐만 아니라 민주적인 체제에 살았어요. 모여서 회의도 했는데, 거수로 결정했죠. 사냥도 하고 물고기도 잡았어요. 정말 풍족하게 살았어요."

"농업과 목축업을 했나요?"

"대부분 목축을 했는데 생태주의자들이었어요. 진심으로 자연을 사랑했죠. 선생님과 제가 그들을 재평가하자는 십자군 운동을 조직해야 할 정도로요."

"어디에서 왔어요?"

"아마 중부 유럽에서 왔을 거예요. 켈트어를 주로 사용하긴 했는데, 인도유럽어에 속한 켈트어가 아닌 다른 언어도 사용했어요. 잘 기억해 두세요. 우리는 지금 기원전 5세기를 향해 가고 있어요."

우리는 굉장히 빠르게 달리고 있었다. 마드리드 외곽 도로를 벗어나 교통 체증이 좀 풀리자, 그의 닛산 자동차는 아빌라Ávila를 향해 치타처럼 달리기 시작했다.

"그들은 무리를 지어 옮겨 왔나요?"

"아니요. 민족 대이동을 생각하진 마세요. 일부 엘리트 전사들이 이주해서 영토를 확장하고 귀족 계급을 형성했을 거예요. 켈트족은 정말 대단해요. 안 그래요?"

"잘 모르겠어요"

"감자 도입 시기를 착각한 선생님 말씀 때문에 오늘 하루가 정말 끔찍할 뻔했어요. 제가 가장 좋아하는 피오 바로하Pío Baroja[25]의 작품《후안 데 알사테의 전설La Leyenda de Juan de Alzate》에는 아메리카 대륙에서 옥수수가 도입되기 전에 바스크인들이 옥수수를 먹었다는 이야기가 나온다는 점을 상기시켜 드리고 싶네요. 바로하는 우리 조상들이 카나리아처럼 수

---

25 98세대를 대표하는 스페인 작가로 쇠락해 가는 스페인 사회를 비판하는 내용의 작품을 주로 발표했다.

수를 먹었다고 생각할 수 없다며 이를 정당화했어요. 그래서 옥수수를 먹었다고 우긴 거죠. 황당하게."

"감자가 알려지기도 전에 베토니아 사람들이 감자를 먹었다는 것도 일종의 우기기인가요?"

"맞아요. 완벽한 사람은 없으니까요. 우리가 베토니아에 도착했을 때 선생님이 보게 될 풍경은 베토니아 사람들이 살았을 무렵 그들이 봤던 풍경과 똑같아요. 변한 게 거의 없거든요."

"내가 받아 적어야 할 이야기가 또 있나요? 정말 행복하고 즐겁게 살았던 종족이고, 그래서 부족한 게 전혀 없었다는 것 외에 말이에요?"

"굶어 죽기도 했어요. 그렇지만 이 때문에 다른 좋은 점까지 다 지워 버릴 수는 없어요. 영악한 인간들이었죠. 주변 부족을 약탈하기도 했는데, 사적인 감정은 없었어요."

"일종의 사업으로 봐야겠군요."

"당시에는 흔할 일이었어요. 산지와 계곡에 살아서 곡식의 양이 빈약했어요. 돌도 많았을 뿐만 아니라 쓸데없는 것들이 너무 많아서 경작할 만한 땅이 그리 많지 않았어요."

"그래서 목초지를 가꿨군요."

"물론 소를 기르기 위한 목초지를 만든 건 사실이죠. 친구처럼 지내던 루시타니아인과 베토니아인은 두에로 강과 타호 강에 자주 내려와, 그곳에 살던 선량한 사람들에게서 식량을 훔치곤 했지요. 한마디로 약탈을 했습니다. 궁핍한 시절엔 이것 또한 생존을 위한 방법이었어요. 사회적인 격차를 줄이는 방법이기도 했고요."

"또 어떤 특징이 있었나요?"

"돼지를 들 수 있어요. 특히 소와 돼지요. 가축은 축적 수단이었어요. 자본 축적이 있으면, 당연히 사회 계층이 발생할 수밖에 없죠. 적게 가진 사람도 있고 많이 가진 사람도 있거든요. 이처럼 일부 켈트족들의 시스템에는 많이 가진 사람과 적게 가진 사람이 있었어요. 그래서 가진 게 거의 없는 사람들은 이따금 원정을 떠나야 했죠…."

"…약탈하러요."

"…공급을 위해서죠. 바이킹처럼요. 이로 인해 주변 부족과는 감정이 매우 좋지 않았고, 결국 로마인들이 오자 주변 부족들은 그들에게 부탁했던 거예요."

"로마인들이 '매그니피센트 7[26]'인 셈이었네요."

"비슷하지요. 그렇지만 분명한 사실은 그들에게 세금을 부과했다는 겁니다."

---

26 구로사와 아키라 감독의 '7인의 사무라이'를 서부극으로 리메이크한 영화. 우리나라에는 '황야의 7인'으로 알려져 있다.

"베토니아 사람들의 종교는 무엇이었나요?"

"그 점에 대해선 별로 알려진 게 없어요. 그렇지만 켈트족의 주신은 '루그Lug'였어요. 여기에서 나온 지명이 정말 많아요."

"루고Lugo[27]도 여기 해당하나요?"

"예를 들면 그렇지요. 루그는 게르만족의 토르[28]와 같은 존재였어요."

"저기 소 좀 보세요." 나는 우리 오른쪽에서 한가롭게 풀을 뜯고 있는 소떼를 가리켰다.

"아빌라 사람들이 기르는 소예요. 원래 이 지역에는 카르페타니 사람들이 살았는데, 이들에겐 물이 부족했어요."

"카르페타니 사람과 베토니아 사람들이 여기 살았군요. 그럼 카르페토베토니카Carpetovetónica 산맥이란 지명이 여기에서 나온 것인가요?"

"맞아요. 제가 보기에 길을 잘 찾을 것 같네요."

"내가 풍경을 좋아할지는 잘 모르겠어요."

"풍경은 역사를 이해하기 위한 첫 번째 자료예요. 지리는 모든 것에 명령을 내릴 수 있는 보스예요. 지리가 모든 것을 결정하는 셈이지요. 산으로 들어가는 초입이나 산길…. 모든 것

---

27 스페인 북서부에 있는 도시 이름.

28 북유럽 신화에 등장하는 천둥의 신.

이 지리에서 비롯됩니다. 우선 인구 분포에 영향을 미쳐요. 텅 빈 스페인도 지리의 산물이고요. 그건 그렇고 베토니아 사람들의 용맹함과 고귀함을 상징하는 게 두 가지 있어요."

"감자 아닌가요?" 내가 얼른 하나를 찍었다.

"멧돼지도 들어가요. 감자와 멧돼지인데, 멧돼지는 동물 모양의 돌조각이에요."

"기산도Guisando[29]의 황소와 같은 건가요?"

"예를 들자면 그렇죠. 멧돼지 상이 있는 곳이 베토니아 사람들이 살던 장소예요."

"그런데 왜 그렇게 베토니아 사람들을 좋아해요?"

"그냥 좋아요. 오늘날 베토니아 사람들은 연주 솜씨가 정말 탁월해요."

우리는 들판 한가운데에서 자동차에서 내려 상당히 가파른 경사면을 걸어 올라갔다. 끔찍하게도 기온은 3도밖에 되지 않았다. 우리 뒤쪽에는 아다하Adaja 강이 흐르는 멋진 암블레스Amblés 계곡이 있었다. 이는 현재 우리가 아빌라 지방의 한복판에 와 있다는 것을 의미했다. 넓고 평평한 계곡 바닥 때문에 방문객들은 자연과 하나가 된 듯한 기분이 들었다. 약간

---

29 스페인 아빌라 주에 있는 인구 1,000명이 되지 않는 작은 마을이지만, 황소 상으로 유명하다.

은 차가운 느낌이 드는 상쾌한 아침 바람이 눈에 보이지 않는 아편 가루를 끌어와 삶의 고통을 일순간에 마비시키는 것 같았다.

"학교에서 벗어나니까 정말 좋네요!" 나는 평소 내 성격과는 달리 행복에 겨워 소리를 질렀다.

고생물학자도 표정으로 동감이라고 말하고 있었다. 내가 전혀 눈치채지 못하고 있는 동안 잠시 빠져들었던 자신만의 깊은 내면의 세계에서 다시 현실로 돌아온 것 같았다.

아르수아가는 현실에서 유리된 상태가 되면, 얼굴에 우수에 가까운 향수 어린 표정이 드러났다. 아무 말도 하지 않았지만, 머릿속으로 선사 시대의 한 장면을 다시 그리고 있다는 사실을 나는 잘 알고 있었다. 계곡 깊은 곳에서 한 무리의 베토니아 사람들이 올라오는 장면을 머릿속에 그릴 수 있는 영적인 능력이 있었다. 바로 그 순간, 그는 휙 돌아서면서 나에게 이야기했다.

"바로 여기가 그들이 마을로 돌아가기 위해 가축들을 데리고 오르던 곳이에요."

그는 산꼭대기에 있는 울라카Ulaca 성터에 대해 언급했다. 그곳을 향해 천천히 나아가자 점차 성벽이 또렷하게 보였다.

"성은 집과 같은 곳이자, 안전이 보장된 곳이지요. 우리에게 아주 익숙한 신들과 켈트족에서 갈려 나온 또 다른 부족 구성원들이 저곳에서 우리를 기다리고 있을 거예요. 성터에 들어서면 선생님도 순식간에 모든 고통에서 벗어날 수 있을 거예요."

"그럼 빨리 올라갑시다." 그가 이야기한, 보호 받는 것 같은 신비한 느낌을 경험하고픈 생각에 채근했다.

"그곳을 품에 안기 전에 상실에서 오는 현기증을 한번 느껴봐야 해요." 아르수아가가 이야기했다.

먼저 상실감을 느낀 다음 재회의 기분을 맛보기 위해, 성터에서 멀어지는 쪽에 있는 오른쪽 계단으로 올라갈 거라고 이야기했다.

"가는 길에 정말 놀라운 것을 보여 드릴게요."

우리는 처절한 고독을 느끼며 성터를 향해 오르기 시작했다. 한번은 파리 한 마리가 내 얼굴 앞을 스치듯이 지나가더니 강철처럼 살을 에일 듯한 차가운 공기 속으로, 유리처럼 투명한 공기 속으로 녹아 들어갔다.

"파리가 있네!" 깜짝 놀라 소리쳤다.

"무슨 일이에요?" 구불구불한 길을 따라 앞장서 걷던 아르수아가가 고개도 돌리지 않고 질문만 던졌다.

"아무것도 아니에요. 파리가 날아갔어요."

"그랬어요?" 그는 고개를 끄덕였다.

새들의 노랫소리가 들리는 데도 모습은 볼 수 없었다. 단 한 마리도. 끊임없이 서로를 목 놓아 부르고 있었다. 우리는 한 무리의 소떼 곁을 지나고 있었는데, 고생물학자는 알 듯 모를 듯하게 비웃음을 흘리고 있었다.

"이 소떼들은 정복자들의 소유물이지요. 샤롤레 종[30]이에요. 그래서 이렇게 옅은 얼룩이 있어요. 우리 아빌라 소들은 흑우예요."

"그렇군요."

앞으로 나아가자 여전히 성벽 일부분이 보였는데도, 오히려 성터에서 더 멀어지고 있는 듯한 느낌을 받았다. 조금 불안해지기 시작했다. 혹시 늑대가 있을지도 모르고, 들개가 있을 수도 있었다.

"되돌아가는 게 낫지 않을까요? 흥미로운 게 별로 없을 것 같은데요."

"흥미로운 게 없다니요?" 아르수아가는 조금 언짢은 표정을 지었다. "이 화강암이 만들어내는 풍경이 선생님에겐 아무 말도 하지 않던가요? 수 세기 동안 우리의 방문을 기다려 온 이 화강암 바위산이 말이에요."

나는 상황을 악화시키지 않으려고 아무 대꾸도 하지 않았다. 기온이 여전히 낮았지만 고생물학자는 스웨터를 벗고, 반

---

30 프랑스 부르고뉴의 샤롤레 지방이 원산인 육용 소.

팔 티셔츠 차림을 했다.

"이 화강암들이 어디에서 왔는지 아세요?"

"당장 생각나는 게 없어요."

"화성암이에요. 여기에 대해서도 한번 생각해 보세요. 화성암 말이에요. 이건 마그마가 식어서 된 돌이에요."

사실 이를 생각해 보면, 독자 여러분도 전율할 수밖에 없을 것이다. 날이 어두워지면 더 크게 보이는, 여기에 있는 이 모든 조각상 같은 것들도 한때는 타는 듯이 뜨거운 액체였으니까.

"직벽으로 우뚝 선 바위 위에 평평한 곳이 있는 경우가 많은데, 이 점을 유심히 보셨어요?"

"정말 그렇네요!"

"사람들은 기사 바위라고 하죠. 왜 이런 이름이 붙었는지 설명할 필요가 없을 것 같네요."

우리는 단단하게 군은 화강암이 펼쳐진 풍경 사이로 계속해서 올라갔다. 옛 성터의 모습이 시선에서 완전히 사라지진 않았지만, 점차 성터는 희미해져 갔다. 낯선 별에 떨어진 것 같다고 이야기해도 믿을 정도로 외로움이 밀려왔다. 모퉁이를 돌자 갑자기 성벽이 감쪽같이 사라졌다.

"성터가 보이지 않는데요." 나는 위험을 경고하듯이 이야기했다.

고생물학자는 거친 숨을 몰아쉬면서 걸음을 멈추었다. 그러고는 다음 모퉁이까지 몇 미터 더 걸어 보자고 이야기하더니, 그곳에서 다시 걸음을 멈추며 말을 이었다.

"우리는 수 세기 동안 이어진, 가축들이 다니던 길을 통해 베토니아 영토로 들어왔어요. 우리는 성터와 마을, 그리고 이것들이 보장하는 안전함 등을 일단 지나쳤습니다. 우리 앞에 놓인 산을 가로지르면 탈라베라 델 라 레이나Talavera de la Reina 에 갈 수 있어요."

그는 내가 무슨 말을 하길 기다리는 듯 나를 쳐다보았다. 그러나 나는 탈라베라 델 라 레이나 방문에 별로 감흥이 없었다. 그의 말이 뭔가 미심쩍은 듯 살짝 눈썹을 치켜떴을 뿐이었다.

"주의를 끌 만한 게 안 보이나요?" 그가 질문했다.

내가 주변을 둘러보는 동안 그가 이야기를 이어갔다.

"가장 놀랍고 신기한 현상은 매우 평범한 모습에 감춰져 있다는 걸 명심해야 해요."

이 말에 나는 우리가 방금 돌아온 구부러진 길 바로 옆에 2.5미터 정도의 직벽이 솟아 있는 것을 발견했다. 바위 위쪽에는 반반한 평지가 있었고, 여기엔 작은 돌이 수없이 쌓여 있었다.

"저것인가요?"

"맞아요! 저것이 바로 켈트족의 흔적입니다. 저곳에 돌을 던질 때마다 한 사람의 영혼이 연옥을 빠져나올 수 있다고 믿었기 때문에 '연도의 노래Canto de los Responsos'라고 부르지요."

"하지만 연옥 개념은 선사 시대 이후에 나온 것 아닌가요?"

"물론이죠. 기독교화된 것은 한참 뒤이니까요. 저 바위들이 켈트족에게 어떤 의미가 있었는지 그 기원을 따지자면, 일종의 보호석이었어요. 이런 바위들은 일반적으로 도로 한가운데에서 발견됩니다. 하지만 집과 성터를 보호하는 존재라는 의미는 이미 잃었어요.

우리는 지금 로마인이 살투스saltus라고 부르던 장소에 들어섰어요. 로마인들은 사람들이 경작하던 농지와, 인간의 발길이 닿지 않은 낯선 곳이나 미개간지 그리고 숲 등을 이르는 살투스를 철저하게 구별했지요. 살투스에는 정령이 살고 있다고 믿었어요. 그들의 눈에는 위험이 상존하고, 죽은 사람의 영혼도 있고, 인간의 영역에 속하지 않은 신성도 존재하는 그런 곳이었습니다. 로마인들은 신적인 존재들과는 좋은 관계를 맺어야 한다고 보았어요. 이러한 성스러운 바위, 신성한 바위에는 정말 다양한 이름이 있는데, 그중 하나가 '속죄의 바위'예요. 훗날 기독교화되자 이 바위들은 연옥의 영혼을 불러내는 곳이 되었지요. 그렇지만 원래 이것이 의미하는 바는 인간들이 속죄의 공물을 바쳐야 하는 정령들이 존재한다는 겁니다. 인간이 통제할 수 있는 것과 통제할 수 없는 것의 경계를 의미합니다. 이는 그리스의 옴팔로스Omphalos[31]를 떠올리기도 해요. 옴팔로스는 돌을 세워 표시한 곳으로, 지하 세계와 지상의 세계 그리고 천상의 세계가 서로 소통하는 장소입니다. 우리는 바로 이런 옴팔로스에 있습니다."

전 우주가 수렴하는 한 점, 호르헤 루이스 보르헤스가 쓴 《알레프》에 등장하는 구슬을 떠올렸다. 하지만 나는 아무 말도 하지 않았다. 아르수아가의 마지막 말에 우리가 밟고 있는 이곳은 투명한 침묵의 장막으로 싸인 장소라는 생각이 들었다. 시간을 초월한 맑고 투명한 공간에 들어간 덕분에 우리는 대지의 미세한 울림까지도 느낄 수 있었다. 그 옛날 우리 조상이었던 베토니아 사람들—뛰어난 기병이었던 그들—이 말을 달렸던 그 땅의 울림 말이다.

우리는 방금 도착했던 곳에서 나왔다. 그런데 몇 분 후, 그 옛날 베토니아 사람들의 행위에 직접 끼어들어 보고 싶었다.

"우리도 각각 돌을 던져 연옥에서 두 명의 영혼을 꺼내 줘야 하지 않을까요?"

고생물학자도 다시 현실로 돌아왔다.

---

31   고대 그리스인들이 델포이에 '세상의 배꼽'이라는 의미로 세웠던 돌.

"그런 생각은 절대 하지 마세요! 모든 것을 존중한다는 의미에서 있는 그대로 놔두어야 해요."

왔던 길을 한참 되돌아가자, 다시 우리 눈앞에 성터가 나타났다. 옴팔로스가 있던 장소를 출발하면서부터 표정이 약간 어두웠던 아르수아가가 갑자기 걸음을 멈추었다.

"돌을 던졌어야 했어요. 우리가 잘못 결정한 탓에 두 명의 영혼이 연옥에 계속 갇혀 있어야 한다는 생각에 너무 괴로워요. 다시 돌아갑시다."

나는 성터가 다시 시야에서 벗어난다는 생각에 갑자기 무서워졌다. 이미 나에게 성터는 삶의 목표가 되어 있었다. 그래서 나는 그를 설득하기 위해 미신의 성격을 띤 주술 공격을 받은 게 아니냐는 이야기를 했다.

"선생님 말씀이 옳아요." 그가 결론을 내렸다. 그러고는 시계를 보며 말을 이었다. "게다가 울라카에 올라가야 하는데, 다시 돌아갔다간 너무 늦을 것 같아요."

울라카 성터로 올라가는 길은 경사가 아주 가파른 탓에 감정이 고조되면서도, 한편으로는 너무 힘들었다. 나는 두어 차례 발을 헛디뎌 넘어지면서 충격을 줄이려다가 무릎과 손바닥에 생채기가 났다. 아르수아가는 그것을 보지 못했는지, 아니면 못 본 척하는지 알 수 없었다. 핸드폰에 깔아둔 앱에 의하면, 기온은 4도 정도 올라가 있었다. 땀이 나기 시작했다. 재킷을 벗자 바람이 스웨터를 파고들어 땀을 식혔다. 별수 없이 산꼭대기에 오를 때까지 옷을 입고 벗기를 반복했다. 나는 고생물학자보다 몇 미터 뒤에 뒤처져 있었는데, 그는 먼저 꼭대기에 도착해 숨을 가볍게 몰아쉬며 나를 기다렸다.

"여기에서 계곡을 한번 내려다보세요. 아빌라 산맥이 얼마나 아름다운지 알 수 있을 거예요. 산 건너편에는 두에로 강이 물을 대주는, 곡물을 경작하는 밭도 있어요."

나는 계곡을 바라보았다. 상상 속의 공간 같다는 생각이 들었다. 17세기 네덜란드 풍경화가가 그린 초현실적인—한편으로는 환상적인 성격까지도 지닌—그림 속에 들어와 있는 느낌이었다. 인생 최고의 순간들을 비현실적인 세계에 사는 것처럼 느껴야만 하는지 자문해 보았다.

우리 조상 베토니아인이 오갔던, 활짝 열려 있던 바로 그 문을 통해 성터 안으로 들어간 때는 오전 11시 20분경이었다. 우리는 그들의 샌들이 밟고 지나간 그 길을 똑같이 밟고 있었다. (정말 그들이 샌들을 신고 다녔는지는 알아봐야 할 것이다.)

"원래 성터는 결코 도달할 수 없는 신화적인 장소이지만, 우리는 현실 속의 지름길을 택해 이렇게 들어올 수 있었어요. 어제까지만 해도 누가 선생님에게 이를 말해 줄 수 있었겠습니까?"

우리는 가쁜 숨을 고른 후, 이미 우리 집이 되어 버린 성터 안쪽을 여유롭게 둘러보았다.

"거리도 있었을 텐데요?" 내가 물어보았다.

"아니요. 초라한 집들이 산재해 있었어요. 여기 이끼를 좀 보세요."

나는 해골 모양의 화강암 바위 위에 웅크리고 앉았다.

"지도를 연상하게 하는 묘한 형태를 만들어 지도지의 Rhizocarpon geographicum[32]라고 불려요."

"정말 그렇네요!" 나는 놀라 탄성을 질렀다. "이 지도들처럼 생긴 나라가 현실에 존재할 것 같아요."

"그럴지도 모르죠."

"그 용감하고 기품 있던 베토니아인들은 다 어떻게 됐죠?"

"로마화됐죠. 조금씩 희석되어 결국 녹아 사라졌어요. 로마는 도시가 지닌 문법 체계를 더 빛나게 하려고 켈트족의 문법 체계를 파괴했어요. 켈트족 체계를 고수하는 것이 나았을까요? 아니면 도시에 속하는 게 더 좋았을까요? 어떻게 생각하세요?"

"각자 자기만의 장점이 있지 않겠어요?" 나는 말려들지 않

---

32 대기 오염이 적은 산악 지역의 암석에서 주로 자라는 이끼류다.

았다.

"선생님이 자기 자신, 즉 개인이 될 수 있다는 점 때문에 시민권은 정말 멋진 것이에요. 켈트족 사회에서는 개미처럼 모든 개인이 집단의 일원일 뿐이죠. 로마인들은 국가를 만들었어요. 국가는 도로를 건설하고, 안전과 정체성을 제공하지요. 오르테가José Ortega y Gasset[33]가 말하길, 문명은 마을을 만들고, 그 중심에 구멍을 뚫는다고 했어요. 여기에서 구멍은 광장, 즉 아고라예요. 아고라는 자연에 등을 돌린 장소입니다. 철저하게 도시적이면서 공적인 장소이지요. 생각, 소통, 정치, 시장, 경제 등 이 모든 것이 아고라에서 시작됩니다. 아고라는 자연을 부정합니다. 들판이 아닌 장소예요. 선생님이 문화에 대해 질문을 던진다면 제일 먼저 공적인 장소가 있는지를 물어야 합니다. 공적인 장소가 있다면, 그것은 현대적인 의미에서 문명을 이야기하는 겁니다. 반대라면 단순한 집단일 뿐이고요."

12시 즈음 우리는 울라카 성벽 안쪽을 아무 목적 없이 계속해서 빙글빙글 돌았다. 환각성 물질, 혹은 이부프로펜을 복용

---

33 스페인의 27세대를 대표하는 철학자다. 관념주의적 '생의 철학'에 기반을 둔 그의 대표적인 작품으로는《대중의 반란Rebelión de las masas》을 들 수 있다.

한 것처럼 두 사람은 함께 있다가 떨어지길 반복했다. 고지대 바람은 우리를 쫓아내려는 듯이 울부짖으며 공격해 왔다. 우연히 성벽 옆에서 우리는 단순하면서도 매우 정교한 화강암 건축물로 이어지는 돌계단을 발견했다. 선사 시대의 제물을 바치던 장소였다.

"따져 보니 기원전 2세기에 와 있는 것 같군요." 아르수아가가 입을 열었다. "여기 이 고랑으로 제물로 바친 동물의 피가 흘렀을 겁니다. '루그'라는 신, 기억하지요?" 아르수아가는 돌의 움푹 파인 부분을 가리키며 말을 이어갔다.

"물론 기억하지요."

"루그는 고대, 즉 선사 시대의 신으로서 인간에게 끝없는 경배와 공양만을 요구했어요. 우리 인간의 행동을 걱정하고, 절대 함께 자서는 안 될 사람과 잤을 때 벌을 내리는 참견쟁이 신인 '메티콘meticón'이 언제 출현하는지 알고 있나요? 생각만으로도 죄를 지을 수 있으니까, 선생님이 무슨 생각을 하는지 지켜보는 신이기도 하지요."

"언제 출현하죠?"

"집으로 돌아가는 길에 차에서 설명해 드릴게요. 이제 그만 내려가서 우리 조상들에게 경의를 표하는 마음으로 감자 요리인 파타타스 레볼코나스를 먹기로 하죠."

내려가던 도중에 올라가면서 넘어졌던 바로 그곳에서 다시 미끄러졌다. 그러나 나는 배고픈 베토니아인처럼 먹을 욕심에 즐거운 마음으로 거침없이 내려갔다.

"만일 우리가 베토니아를 다시 세운다면 우리는 무얼 먹고 살아야 할까요?" 나는 고생물학자에게 질문을 던졌다.

"정부 보조금을 먹고 살겠죠. 아니면 무얼 먹고 살겠어요?"

우리는 계곡에 있는 작은 마을 솔로산초Solosancho에서 식사를 했다. 당연히 파타타스 레볼코나스를 주문했다. 분위기를 깨고 싶지 않아 아무 말도 하지 않았지만, 요리는 정말 끔찍했다. 파프리카와 마늘이 들어간 퓌레 요리였다. 스페인을 대표하는 요리, 즉 다양한 재료가 섞인 발렌시아 지방의 파에야 요리, 아스투리아스 지방의 흰 강낭콩 파베스를 이용한 요리, 갈리시아 지방의 전골 요리 등에 비교할 수 없었다. 내 생각에 베토니아 사람들은 이가 득시글득시글한 불쌍한 악마였을 것 같았다. 고생물학자는 가게 이름이 '쓰나미 바'—우리는 이름을 이렇게 지은 이유까지는 묻지 않았다—인 식당 주인에게 퓌레 위에 계란프라이 두 개를 얹어 달라고 부탁했는데, 그 남자는 주요리와 함께 제공할 테니 기다리라는 말만 던지곤 결국 내놓지 않았다.

아무튼 감정이 고조되기도 하고 오래 걷기도 한 뒤라 식욕이 왕성해져 게걸스럽게 식사를 했다. 아르수아가는 식사 도

중에 2종 지레를 기억하는지 물었다. 나는 만족할 줄 모르는 학생이었지만, 강박을 가진 선생이었던 고생물학자에겐 당할 수 없었다. 가끔은 다른 학생들처럼 너무 지친 나머지 그만 배우고 싶었다.

"잘 모르겠는데요."

"호두까기 기계와 같은 지레예요. 우리 턱도 잘 보면 호두까기 기계와 똑같은 방식으로 작동해요." 입으로 과장되게 행동을 흉내 내며 이야기했다.

"한번 생각해 볼게요." 화제를 바꾸기 전에 가볍게 대답했다.

마드리드로 돌아오는 차 속에서 계란프라이와 커피로 기운을 차린 나는 고생물학자에게 다시 참견쟁이 '메티콘 신' 이야기로 돌아가자고 했다.

"그래요. 고대 신앙에서 인간과 신의 관계는 순수한 존경심, 즉 경외심에서 비롯됩니다. 신은 우리에게 제물을 바치고 경의를 표할 것을 요구합니다. 이게 핵심이에요. 하지만 인간이 타인에게 하는 행동에 신이 관심을 갖기 시작하는 순간이 옵니다. 매 순간 우리를 통제하는 신으로, 앵무새가 될 준비가 된 거지요. 이 신은 사회적인 행동에 관심을 갖습니다. 친사회적인 성격의 신인 것이죠."

"신이 출현한 사회, 바로 그 사회의 시각에서 친사회적이라는 거죠?" 내가 단도직입적으로 물었다.

고생물학자는 내 말을 듣는 척만 하고 자기 말을 계속 이어 갔다.

"얼마 전 과학 잡지에 논문 한 편이 발표됐습니다. 이 논문 은 과학적인 방법을 사용해 이 문제에 접근했어요. 저자들이 가장 궁금했던 것은 이거예요. '메티콘적인 성격, 즉 참견쟁이 성격을 가진 신 혹은 친사회적인 신을 만들어낸 사회에는 공통점이 있는가?' 신의 이름은 선생님이 부르고 싶은 대로 불러 도 괜찮아요."

"그리고요?"

"정말 흥미롭죠. 여기에선 사회가 가진 복잡성의 정도를 측정하기 위해 단계를 설정했어요."

"어떤 기준을 사용했죠?"

"많아요. 그중 몇 개는 저도 알고 있어요. 첫 번째는 인구 규모예요. 100만 명이라고 추정할 수 있어요. 이어서, 예를 들어, 우편 시스템, 공공 행정 시스템, 전문화된 군대, 도로, 상하수도 등을 보유했는지도 따졌지요. 여기까진 이해하겠죠?"

"아직은 쫓아갈 만해요. 그런데 나를 보지 말고 도로를 잘 보세요. 아니면 내가 운전할게요."

"불안하세요?"

"그건 아닌데요. 나를 너무 오래 보고 이야기하는 것 같아서 요."

"선생님이 넋을 빼앗아서 그래요."

"됐어요! 고마워요. 그건 그렇고, 사회의 복잡성을 정의할 수 있는 여러 가지 조건을 언급했어요."

"맞아요. 복잡성 지수는 0에서 10까지 있습니다. 메티콘 신을 가진 사회는 모두 6.1 이상의 복잡성 지수를 나타내요. 이것이 하나의 기준이에요. 복잡한 사회에서만 메티콘 신이 출현하는 거예요."

"이건 메티콘 신이 복잡한 사회를 만든다는 것을 의미하는 것이 아닐까요?"

"반대예요. 사회가 어느 정도 복잡해지면 메티콘 신이 출현하는 거예요. 사회가 원인이고 신이 결과인 셈입니다."

"이제 이해했어요."

"지금부터가 더 중요해요. 논문을 쓴 저자들은 역사에 주목했어요. 복잡한 사회의 출현과 메티콘 신의 탄생 사이에 시차가 있는지 살펴봤지요."

"얼마나 시차가 있죠?"

"몇 세기씩 걸려요."

"친사회적인 신은 사회가 수 세기에 걸쳐 충분히 복잡해지면 그때 비로소 모습을 드러내는 것인가요?"

"메티콘 신이 출현하기 전에도, 사회에는 이미 많은 종교적 성격의 제의가 있고, 선지자들도 나와요. 하지만 신이 강림하면 사회는 더 강하게 결속해요. 친사회적인 신이 사회적인 행동을 강화하고 유리한 상황을 만들어 줄 뿐만 아니라, 반사회적인 행동에는 벌을 내리니까요."

"실용적인 기능이 있는 셈이네요."

"물론이죠."

"그럼 신은 자신이 모습을 드러낸 그 사회의 주류와 가까운 셈이네요."

"맞아요."

"그 문화에서 동성애자들을 박해하고 있다면 동성애를 혐오하는 신이 나오겠네요."

"물론이죠."

"여자아이들의 클리토리스 제거가 신이 출현한 그 복잡한 사회에서 행해지던 관습이라면, 그런 행동도 계속 명령하겠네요?"

"당연하죠."

"사회 구조가 마초적이고 가부장적이라면, 마초적이고 가부장적인 신이 나올 테고요."

"물론이에요. 그런데 제가 그런 신의 존재를 너무 굳게 믿는 것처럼 선생님도 너무 비이성적인 어투로 말씀하고 있어요. 제가 선생님에게 설명하고자 하는 바는 종교적인 현상을 경험론의 관점에서 접근할 수 있다는 점이에요."

"그렇군요. 미안해요."

"어때요? 재미있어요?"

"재미있긴 한데 좀 무섭네요. 내가 보기엔 그 신은 언제나 지배 이데올로기를 재가裁可하러 올 것 같아요."

"사회의 복잡성은 선함을 보장하지도, 정의를 보장하지도 않아요. 이제 선생님의 관심을 끌 만한 역사적인 사례를 하나 들어볼게요. 콜럼버스 이전의 아메리카 대륙에는 단 한 명의 메티콘 신도 없었어요. 단 한 명도요. 이유가 무엇일까요? 신이 출현하는 단계인 사회 복잡성 지수 6.1을 충족시킨 사회가 단 한 곳도 없었기 때문이에요. 좀 더 정확하게 말하자면, 복잡한 사회가 딱 한 곳이 있었어요. 잉카였습니다. 그런데 잉카에선 무슨 일이 있었을까요? 스페인 사람들이 잉카에 도착했을 때는, 앞에서 이야기한 시차로 인해서 아직 친사회적인 신이 출현하지 못했어요. 조금 시간이 부족했던 겁니다. 100년 정도요. 신의 출현에 필요한 모든 것을 다 갖추고 있었는데 말이죠. 메티콘 신이 존재할 만한 조건, 다시 말해 사제 계급까지 있었어요. 친사회적인 신은 각 개인이 각자의 신앙이 있을 때는 출현할 수 없어요. 자로 잰 듯한 규범이 있고, 뿌리를 잘 내린, 그리고 보편적이면서도 잘 조직된 집단적 성격의 믿음이 있어야 하죠. 이 모든 조건이 갖춰져야 신이 나타나는 것입니다."

"물론 장소에 따라 신의 이름은 다르지요."

"그래요. 하지만 모든 곳에서 동일한 존재예요. 예컨대 잉카 사회는 이 모든 조건을 정확하게 충족했지만, 잉카인만의 신을 가질 수 있는 시간이 주어지지 않았어요. 스페인 사람들이 그들의 신과 함께 나타났기 때문이지요."

"그렇지만 오늘날 서구 사회는 복잡하긴 한데 너무 세속적이에요."

"세속적이라는 것은…. 이미 우리에겐 형법이 있어서 이젠 신이 필요하지 않게 된 것은 아닐까요? 문제는 메티콘 신을 대체할 수 있는 유엔과 여타 국제기구가 세속적인 사회를 하나로 유지할 힘을 충분히 보유하고 있는지 여부예요. 신이 부재한 사회에 대한 실험은 아주 최근의 일이에요. 아직은 어떤 일이 벌어질지 아무도 몰라요."

"신이 변하지 않으면 아무것도 변하지 않는다." 나는 페를로시오 Rafael Sánchez Ferlosio[34]의 책 제목을 인용했다.

"사변적인 관점에서 볼 때 이 주제는 흥미롭죠?"

"사실이에요!"

---

34 20세기 스페인을 대표하는 작가로 2004년 세르반테스 문학상을 수상했다. 그의 대표작 제목이 바로 《신이 변하지 않으면 아무것도 변하지 않는다》이다.

"나는 무신론자예요. 하지만 다른 사람의 신앙 문제에 끼어들고 싶진 않아요. 세상을 개선하기 위해 종교를 다 없앨 필요는 없다고 봐요. 메티콘 신, 즉 친사회적인 신의 장점은 무신론자들에게나 지성을 갖춘 종교인들에게나 똑같은 가치를 지니니까요. 종교 자체가 복합적인 성격을 띠고 있다고 할 수 있을 것 같아요. 무신론자는 신이 복잡한 사회의 특성을 나타내는 문화의 산물이라고 이야기할 거예요. 다시 말해, 포장된 도로와 똑같은 구조물이지요."

"신앙심을 가진 사람들은 뭐라고 할까요?"

"역사의 역동성으로 인해 끝없이 신을 찾으려는 노력은 불가피하다고 말할 수 있지 않겠어요? 신은 그곳에 존재하고, 만일 인간이 일정 수준의 복잡성에 도달한다면 신을 찾게 된다는 사실은 숙명이라고도 할 수 있죠."

"거기에 역사적 결정론이 작용하는 건가요?"

"역사는 특정한 패턴이 있고, 이 반복되는 특정 패턴에 따라 발전합니다. 마크 트웨인은 역사는 반복되지 않고 운rhyme을 맞출 뿐이라고 했어요. 이런 식으로 말하면 좀 문학적이긴 하죠."

"개인의 삶이 우연의 산물인데, 집단의 삶이 계획의 산물이라고 할 수 있을까요?"

"개인의 삶이 우연이라는 무엇을 의미하나요?"

"예를 들자면 나는 언제 죽을지 몰라요."

"선생님은 모르지만 보험 회사는 알고 있습니다. 개인은 별로 중요하지 않지요. 개별 개미가 어떻게 될지는 잘 모르지만, 개미집이 어떤 식으로 진화할지는 이야기할 수 있어요. 그리고 역사는 단순히 나열된 사건들의 연속이라고는 할 수 없어요."

"그럼 역사는 특정한 의미가 있나요? 방향도 있고요?"

"패턴이 있지요. 오늘은 선생님을 집까지 모시지는 못할 것 같네요. 바쁜 일이 있어서요. 여기에서 내려드릴 테니까 지하철이든 택시든 원하는 대로 타세요."

조금 전 우리가 마드리드 시내에 들어왔다는 것을 알았다. 그러나 정중히 내리라고 하는 것인지, 자동차에서 쫓아내려고 하는 것인지 알 수 없었다. 고생물학자는 가끔 폭발적으로 터지는 슬픔을 주체하지 못했는데, 그때마다 모순적인 행동으로 이런 모습을 감추려고 했다. 가끔은 순간적인 짜증으로 이를 덮으려 했다. 인생은 부조리하다는 생각이 그를 괴롭히는 것 같았다.

그날 밤, 새벽 3시에 나는 갑작스레 닥친 번민에 식은땀을 흘리며 잠에서 깼다. 꿈에 연옥에서 꺼내 주지 못한 두 사람의 영혼이 나타났다. 시간상 적절치 못하다는 것을 잘 알면서도,

거실로 가서 고생물학자에게 왓츠앱으로 '연옥에 갇힌 영혼들을 생각하니 잠을 잘 수가 없네요.'라고 문자를 넣었다.

놀랍게도 바로 답신이 왔다.

'나도 그래요. 다시 돌아가야 할 것 같아요.'

여덟

시계 제작자가
필요 없다

"우리 시대엔 개가 집안의 왕이지요. 비록 많은 사람이 개를 거세하긴 했지만 말이에요." 아르수아가가 말했다. "그건 반려동물의 유일한 단점이지요."

"하지만 거세되었다는 사실을 모른 채 거세된다면 괜찮지 않을까요?"

4월 마지막 토요일에 고생물학자는 마드리드를 대표하는 회의장인 이페마IFEMA에서 정오에 만나자고 약속했다. 그곳에선 다양한 종류의 반려견과 그 주인 들이 만나고 있었다. 모임의 주인공은 분명 개였지만, 앵무새·고양이·파충류·생쥐·친칠라·토끼도 볼 수 있었다. 방주의 문이 닫히고 홍수가 시작되기 직전, 노아의 방주에서 볼 수 있었던 비슷한 혼란이 맴돌고 있었다. 사람과 짐승 모두 항해에 대비하기 위해 좀 더 편안한 장소를 찾아 여기저기로 이동했다. 온갖 동물들의 공포에 질린 소리, 경계심이 서린 소리, 너무 즐거워 어쩔 줄 모르는 소리 등이 인간의 목소리와 서로 얽혀, 돔 모양의 높은 천장에까지 올라갔다가 튕겨 나와 우리 머리 위로 굉음의 비가 내리듯이 쏟아져 내렸다. 그 때문에 서로 소통이 쉽지 않았다.

"뭐라고 했어요?" 고생물학자는 목소리를 높였다.

"거세되었다는 사실을 모른 채 거세된다면 괜찮을 것 같다고 했어요."

나도 너무 크게 소리를 질렀더니, 겁에 질린 페키니즈를 안고 있던 바로 옆의 아주머니가 호기심 어린 눈길로 나를 바라보았다. 방문객들이 애완견을 바라보던 바로 그 눈길이었다.

"왜 그런 생각을 했어요?" 아르수아가는 그 아주머니를 전혀 신경 쓰지 않았다.

"당신 걱정거리를 덜어 주려고요. 부뉴엘Luis Buñuel[35]은 회고록에서 나이가 먹으면서 가장 고마운 것 중 하나가 바로 성적 욕망이 줄어든 것이라고 했어요."

"그래요?"

"젊은 시절 촬영을 위해 새로운 도시에 갔을 때 제일 먼저 처리한 문제가 그날 밤 누구와 섹스를 할 것인가였다고 이야기했어요. 이게 상당히 스트레스를 주는 문제였다고 말이죠."

"나는 부뉴엘의 그 문제에 대해선 잘 모르겠어요. 아무튼 거세는 자연스럽지 않아요."

"자연스러운 게 오히려 고통을 안겨 주는 것도 많은데…" 내 경험을 반추해 보고는 속으로 투덜거렸다.

우리는 이족 보행 동물, 네발 동물, 날개 달린 것, 포유류, 난생 동물 등 갖가지 동물들에 이리저리 치이면서 방주를 가로

---

35 20세기 스페인을 대표하는 영화감독. '안달루시아의 개'로 데뷔하여 초현실주의적인 기법을 이용한 '부르주아의 은밀한 매력'(1972), '욕망의 모호한 대상'(1977) 등의 작품을 남겼다.

질러 갔다. 애완동물이 없거나 주인이 없는 동물은 우리 두 사람뿐이었다. 우리가 이상하게 보이지 않을까 불안했다.

"누군가가 여기에서 뭘 하고 있냐고 묻는다면, 내가 당신의 반려견이라고 이야기합시다." 나는 아르수아가에게 엉뚱한 제안을 했다.

고생물학자는 걸으면서도 어떤 문을 찾는 데만 정신이 팔려 있었다. 마침내 문을 찾았는지 그곳으로 들어가니 또 다른 커다란 방주가 나왔고, 그곳엔 개들만 있었다. 그 옛날 바벨탑과 같았던 시끄러운 소리는 이젠 개들의 짖는 소리로, 다시 말해 단 하나의 언어로 통일이 되어 있었다. 그러나 개 짖는 소리도 놀랄 만큼 다양했다. 온갖 크기에, 다양한 색상을 가진, 수없이 많은 종류와 사회 계층의 개들이 한자리에 다 모여 있었다.

"개들은 소리에 무척이나 민감한데, 주변 소음 때문에 너무 혼란스러울 것 같군요. 안 그래요?" 내가 말했다.

"좋은 청각도 가졌지만, 무엇보다도 후각이에요."

"개들은 후각이 더 우세한가요?"

"우세가 아니라, 개의 뇌는 후각적이라는 겁니다. 개의 정신세계가 후각으로 구성되었다는 말이에요. 여기에서 정신세계란 외부 세계의 내적인 반영을 이르는 말입니다. 포유류의 경우에는 거의 예외가 없어요. 똑같아요. 개들에게 세상은 화학인 셈이지요. 그것도 분자로 이루어진 순수 화학의 세계예요. 반대로 우리 인간은 여타 영장류와 마찬가지로 이미지의 형태로 세상을 반영합니다. 문자 그대로 이미지를 떠올려요."

(문자 그대로 이미지를 떠올려요. 멋있는데! 적어 둬야지.)

나는 이 세상에 나름의 모습을 부여하기 위해 콧구멍을 활짝 열고 눈을 감았다. 내 뇌하수체가 잡아낼 수 있는 냄새가 다양했지만, 나는 후각이 젬병이어서 공간을 재구성할 수 없었다.

"시각이 가장 공격적인 기관인 것 같은데요. 속이기도 잘 하고요."

"가장 중요한 것은 우리 뇌가 시각에 의존한다는 사실을 선생님이 받아들이는 겁니다. 눈이 보이지 않아도, 우리 뇌는 변함없이 시각에 의지해요. 이건 잘 적어 두세요."

나는 이렇게 받아 적었다. '당신이 시각을 잃었을 때, 뇌는 가소성可塑性에도 불구하고 계속해서 시각적인 특성을 유지한다. 이는 당신이 농락당하고 있다는 것을 의미한다.'

"시각이 후각보다 사람을 더 잘 속인다는 거죠?"

"후각이 좀 더 현실적이라는 이야기입니다. 이에 대해 생각할 필요가 있어요. 개의 성격은 환상적이에요. 동물 중에서 가장 인간적이지요. 침팬지보다 더 인간적이에요. 우리 이미지에 맞게 개를 개조했거든요. 개에게는 인간이 신인 셈이지요."

"인간이 길들인 첫 번째 동물이잖아요."

"맞아요. 선사 시대부터 인간과 함께 살아왔어요. 개들에겐 인간이 신인 셈인데, 정말로 개들도 우리를 신으로 보고 있어요. 침팬지가 하지 못하는 일을 하지요. 우선 우리와 소통을 해요. 우리는 개들에게 말하는 법을 가르쳤어요. 우리가 알고 있는 모든 개의 조상격인 늑대는 절대로 짖지 않고 서로 소통을 해요."

"사실 개들은 우리 인간의 가족이 되었어요." 오래전에 봤던 다큐멘터리를 떠올렸다. "개들의 꿈은 우리 인간의 자리를 차지하는 겁니다."

"개들이 그런 꿈을 꾸면 우리는 개들을 죽여 버릴 거예요. 절대로 어른이 되려고 해선 안 되지요. 주인의 권위에 도전해선 안 되거든요."

"전투에서 지긴 했지만 계속 시도할 걸요." 나도 주장을 굽히지 않았다.

"잘 훈련된 품종은 절대로 그런 시도를 하지 않아요. 길들이는 일은, 선생님도 곧 보겠지만, 정말 중요한 주제예요. 우리 인간은 스스로 길을 들이는 존재이지요."

고생물학자는 걸음을 멈추더니, 놀람과 만족 그 중간의 어정쩡한 표정으로 주변을 둘러보았다. 우리는 모든 개의 신이 된 듯했다. 자기 주인의 연장인 듯한 개들은 탯줄과도 같은 목

171

여덟. 시계 제작자가 필요 없다

줄에 묶여 있었다. 몸을 곧추세우고 도발적인 모습으로 당당히 걷는 녀석도 있었고, 주인의 다리에 달라붙어 한몸이 되어버린 녀석도 있었다. 우리는 방주 끝에서 탁자들이 줄지어 서 있는 곳을 발견했다. 사람들은 탁자 위에 개를 올려놓고 예쁘게 단장하고 있었다. 아름다움을 겨루는 경연 대회를 여는 게 분명했다. 개들도 미용실에 간 인간들처럼 편안한 자세로 몸을 맡기고 있었다. 여기저기에 조그마한 영업용 부스가 있었는데, 반려견의 행복을 위해 모든 게 준비되어 있었다. 그야말로 상상할 수 있는 모든 게 있었다. 사료, 간식, 장난감, 목걸이, 가죽 끈, 침대, 쿠션….

"여기에 온 이유는 진화, 즉 다위니즘을 이해할 수 있는 유일한 방법이 바로 여기에 있기 때문이에요." 고생물학자가 이야기했다.

나는 그가 순환 논리에 빠진 것 같다는 인상을 받았지만 아무 말도 하지 않았다. 조금 전에 우리가 본 마스티프가 미친 듯이 자기 꼬리를 물고 빙빙 돈 것처럼 말이다. 그때 등 뒤에서 박수 소리가 들려왔다. 뒤를 돌아보자 몇 미터 떨어진 곳에 가축우리 비슷한 것이 눈에 들어왔다. 그곳에서 털이 부숭부숭한 개 한 마리가 재주를 뽐내고 있었다. 주인이 플라스틱 원반을 공중에 던지면 개가 나는 듯이 달려가 다시 물어왔다. 개가 예닐곱 번 물어 오는 것을 반복한 후 팔짝 뛰어 남자의 팔에 안기자, 주인은 정중하게 사람들에게 인사를 했다. 무척이나 행복한 표정이었다.

"사람들의 시선을 즐기는 데요!" 나는 절로 큰소리가 나왔다.

"잘난 체가 심하다는 건가요?"

"그런 것 같지 않아요?"

"나는 잘 모르겠어요. 저 개에겐 신이나 마찬가지인 주인이 만족한다면 저 개도 똑같은 기분일 거예요. 자기 신이 만족하는 것, 바로 그것이 상이죠."

"저 개에게 신은 원반을 던졌던 뚱뚱한 사내겠죠?"

"당연하죠."

"개는 종류가 얼마나 되나요?"

"모르겠어요. 그런데 점점 늘어나는 것 같아요. 상당히 많은 종이 최근 20세기에 만들어졌거든요. 예전에는 큰 줄기 몇 개로 분류할 수 있었는데, 점점 세분되기 시작했어요."

"세분되었다고요?"

"네. 특정 지역의 품종을 선택하여 끊임없이 개량해 나갔어요."

고생물학자는 말마따나 늑대처럼 생긴 개를 돌아보았다. 늑대처럼 생긴 개라기보다는 진짜 늑대 같았다. 보는 것만으로도 무서웠다.

"저 늑대처럼 생긴 개는 체코나 헝가리 쪽에서 온 품종일 거예요. 한번 물어보죠."

20대로 보이는 개 주인은 체코에서 왔다고 이야기했다.

"저 개는 어느 지역에서 왔나요?" 고생물학자는 상당한 관심을 보였다.

"저도 잘 모르겠어요." 청년이 대답했다.

"온순한 편인가요?"

"때에 따라서요. 맘에 들지 않으면 이를 드러내고 으르렁거릴 거예요."

개는 가랑이 사이에 꼬리를 넣고 주인 다리에 딱 달라붙어 앉아 있었다. 그러고는 가끔 고개를 들어 우리를 바라보았다. 우리가 자기 이야기를 하고 있다는 사실을 아는 것 같았다. 아니, 내가 그런 인상을 받은 것인지도 모른다.

"혹시 저 개가 절대 권력을 쥔 마초처럼 당신을 자기 멋대로 바꾸려고 시도한 적은 없나요?" 아르수아가는 다시 질문을 꺼내 들었다.

"아니요, 그러진 않았어요. 일단 모르는 사람은 잘 믿지 않아요. 저와 제 파트너만 잘 따르죠. 그렇지만 누가 명령을 내리는지 언제나 명확하게 해줘야 해요. 늑대들처럼 개가 우리 무리의 일원이라는 사실을 인지시켜야 해요. 그리고 계속해서 서열이 사람보다 뒤라고 상기시켜야 하고요."

"당신이 대장인 셈인가요?"

"그럼요." 청년이 대답했다.

"여기에선 기분이 어떤 것 같아요?"

"꼬리가 다리 사이에 있는 걸 봐서는 상당히 긴장했어요. 사람도 많고 개도 많아서 좀 힘든 것 같아요."

"청각이 발달했나요?" 나도 뭔가 물어보고 싶었다.

"후각이 더 좋지요. 이런 품종의 개는 송로버섯을 찾는 데 쓰여요. 이 녀석은 아홉 달밖에 안 된 강아지예요. 지금은 25킬로그램 정도인데, 곧 45킬로그램까지 성장하겠죠."

"잘 짖나요?"

"짖는 것은… 모든 개가 다 똑같죠. 혼자 있으면 슬피 울부짖기도 해요."

"슬피 울부짖는다는 것은 자기 무리를 찾는 것을 의미하지요." 아르수아가가 설명했다.

"맞아요. 그런 모습을 보면 꼭 늑대 같아요. 체코 사람들이 군사적인 목적으로 만든 개예요. 신체 훈련에 강한 독일산 셰퍼드를 찾아, 늑대와 교배하여 이 품종을 만들었지요. 그런데 군사용으로 쓰는 데는 실패했어요. 독일산 셰퍼드보다 길들이기가 어려웠거든요. 이 품종은 자기를 만들고 북돋아 주는 사람을 좋아해요. 아주 최근인 1955년에 만들어졌어요. 스페인에도 많이 퍼졌는데, 다루기가 쉽지 않아서 유기되는 경우가 많아요. 집에 홀로 놔두면 완전히 엉망으로 만들어 버리거든요. 주인이 없으면 예민해져요. 무리 지어 사는 것을 그리워하는 것이죠. 좀 다루기 어려운 개예요. 이런 점을 잘 생각해야 해요."

"전체적으로 늑대네요." 아르수아가가 한마디로 결론 내렸다.

다시 우리 길을 갔다. 서로 다른 아름다움을 가진, 문화도 다른, 다양한 개들 사이로 나아갔다. 어린 강아지, 리본을 맨 개, 노동자처럼 생긴 개, 곱슬머리 개, 워터 독, 삐쩍 마른 그레이하운드, 주인을 닮은 개와 개를 닮은 주인 들 사이를 헤치고 나아갔다.

아르수아가는 우리 일이나 계속하자고 이야기했다.

그가 말한 우리 일은 '페일리의 시계'였다.

"페일리는 시계를 제작한 사람과 세계를 만든 신 사이에 존재하는 유사성을 통해 신의 존재를 증명하려 했던 18세기 철학자이자 신학자입니다. 기억나세요?"

"물론이지요. 들판에서 돌멩이를 발견하면 자연의 일부이니까 예전에도 여기 있었을 거라고 생각할 수 있지만, 만일 시계를 발견한다면 누군가가 시계를 그곳에 놔뒀을 거라 생각한다고 말했던 사람이잖아요. 시계는 저절로 만들어질 수 없으니까요. 시계에 제작자가 존재하듯이 더 복잡한 우주도 분명 신이라는 제작자가 있을 것이라고 주장했던 사람이잖아요."

"맞아요. 그리고 모든 다윈의 이론은 시계가 스스로 만들어졌다는 것을 증명하기 위한 것이라는 이야기도 했었죠. 다른 말로 하면 자연은 지적 설계를 하는 존재가 필요없다는 이야기죠. 여기까지 이해했나요?"

"그럼요!"

"그것이 바로 다윈이 부딪힌 문제였어요. 엄청 큰 난제였지요. 분명히 눈은 저절로 만들어질 수 없어요. 각각의 부분이 우연히 서로 만나 전체로서의 눈을 만들 수는 없어요. 그렇게 복잡한 시스템을 만들기 위해선 분명한 의도나 목적이 있어야 해요. 그런데 다윈은 진화를 믿었어요. 모든 종은 진화하고, 시간이 흐름에 따라 '시계 제작자'가 없이도 스스로 모습을 바꾼다고 믿었지요. 하지만 이것을 설명할 방법이 없었어요. 어떤 메커니즘이 작용하는지도 알 수 없었고, 왜 진화하는지 이유도 찾을 수가 없었지요. 과학에선 설명할 수 없다면 아무것도 없는 것과 똑같아요. 선생님도 매일 아침 해가 떠서 저녁에 지는 것을 볼 수는 있어요. 하지만 왜 그런지 설명을 하지 못한다면 그저 관찰한 것뿐이죠."

"다윈은 자연에서는 모든 종이 진화한다는 사실을 보여 준 거죠." 나는 그의 이야기를 이해하려고 노력했다. "진화의 배경에 어떠한 목적이나 의도가 없어도 말이에요."

"빙고! 사전 설계를 하는 존재가 없는데도, 살아 있는 생명체에서 볼 수 있는 완벽함에 어떻게 도달할 수 있었을까요?"

"어떻게 도달했죠?"

"다윈은 동물들의 가축화를 연구하는 데 여러 해를 보냈어요. 문득 가축화된 개를 생산하는 것과 진화 사이에 공통점이 있다는 것을 깨달았어요. '무의식적 선택'이라는 아이디어를 낼 때까지만 해도 전혀 해결의 실마리가 보이지 않았지요. 이 발견에 대해 아무도 그 가치를 제대로 파악하지 못했어요."

"당신은 알았잖아요!"

"나는 정말 중요하다는 생각이 들어 이 문제에 관해 책을 쓴 적이 있어요. 고대 사회에선 지금처럼 경마장에서 경쟁할 말 품종이나, 우유를 생산할 소 품종을 만들 생각을 전혀 못했다는 사실을 다윈은 깨달았어요. 경비견이나 전서구傳書鳩를 만들 생각도 없었지요. 최근에 우리 인간이 한 것은 '의식적 선택'이라고 하지요. 여기에 전시되고 있는 모든 개 품종은 의식적 선택의 결과예요. 그러나 고대인들은 새로운 종을 만들 생각은 하지 못했지만, 자신들에게 유용한 동물들을 곁에 둘 생각은 했어요. 어떤 양이 양모를 많이 생산하면 그 양만 번식시켰고, 다른 양은 잡아먹었어요. 어떤 옥수수 알갱이가 다른 것보다 더 통통하면, 그것을 남겨뒀다가 씨앗으로 사용했어요. 다시 말해, 이런저런 종들을 개선하기 위해 오늘날 우리가 행하고 있는 의식적 선택과 자연이 수행한 무의식적인 선택 사이에는 그리 큰 차이가 없는 거예요."

"목장주나 농민이 양모를 많이 생산할 수 있는 양이나 더 많은 알갱이를 생산할 수 있는 옥수수를 아무런 목적도 없이 선택했다고 말하는 것은 앞뒤가 좀 맞지 않는 것 같은데요." 나는 이의를 제기했다.

"의도적인 목적은 없었다고 하는 거예요. 예를 들어, 헤레스Jerez[36] 와인 저장고를 지키는 개는 저장고를 쥐가 없는 깨끗한 상태를 유지해야 하는데요. 그래서 체구가 작은 개가 유용했지요. 어디든 들어갈 수 있어야 했으니까요. 잘 생긴 개 경연 대회나 와인 생산성을 높이는 개 경연 대회는 필요없습니다. 기능에 충실한 개들에게만 번식이 허용되었지요. 가축화는 기본적으로 번식을 통제하는 겁니다. 이 말은 잘 적어 놓으세요. 가축화, 즉 길들인다는 것은 번식의 통제에 있다. 적었어요?"

"네."

"어떤 종이 가축화되었다는 건 무슨 의미일까요? 그것은 누군가가 번식을 통제할 수 있다는 거예요. 누가 번식을 할 것인지를 결정할 수 있는 권한이 있다는 거죠. 누가 번식을 하고 누구를 못하게 할지 선택하는 거예요."

"그런데 그 선택이 대부분 무의식적인 거죠."

---

36 영어로는 쉐리 주라고 하는 스페인산 백포도주. 이를 생산하는 도시 이름에서 유래했다.

"고대 사회에선 그랬어요. '무의식적인 선택'은 자연에 관한 다윈의 생각이었어요. 시계 제작자도 없고, 설계도 없고, 목적도 없고, 방향도 없고, 의도도 없어요. 각자 차지하고 있는 공간에 가장 잘 적응한 생명체가 살아남고 결국은 번식도 합니다. 우리가 자연에서 볼 수 있는 가장 완벽하고 아름다운 행위 주체는 죽음이에요. 선생님이 평원에서 목도하는 완벽한 조화 뒤에는 운명의 신 파르카Parca가 낫을 들고 서 있지요."

"사멸하는 것들에 대해 조르주 바타유Georges Bataille는 '저주의 몫'이라고 불렀죠. 이 제목으로 책도 냈어요."

"원하는 대로 부르세요. 치타는 시속 90킬로미터로 달립니다. 누구든 85킬로미터밖엔 속도를 내지 못하면 죽을 수밖엔 없어요. 치타 무리에서 90킬로미터 이하로 달리는 녀석은 죽은 목숨이나 다름없어요."

"완벽하다는 것은 때에 따라 달라지는 거예요."

"다윈은 '보편적인 완벽은 없고 개별적인 완벽만 존재한다.'라는 의견을 강하게 주장했어요. 기계와 생명체는 각자의 활동 무대에서 긍정적인 모습을 보인다면 최고지요. 경제 체제 안에서 차지하고 있는 곳이나, 시장에서 말이에요."

"각자의 시장에서요?"

"다윈은 인구학의 창시자이자, 가난한 가정을 돕는 것이 바람직하지 않다고 주장한 맬서스Thomas R. Malthus[37]의 책을 읽었어요. 경제적으로 힘든 가정을 도우면 더 많은 자식을 낳고, 그러면 사망률이 더 높아진다는 것이지요. 인구 증가에 제동을 걸지 않으면, 식량 자원은 천천히 증가하는데 반해 인구는 기하급수적으로 증가할 거라는 의미이지요. 결국 통제하지 않으면 빈곤과 갈등이 나타날 수밖에 없다는 겁니다. 다윈은 이를 읽고, '바로 이거야! 살 수 있는 늑대보다 더 많은 늑대가 태어나는 게 문제야.'라고 말했어요."

"더 많은 늑대가 태어난다고요?"

"사슴이든, 유럽울새든, 토끼든 뭐든 상관없어요. 생태학에는 '환경 수용력'이라는 개념이 있어요. 선생님이 명확하게 개념을 정립하실 수 있도록 도와드릴게요. 암소 한 마리, 아니 잘 모르겠네요, 들소라고 해도 괜찮아요. 한 마리당 최소한 5헥타르의 목초지가 필요하다고 가정하죠. 환경이 수용할 수 없으면, 소나, 사슴이나, 사자나 더 집어넣을 수가 없어요. 자연 공원을 설계할 때 가장 먼저 고려해야 할 점은 '여기에 염소를 몇 마리나 수용할 수 있을까?' 하는 점이에요. 이 점은 확실히

---

37 영국의 성직자이며, 인구 통계학자이자 정치경제학자다. 고전 경제학의 대표적인 학자로 영국 왕립 학회 회원이었다. 인구와 식량 관계를 조망한 '식량은 산술급수적으로 증가하는데, 인구는 기하급수적으로 증가한다'는 명제를 남겼다.

적어 두세요. 환경 수용력이요. 예를 들어, 5,000마리를 수용할 수 있다고 해 보세요."

"그러니까 자연이 스스로 통제한다는 의미네요."

"맞아요. 죽음을 통해 통제하지요. 경쟁의 법칙을 통해서요. 시속 90킬로미터 이상을 달리는 치타만 살아남을 수 있어요. 이제 선생님도 이해할 거예요. 바로 이것이 삶의 이치지요. 태어난 염소 대부분은 죽을 수밖에 없죠. 잔인하지만 이게 자연의 선택이에요."

"저주의 몫이죠."

"원하는 대로 부르세요. 박쥐들은 박쥐로서 완벽하죠."

"두더지처럼 산다면 정말 끔찍하겠죠."

"선생님도 곧 알게 되겠죠. 다윈은 이런 식으로 맬서스를 읽으며 '무의식적인 선택'이라는 해결책을 찾았어요. 자기들 사이에서 일어나는 경쟁 말이에요. 자연에선 모든 것이 살아 있는 것처럼 보이지만, 사실 자연 선택 때문에 거의 모든 것이 죽은 상태나 다름없다는 사실을 깨달은 거예요."

"그래서 시계 제작자가 없다는 주장을 했군요."

"대신 경쟁과 선택이 있고, 이로 인해 살아남는 비율이 정말 얼마 되지 않아요. 이 이론은 모든 종에 유효해요. 인간에게도요. 선생님과 부인 사이에 열여섯 명의 아이들이 있다면 자연 환경에선 겨우 두 명만 살아남을 수 있어요."

"충격적이네요."

"이로 인해 다윈은 종종 오해를 받았어요. 그의 발견에서 파생된 것이 정말 많아요. 실상 다윈은 인구학과 경제학에서 영감을 받았는데, 사람들은 이를 '있는 그대로의 상태라틴어로 statu quo'를 정당화하는 데 사용했어요. '다윈이 이렇게 말했어.'라고 이야기했지요."

"다윈은 손에 들어온 책을 다 읽었나요?"

"그럼요. 이에 대해선 글로 남아 있지는 않아요. 그렇지만 다윈에게 가장 큰 영향을 미친 저술가는 애덤 스미스로 알려졌어요. 애덤 스미스는 시장에서의 '보이지 않는 손'을 믿었어요. 시장이 스스로 작동하기 때문에 일부러 개입할 필요가 없다고 말했죠. 바로 여기에서 자유주의가 나왔어요. 경제에서 '보이지 않는 손'은 모든 것을 통제할 뿐만 아니라, 국가의 발전을 달성합니다. 시장 홀로 내버려 두면, 경제는 전문화가 이뤄집니다. 목수, 제빵사, 미장이 등이 저절로 나오는 거죠. 직업의 다양성은 사회라는 복잡한 시스템에서 사람들이 각자의 적성에 따라 자기만의 공간을 차지함으로써 발생하는 거예요. 사회 또한 자연이 발전하는 것과 같은 방식으로 발전할 거고요.

자연의 경제학이 있습니다. 각각의 종은 자기만의 공간을 차지하기 위해, 그리고 특정 직분에 맞게 자신을 발전시키고 적응하는 쪽으로 나아간다는 것이지요. 다윈은 자신의 입으로 애덤 스미스의 책을 읽었다고 한 적은 없어요. 그러나 1838년 가을에 분명 읽었을 거예요."

"당신은 진보에 관해서 이야기했어요. 그런데 진보를 어떻게 이해해야 하죠?"

"삶은 아주 단순한 형태에서 시작해 스스로 전개해 나가면서 완벽을 향해 나아갑니다."

"복잡성이 곧 진보의 한 형태인가요?"

"그런 측면도 있죠. 다른 측면으로는 다윈이 살았던 시절에는 낙관적인 사고가 대세였어요. 빅토리아 시대에는 사회의 모든 영역이 발전한다고 생각했고, 이러한 발전은 절대 멈출 수 없다고 믿었어요. 부, 안락함, 건강, 행복. 이 모든 것이 넘치던 시대였죠. 당시 영국인들은 진보라는 개념을 불로 새겼어요."

"빈민층에서도 그랬나요?"

"진보라는 개념은 그들도 사로잡았을 거예요. 정말 행복감이 넘쳐나던 시절이었어요. 2차 산업혁명 시기에 들어서면서 모든 것이 좀 복잡해집니다. 공장, 광산, 고된 노동 등이 증가하지요. 결국 도시 프롤레타리아 계급이 나타나고요. 그러나 다윈의 시대에는 지독하게 가난한 농민들이 시골보다 더 잘사는 도시 계급으로 옮겨 가고 있었습니다. 매우 부유한 귀족들과 함께요. 농업 인구 덕분에 도시는 덩달아 커지기 시작했습니다. 그뿐만 아니라, 영국인들은 제국을 만들어 나가고 있었어요."

"힘이 세다는 느낌이 있었지요."

"멈추지 않는 진보라는 느낌도 있었어요. 이것도 다윈에게 상당한 영향을 주었죠. 다윈 역시 빅토리아 시대를 살아가던 사람이었으니까요. 아무튼 애덤 스미스는 생명의 역사를 설명할 수 있는 경제 모델을 다윈에게 제시했어요."

"다윈은 사회진화론자였나요? 인간들 사이에 존재하는 관계에 자연에서 발견한 법칙을 적용해도 괜찮을 것 같다고 생각했나요?"

"아니요. 다윈은 정말 괜찮은 사람이었어요. 그는 노예 제도도 반대했지요. 전체적인 흐름이 경제 이론에서 자연으로 흘러가는 게 아니라, 그 반대일 때가 문제죠. 자연에서 경제 이론으로 흘러갈 때요."

바로 그 순간 우리는 최상위 부르주아지 개들의 전시장 앞에 걸음을 멈추었다. 심판은 개가 주인과 함께 걷는 자세를 관찰하고, 키를 측정했다. 그뿐만 아니라 발과 꼬리의 모양새, 귀의 생김새, 등의 길이 등을 평가했다.

"잘 보세요. 저 심판들은 개들을 형태학 차원에서 뜯어보고 있어요. 주인들의 걱정스러운 표정도 놓치지 마세요. 채점지가 제대로 배달될지 못 믿는 표정인데요."

"배심원들을 못 믿는 것 아닌가요?"

"국선 변호인을 못 믿는지도 모르지요."

"내가 보기엔 고생물학 교수를 믿지 못하는 것 같은데요."
나도 농담을 거들었다.

"여기까지 하죠. 다윈을 이해하려면 가축화된 동물을 관찰
하는 것이 얼마나 중요한지 잘 적어 놨죠?"

"물론이지요."

"그럼 맥주 한잔 살게요. 그리고 나서 휘파람을 불며 즐겁게
떠날 거예요. 모임이 있거든요."

"모임이요?"

"제가 재킷까지 입고 온 거 몰랐어요?"

아홉

초대형 인형

6월은 내가 고생물학자를 만난 지 꼭 1년이 되는 달이었다. 지난 1년 동안 우리는 콜레스테롤 수치도, 혈압도 올라가지 않았고, 그렇다고 머리카락이 빠지지도 않았다. 세상이 흘러가는 것과 비교해 봐도 우리 삶은 평탄하게 잘 흘러가고 있었다. 한마디로 우리 두 사람의 만남은 원만하게 굴러갔다. 1년을 축하하는 의미에서 한번 만나자고 전화하자 그도 흔쾌히 받아들였다.

"선생님을 모시고 장난감 가게에 갈 거예요." 그는 전화를 끊기 전에 한마디 덧붙였다.

전화를 끊자 걱정이 밀려왔다. 1년을 기념하려 나에게 인형을 사 주려는 걸까? 내 안에 잠재되어 있던 네안데르탈인 성격을 눈치채기 시작한 걸까? 만약 그렇다면 나는 그에게 무엇을 선물해야 할까? 네안데르탈인은 사피엔스에게 무엇을 줄 수 있을까?

아르수아가는 토요일 오후 7시에 마드리드 아레날 가街에 있는 인형 가게에서 만나자고 약속을 했다. 보행자 전용 도로인 아레날 가는 마드리드에서 가장 중요한 두 곳인 푸에르타 델 솔Puerta del Sol과 오페라 광장을 하나로 연결하고 있었다. 동맥에 가까운 그 길은 언제나 사람들로 붐볐다. 마치 미생물이 우글우글한 실험실의 샬레처럼 말이다.

나는 습관대로 주변을 돌아보기 위해 30분 전에 도착해서,

1920년대 영국풍의 장난감 가게를 먼저 한번 둘러보았다. 진열대에는 정말 아기와 똑같이 생긴 인형들이 10여 개 전시되어 있었다. 그뿐만이 아니었다. 다양한 동물 인형과 장난감 집도 있었다.

장난감 집은 나를 미치게 했다. 진열대에 놓여 있던 장난감 집은 다락방이 딸린 이층집이었는데, 가운데를 잘라 활짝 열어 놓은 탓에 안이 환하게 들여다보였다. 거실, 부엌, 화장실, 침실…. 거실에선 어른들이 모여 앉아 차를 마시고 있었다. 침실에는 루이스 캐럴의 동화에 등장하는 앨리스를 연상시키는 아이가 서서 타원형의 거울을 보고 있었고, 다락방에선 집사와 요리사가 높은 침대 머리맡에 앉아 담소를 나누고 있었다. 지나치게 평화로운 풍경이었다. 나라면 아마 아래층 계단 아래 텅 빈 공간에 사람을 대롱대롱 목매달아 놓았을 것이다.

잠깐이었지만, 진짜로 아르수아가와 이곳에서 만나기로 했는지 아니면 꿈인지 의심이 일기 시작했다. 약속 시간이 되었는데도 그가 오지 않자 의심은 커져만 갔다.

가게 입구가 바라보이는 근처 바에 들어가 커피를 시켰다. 잠깐 짬을 내서 내 정신 상태를 점검하고 싶었다. 나는 7시 15분 쯤 자리를 떠나려고 했는데, 그가 사람들을 헤치며 허겁지겁 달려오는 것이 보였다.

"미안합니다! 미안해요! 이제 막 강행군을 마치고 산에서 돌아왔어요. 돌아오는 길에 자동차들이 너무 길게 늘어서서…." 그는 연신 미안하단 말을 했다.

나는 아르수아가에게 우리가 오늘 무엇을 할지 물었다.

그는 갑자기 돌아서더니 행인들을 가리키며 감탄했다.

"정말 활기 넘치죠!"

나는 에너지도 싫고, 행복한 것도 싫고, 몰려다니는 사람들도 싫었다. 하지만 유럽 대도시 중심가에서 맞는 토요일 오후의 분주한 모습에 빠져드는 척했다.

"난 이미 충분히 활력을 느꼈어요." 몇 초가 지나자 나는 입을 열었다. "그럼 지금부터 여기 장난감 가게에서 뭘 할 건가요?"

"어디서든 배울 수 있죠." 고생물학자는 넉넉한 웃음을 지으며 강한 어조로 이야기했다.

산 공기가 흡사 그를 코카인이라도 흡입한 사람처럼 만든 모양이었다. 게다가 머리까지 짧게 깎아 사춘기 소년 같은 분위기였다. 짧은 반팔 셔츠에 청바지를 입고 있었는데, 그날따라 말라 보였다. 순간 질투를 느꼈다.

"이렇게 사람들이 시끌벅적한 이유는 체세포, 그러니까 우리 몸과 연결해서 살펴봐야 해요." 아르수아가는 그 자리에서 꼼짝도 하지 않고 설명을 시작했다. "저 사람들 각각은 몸 안에 유전자 뭉치를 가지고 있지요. 이에 대해서 한번 이야기했

아홉. 초대형 인형

었죠? 생식세포계열líneas germinal과 체세포계열líneas somática에 대해서요."

"생소한데요."

"우리 몸은 유전자의 매개체예요. 유전자들은 이기적이기 때문에 어떤 경우엔 자기 자신의 이익을 위해 몸을 잊어버리거나 포기할 거라고 이야기하는 사람도 있어요. 각자의 관점이죠. '닭-달걀'이라는 이분법 앞에서 우리는 대부분 닭을 선택해요. 그러나 닭은 달걀이 영원히 살기 위해 선택한 도구에 불과하다는 말도 있어요."

"닭은 껍질이 되겠죠."

"그렇다고도 할 수 있어요. 사람들은 모두 죽기 마련이에요. 선생님이나 저나 마찬가지죠. 그러나 우리 유전자는 몇 세기는 더 살 거예요. 태초부터 이런 식으로 살아왔으니까요."

나는 여기저기 널린 바를 들락거리는 수백 명의 청소년을 포함해 수많은 사람의 죽음을 상상했다. 난장판이 될 거란 생각이 들었다.

"저기 코알라를 한번 보죠." 이 말과 함께 아르수아가는 산히네스San Ginés 성당 근처에 있는 최소한 2미터는 되어 보이는 커다란 인형 쪽으로 발걸음을 옮겼다. 인형 옆에 선 아이들은 열심히 셀카를 찍고 있었다.

"장난감 가게는요?"

"장난감 가게는 조금 있다가요. 시간은 충분해요."

우리는 목표물에 다가갈 때까지 열심히 다른 사람들의 몸과 몸 사이를 비집고 나아갔다.

"우린 초대형 인형 앞에 있어요." 그는 괴물같이 생긴 인형을 가리켰다. "코알라는 그 자체가 인형같이 생긴 동물이죠. 우리는 코알라처럼 인형같이 생긴 동물을 정말 좋아해요. 우리 감성을 자극하거든요. 유전자들은 우리를 조종하여 마음속 보호 열망을 일깨웁니다."

"그런데 이건 좀 무서운데요." 어마어마한 크기를 바라보며 주춤거렸다.

고생물학자는 자기 말만 계속 이어 갔다.

"우리가 같은 종족인 인간 아이들에 대해 느끼는 것과 아주 유사한 그런 열망이죠. 아이들을 위협적인 존재로 보진 않잖아요? 톱니바퀴의 한 부분을 구성하지도 않고, 그렇다고 우리 어른들이 돈을 거는, 사회적 성격의 경기를 하지도 않죠. 한마디로 경쟁하지 않아요. 아이들은 우리의 무의식적이고도 감정적인 수단, 유전적으로 물려받은 수단, 우리의 생물학 등 이 모든 것을 다시 한 번 살펴보게 합니다."

"그래서 아이들이 나오는 공포 영화가 두 배 더 무서운 겁니다. 전혀 예기치 못했던 곳에서 위협적인 일이 생기거든요." 나는 한 걸음 더 나아갔다.

"아이가 악마 같다면 이 세상 그 누구보다 더 무서울 거예요. 그건 그렇고, 인형은 어떤 재미있는 점이 있죠? 왜 사람들은 코알라를 정말 좋아할까요?"

코알라의 주인인 남미계 부부, 그리고 자기 아이들 사진을 찍어 주기 위해 길게 줄을 선 사람들은 우리를 이상한 눈으로 바라보기 시작했다. 나이 든 두 사람이 무엇을 하는지 궁금해지기 시작한 것이다. 두 사람이 망할 놈의 인형 앞에서 못 박힌 듯이 서서 꼼짝도 하지 않고 열심히 대화를 나누고 있었는데, 게다가 한 사람은 다른 사람이 하는 이야기를 열심히 적고 있었다.

"우리가 다른 사람들에게 불편을 초래할까 봐 걱정되네요."

"다른 사람의 불편 따위는 잊어버리세요. 그렇지 않으면 다른 사람들이 무슨 말을 할지 생각하며 평생을 보내게 될 테니까요." 아르수아가는 나를 꾸짖었다. "시작해 보죠. 코알라는 둥글둥글하게 생겼어요. 푹신하고 부드러운 털을 가지고 있고요. 뻣뻣하지 않죠. 정말 쓰다듬어 주고 싶은 털이에요. 그렇죠?"

"맞아요."

"정말 큰 공인 셈이지요. 아이들을 좋아할 수밖에 없는 요소와 코알라 인형을 좋아할 수밖에 없는 특징이 어떻게 겹치는지 분석하도록 하죠. 우선 둥글둥글해야 합니다. 거의 목이 없다시피 한 공처럼 생겨야 하지요. 머리도 둥글고, 날카로운 송곳니나 발톱도 없어야 하고요."

"코알라는 발톱이 있는데요."

"그러나 감춰져 있어요. 반대로 흉악한 늑대는 송곳니를 드러내고 있잖아요. 코알라의 얼굴을 보세요. 눈은 크고, 주둥이는 짧고, 이마는 조금 튀어나왔어요. 이건 아이들 얼굴이 지닌 특징이에요. 그리고 아이들이 어떻게 걷는지 한번 보세요. 어딘지 모르게 좀 서툴러요. 늘 금방이라도 넘어질 것 같죠. 정감을 주기 위해선 기본적으로 서툴러야 해요. 더 필요한 것이 있다면 짧은 팔과 다리죠. 이런 요소들을 다 모아 하나로 연결해놓으면 정감을 연출할 수 있는 기계를 만들 수 있어요. 이러한 특징을 만들어내는 유전자는 행동에도 영향을 미칩니다. 선생님을 뒤에서 조종하지요. 그러니까 선생님의 행동도 어찌 보면 선생님의 것이 아니에요."

"인간의 아이들만 그런 것은 아니지요." 나도 한마디 덧붙였다. "강아지도 똑같은 감정을 자극하거든요."

"그럼요! 오늘 이 이야기를 하러 온 거예요. 우리가 개들을 구경할 수 있는 마지막 날이거든요. 알겠죠?"

"네."

"우리는 왜 개를 좋아할까요? 늑대는 위협적으로 느끼면서 말이에요. 그리고 왜 어린아이들의 특성을 가진 마스코트를

아홉. 초대형 인형

자꾸 만들어내는 걸까요?"

"그것을 알려고 왔잖아요."

"이제 또 다른 흥미로운 단어 하나를 언급할 거예요. 또 다른 개념인데 정말 중요해요. '초강자극super stimulus'이라는 개념이에요. 모든 성적인 문제에 대한 조작에서부터 광고 조작까지 모두 이런 방법을 사용하고 있어요. 아이들은 이미 이런 요소들을 충분히 갖추고 있지만, 선생님이 만약 슈퍼 꼬맹이를 만든다면, 초강자극도 만들어낼 수 있어. 아이들의 특성을 좀 과장하면 사람들의 관심을 더 끌 수 있지요."

"슈퍼 코알라는 원래의 코알라보다 더 강하게 정감을 자극하기 위해 개조된 코알라인 셈이군요." 나는 한 걸음 더 나아갔다.

"정답이에요. 지나치게 과장된 코알라죠. 아이들이 얼마나 코알라를 믿고 있는지 한번 보세요. 코알라에게 스스럼없이 안기잖아요. 게다가 전혀 무서워하지 않고 코알라를 쓰다듬고 있잖아요. 저렇게 덩치가 큰데도 말이에요."

"당신 말이 맞아요. 그런데 장난감 가게에는 언제 가죠? 곧 문을 닫을 텐데." 나는 짜증이 나서 그를 채근했다. 우리가 주변 구경꾼들에게 호기심을 유발했다는 생각이 들어서였다.

"그럼 이것을 모든 것에 적용해 보세요." 아르수아가는 내 말에 전혀 아랑곳하지 않았다.

"예를 든다면요?"

"정제 설탕과 지방이 엄청 많이 함유된 케이크요."

"열량 폭탄…."

"그런 케이크는 뭐라고 할 수 있을까요? 초강자극이라고 할 수 있지 않을까요? 우리는 달달한 과일을 좋아해요. 우리는 일단 베리 종류를 즐겨 먹게끔 프로그램 되어 있어요. 베리에는 포도당이 들어 있기 때문이지요. 우리가 동물성 지방을 좋아하는 이유는 우리에게 열량을 제공해 주기 때문이에요. 우리 몸을 쌓아 올리는 벽돌과 같은 역할을 하는 단백질도 필요하지만, 열량도 필요하거든요. 그런데 포도당과 지방이 바로 이런 열량을 제공해요. 자연 상태에서 지방을 얻기 위해선 매머드를 사냥해야 해요. 그런데 이건 시간도 많이 들고 노력도 많이 해야 합니다. 그렇지만 케이크엔 매머드에 든 것만큼이나 지방이 농축되어 있어요."

"케이크 한 조각에 든 설탕을 섭취하려면 자연에서 얼마나 먹어야 할까요?"

"케이크 한 조각에 든 설탕을 섭취하려면 아마 시스테마 센트랄 산맥에 있는 베리는 다 먹어야 할 걸요. 그런데 이런 케이크와 같은 초강자극에 저항하려면 어떻게 해야 할까요?"

"의지가 강해야죠." 나는 엉뚱한 대답을 했다.

"생물학 차원의 초강자극은 종 전체에 공통적이에요. 그래서 선생님도 뭔가를 팔고 싶으면 이제 어떤 키를 눌러야 할지 알 거예요. 그럼 이제 장난감 가게에 가 보시죠. 문 닫기 전에."

가게에 들어가서 우리는 성질 고약한 노인네들이 아니라, 고생물학자와 제자 사이라고 가게 관리자에게 설명했다. 우리는 아기의 피부 질감을 완벽하게 재현한 고무로 만든 인형들을 보고 너무 놀랐다. 정감만 자아낸 것이 아니었다. 오븐에 들어갈 준비가 다 된 것 같다는 생각에, 카니발 본능까지도 자극했다. 나는 고생물학자에게 아이들을 가리켜 사용하는 '고놈 참 맛있게 생겼네'라는 표현이 문자 그대로의 욕망을 표현하는 것인지 물어보았다.

"어머니가 형을 임신한 지 얼마 되지 않았을 때, 사람들이 애저 요리를 주자 '이건 먹을 수 없어요.'라고 이야기했대요. 아마 꼭 아기를 먹는 기분이 들었나 봐요. 그렇지만 이걸 알아야 해요. 사실 새끼들은 잡아먹히기 위해 존재하는 거예요."

"식인 풍속에 관해 이야기하다 보니 생각나는 게 있어요. 우리 집에도 햄스터가 한 쌍 있었는데 이놈들이 새끼를 키웠어요. 그런데 어느 날 어미 햄스터가 이상한 짓을 하는 것 같아서 우리에 가까이 가 봤지요. 그런데 새끼 중 한 마리를 잡아먹고 있는 거예요. 앞발을 이런 식으로 잡고 다람쥐가 도토리를 먹듯이 머리부터 먹고 있었어요. 아직도 그것만 생각하면 부르르 떨려요. 절대 못 잊을 거예요."

"우리 집에선 우리 아이들이…."

"아드님이 햄스터를 잡아먹었어요?"

"아뇨! 무슨 소리예요. 엄마 햄스터가 새끼를 잡아먹고 있다고 고래고래 소리를 지르며 침실로 뛰어왔다고요."

"아! 정말 끔찍해요!"

"유전자예요. 유전자! 이건 특정 개체의 문제가 아니에요. 사실 새끼들을 잡아먹은 게 아니라 재활용하고 있던 거예요. 햄스터가 우리 안에서 새끼를 낳으면, 어미 햄스터는 자신이 불안정한 상황에 처했다고 느껴서 자기 새끼의 에너지를 재활용하는 것이 최선이라고 생각합니다. 자기에게 유리한 환경이 아니라고 생각하는 거죠. 이런 경우 새끼들은 살아남을 수 없죠."

"그렇군요."

"그건 그렇고," 아르수아가는 인형 쪽으로 몸을 돌렸다. "아이들을 사랑스럽게 만들어 주는 특징을 바로 여기에서 볼 수 있어요. 코알라에 대해서 이야기했던 내용과 똑같은 것이죠. 뭔가 균형이 맞지 않는 커다란 머리, 커다란 눈, 둥글둥글하면서도 통통한 뺨, 짱구 같은 이마, 잡힐락 말락한 납작한 코, 얼굴에서 전혀 도드라지지 않은…. 매부리코를 가진 아기를 상상해 봤어요?"

"아뇨!"

"그리고 입술과 앞으로 조금 튀어나온 입…. 게다가 이가 없거나 아니면 아주 작죠. 모든 것이 다 말랑말랑해요. 배도 그렇고, 근육도 그렇고요. 정말 굼떠요. 굼뜬 모습은 사람들에게 정감을 주죠. 이런 아기들의 모습은 우리에게 무엇을 이야기할까요?"

"뭐죠?"

"'나는 당신과 경쟁하지 않는다.' 아기는 살아남기 위한 생존 기계나 마찬가지예요. 어른으로 성장하기 위해 프로그램되어 있지요. 이건 적어 놓으세요. 우리가 방금 봤던 특징을 이용할 수 있어요. 하나하나 떼어 사용할 수도 있고, 하나로 묶어 사용할 수도 있죠. 특징의 목록을 만든 다음엔 분명히 그것을 확장할 생각을 할 거예요. 하나만 하든, 아니면 둘을 하든 말이에요. 아니면 특정 개인을 조작할 생각을 할지도 모르죠. 인형들이 있는 다음 방으로 가 볼까요."

"정말 재미있는 것은 우리 인간의 아기만 우리에게 정감이나 보호 본능을 자극하는 것이 아니라, 동물의 새끼들도 마찬가지라는 거죠. 동물도 우리와 똑같은 것 같아요. 맹수들이 키운, 야생에서 자란 아이들을 보면 말이에요." 나는 동물 인형 진열대 앞에 먼저 가서 말했다.

"바로 그것이 문제의 핵심이에요. 모든 포유류가 이런 특성이 있어요. 모두가요. 모두가 유아의 특징을 잘 활용해요. 그래서 가끔 텔레비전에서 암사자가 어미 잃은 다른 종의 새끼를 입양해 키우는 것을 볼 수 있는 겁니다. 암사자는 동물학자가 아니에요. 암사자는 잘 모르고 있지만, 새끼들은 보호 본능을 자극하는 특성이 있어요. 그런데 암사자는 이런 본능을 통제하지 못하죠. 모든 포유류는 이런 면에서는 똑같아요."

"반면에 지렁이 새끼는 우리에게 연대감을 느끼게 하진 못하죠."

"이 시베리안 허스키 좀 보세요." 아르수아가는 허스키 종의 강아지를 가리키며 이야기했다. "'나 좀 입양해 가세요.'라고 말하는 것 같지 않나요? 자기를 입양해 가라고 선생님을 조종하고 있어요."

"맞아요!" 나도 깜짝 놀라며 맞장구쳤다.

"마음에 들면 선물할게요."

"뭐라고요?"

"농담이었어요. 놀라지 마세요. 개를 키우는 사람들 대부분은 자기가 동물을 선택하지 않고, 선택을 받았다고 이야기하죠."

"어떻게 그런 일이 가능하죠?"

"선생님이 애완견 가게에 들어가면, 모든 개가 선생님을 유혹하려고 엉뚱한 짓들을 하죠. 선생님에게 잘 보이려고 경쟁을 하는 거예요. 아마 선생님 마음에 가장 깊게 파고든 녀석을

아홉. 초대형 인형

데리고 나갈 거예요."

"그래서 동물들이 우리를 선택한다고 한 것이군요."

"그래요. 이 모든 인형은 잘 보면 공통점이 있어요. 무엇일까요?"

"뭐죠?"

"뭔가를 요구하는 듯한 표정이에요. 모두 약간 위를 바라보며, 물질적인 것보다는 애정을 갈구하는 듯한 표정을 짓고 있어요. 어때요? 맞는 것 같아요?"

"그렇네요. 그런데 이 새는 별로 정감을 주지 않는데요." 나는 까마귀 인형을 보며 한마디 했다.

"새로서는…, 최선을 다해 만든 거예요. 예를 들어 부리도 둥글게 만들었잖아요. 나는 문어를 좋아해요. 저기 있는 것 좀 보세요. 정말 예쁘죠!"

"문어는 화성인인데…."

"문어는 생김새에도 불구하고, 그리고 조개와 굴이 친척이라는 사실에도 불구하고 우리 인간과 매우 비슷한 특성을 발전시켜 왔습니다."

"그런 이야기를 들은 적이 있어요."

"먼저 문어는 의식이 있어요. 반면에 기계는 의식을 가지고 있지 않죠. 이 이야기는 외부에 존재하는 것을 내부에 재현한다는 것을 의미하지요. 일종의 복제물을 가지고 있는 셈이에요. 바로 이것이 우리가 외부 세계의 존재에 대해 알고 있는 바인데, 이를 달리 표현하면 우리 머리에 복제품을 만들어 놨다고도 할 수 있지요."

"머리는 플라톤의 동굴 같아요. 진실의 그림자, 혹은 메아리만 인식하니까요."

"뭔가를 보는 방법이죠. 분명한 것은 의식을 가진 기계는 없다는 거예요. 그래서 컴퓨터가 체스에선 이길 수는 있지만, 스페인식 보드 게임인 파르치스parchís에선 지는 거예요."

"생긴 모습이 그렇게 다른 문어가 우리와 닮은 점이 많다니 참 재미있네요."

"이를 적응 수렴adaptive convergence[38]이라고 하죠. 나중에 자세히 설명할게요. 예를 들어, 에르난 코르테스Hernán Cortés와 목테수마Moctezuma를 한번 생각해 보세요. 스페인 정복자는 아즈텍의 모든 사회 조직을 알고 있었어요. 사제, 학교, 책, 사원, 왕, 병사들, 장군들…. 스페인과 아즈텍은 1만 5000년 이상을 서로 떨어져 존재했지만, 코르테스는 아즈텍 사회를 완벽하게 이해하고 있었어요. 스페인 사람들보다 1만 5000년 전에 아메리카 대륙에 도착했던 사람들은 매머드 사냥꾼이었는데,

---

38　보다 일반적인 진화론 용어로 '수렴 진화convergent evolution'라고 한다.
　　（감수자 주）

우리와 똑같이 책을 썼어요. 이것은 무엇을 의미하죠?"

"모르겠는데요."

"우리 의식이 가진 본성에서 비롯된 특정한 문화적 수렴 현상이 나타난다는 뜻입니다. 반복되는 경로가 있다는 거예요. 문어의 경우가 좋은 사례죠. 우리는 연체동물과 수백만 년 전에 분리되었어요. 그런데도 선생님을 보고 있는 것 같은 저 눈을 가진 문어와도 정신적으로 수렴 현상을 보인다는 겁니다."

"사람의 시선 같아요."

"거의 똑같죠. 그러나 수렴의 문제 때문에 포켓몬의 세계가 존재하는 것이라고 말씀드리고 싶어요. 처음 고백하는 것인데 나도 여기에 입문하고 싶긴 해요."

"포켓몬의 세계에 입문하고 싶다고요?"

"네. 언뜻 보기에는 환상 속 동물 같긴 한데…, 나도 잘 모르긴 하지만, 인간이 토끼와 고양이를 합성해서 만든 창조물인 키메라는 원래 실현 불가능한 존재예요. 진화는 내적인 논리가 있어서 모든 가능성을 수용하진 않죠. 육식성 토끼는 존재할 수 없어요. 토끼-고양이도 가능하지 않고요. 뿔 달린 육식 동물도 불가능해요. 어느 날 고생물학의 아버지라고 불리는 조르주 퀴비에 Georges Cuvier [39] 앞에 악마가 나타나 '나는 악

---

39   19세기 프랑스를 대표하는 동물학자로, 비교해부학과 고생물학 분야

마인데 너를 잡아먹겠다.'라고 이야기했대요. 그러자 퀴비에는 악마를 위아래로 바라보면서 '너는 뿔도 있고 발굽이 있어서 절대 육식 동물이 될 수 없다.'라고 하고선 그냥 침대에 돌아누웠대요. 자던 중이었거든요."

"퀴비에는 정말 대단하네요."

"적응 수렴은 경우의 수가 몇 개 안 되기 때문에 존재할 수 있는 거예요. 이는 문어와 '나'처럼 생김새가 너무 달라도, 생명을 가진 것들 사이에 우연히 일치할 가능성이 있다는 것을 의미하죠."

그 순간 장난감 가게 점원이 다가와 곧 문을 닫는다고 알렸다.

"이런!" 아르수아가가 말했다. "아직도 봐야 할 인형이 수십 개도 더 남았는데. 그래도 문어 하나는 얻었네요. 안 그래요?"

여자 점원은 우리를 의심 어린 눈으로 바라보았다. 우리가 고생물학을 가르치는 선생과 제자 사이라는 것을 못 믿는 눈치였다. 출구로 나오다가 진열대에 있던 인형의 집과 똑같은 집 앞에서 잠시 멈췄다. 나는 고생물학자에게 질문을 던졌다.

에 탁월한 업적을 남겼다. 처음으로 멸종이란 개념을 주장한 학자이지만 진화는 믿지 않았다. 프로토타입이라는 개념을 처음으로 사용했다고 한다.

아홉. 초대형 인형

"저기 빠진 게 있다면 뭘까요?"

"뭐가 빠졌는지 잘 모르겠는데요."

"계단 아래 텅 빈 공간에 교수형 당한 남자가 있어야 하는
데…."

그는 나를 물끄러미 바라보았다.

"선생님 괜찮으세요?"

열

두 명의 스케이터

5월 말, '진화, 미로로의 여행'이란 부제를 단 아르수아가의 저서 《생명, 그 위대한 역사》가 출간되었다. 나는 반추 동물처럼 2단계로 나눠 책을 소화했다. 처음엔 조바심치며 읽어 내려갔는데 제대로 이해할 수 없었다. 그래서 다시 반추해 자양분을 놓치지 않으려는 마음으로 내 머리가 분비한 소화액을 섞어 씹고 또 씹었다.

내가 한참 반추 중이던 6월 어느 날, 출판사 사람들은 나에게 통신 재단에서 세운 에스파시오Espacio로 와서 아르수아가를 소개해 달라는 부탁을 했다. 단순히 그를 소개하는 게 아니라, 공개적으로 진행하는 작가와의 대화 자리였다. 그 자리에 나가야 한다는 생각만으로도 불안하고 긴장도 됐지만, 당시 고생물학자와의 관계를 생각하면 달리 거절할 방법도 없었다.

나는 한 시간 전에 근처에 도착해 라스 레트라스Las Letras 호텔 바에서 진토닉 한잔을 주문했다. 그 순간 아르수아가의 전화가 왔다.

"어디 계세요?"

"레트라스 호텔에서 진토닉 한잔하고 있어요."

"왜요?"

"왜라니요? 긴장을 좀 가라앉히려고요."

고생물학자는 잠시 말이 없었다. 나와 함께 있어 주겠다고 말할 줄 알았는데, 그는 나를 기다리겠다는 말로 끝내 버렸다.

대담은 잘 진행되었다. 먼저 책의 구조를 설명했는데, 진화에 관해 개괄하는 전반부와 인간의 진화를 다룬 후반부, 이렇게 두 부분으로 나눠 설명했다. 알코올은 행복감을 안겨 주지는 못했지만, 학교 수업과는 거리가 먼 이번 대담에 쓸 말투엔 적절한 에너지를 제공했다. 아르수아가의 이야기가 시작되자, 금세 여유로우면서도 따뜻한 분위기가 강연장에 가득 찼다. 이는 문까지 가득 찬 청중들의 행복한 표정에서도 읽을 수 있었다. 아르수아가와 나는 서로 충돌하지 않고, 얽혔다가 풀길 반복하면서 얼음 위에 수사학적으로 멋진 그림을 그려 내는 피겨 스케이트 선수처럼 능수능란하게 대화를 풀어 나갔다. 나는 학문적으로 어렵고 딱딱한 주제를 재미있게 풀어내는 아르수아가의 능력에 놀라지 않을 수 없었다. 의미 있는 독서가 되려면 노력이 절대적으로 필요한데, 이 노력만 준비한 사람이라면 누구나 그의 책을 쉽게 읽고 소화할 수 있을 것 같았다. 그뿐만이 아니다. 그의 책은 독자가 책에 투자한 노력을 두 배로 튀겨 돌려줄 것 같았다.

나를 사로잡은 것이 또 하나 있었다. 과학적 성찰이라는 규범적이고 논리적인 담론을 이용해 글을 썼음에도, 그 속엔 존재론적 성격이 잔잔히 흐르고 있었다. 나는 아르수아가의 이런 능력에 전율을 느끼지 않을 수 없었다. 자기 자신에 대해 확신하면서도 한편으로는 끊임없이 의심했다. 나는 그가 미겔 데 우나무노Miguel de Unamuno의 《생의 비극적 의미》까지 인용해 가며 속마음을 드러냈던 문제에 대해 질문을 던졌다.

아르수아가가 이야기하는 것을 들으면, 그에겐 정말 탁월한 광대 기질이 있다는 사실을 알 수 있었다. 그는 화려한 언변으로 완벽하게 이야기를 풀어 나갔다. 언제쯤 관객 마음을 사로잡을 수 있는지, 언제 관객의 관심을 잃을지 너무 잘 알고 있었다. 당연히 청중의 기호와는 동떨어질 수밖에 없는 숙명적인 측면을 지적인 치밀함으로 짜 맞추려 노력했다. 나는 어쩔 수 없는 천성과 지혜가 하나가 되는 것을 보며 묘한 질투심을 느꼈다.

대담이 끝나자, 그에게 작별 인사도 없이 책에 사인만 하고 자리를 떴다. 적어도 40~50명이 넘는 사람들이 그의 앞에 줄을 서 있었기 때문이었다. 우리는 9월까진 만나지 않을 것이다.

열, 두 명의 스케이터

열하나

모든 아이들

나는 7월과 8월을 아스투리아스에 있는 집에서 보냈다. 그곳에서 고생물학자에게 여러 통의 이메일을 보냈는데, 그는 짧게 답장을 해 왔다. 유적지 발굴과 관련된 중요한 일을 하는 것 같다는 인상을 주었다. 그래서 여름날 홀로 뚝 떨어져 있으며 느꼈던 고립감을 메일이라도 주고받으면서 잊고 싶었지만, 그마저도 어려웠다. 털게 요리를 먹자고 초대했고, 그 역시 기꺼이 응하겠다고 약속했지만, 결국 오지 않았다.

당시에는 그가 좀 미운 마음마저 들었다.

9월이 되어 우리는 마드리드로 돌아오자마자 그란비아Gran Vía 옆에 있는 일식집에서 만났다. 날생선으로 그를 부추겨 화식火食의 중요성에 관해 이야기해 주길 기대했던 것 같다. 지난여름 인간이 불을 다루게 된 사연과 새로운 식단이 우리 소화 기관에 가져온 변화를 다룬 흥미진진한 책을 읽었기 때문이다. 한마디로 내가 스스로에게 부과했던 숙제를 완수했다는 것을 은근히 자랑하고 싶었다. 그러나 아르수아가는 대학으로 돌아오자마자 마주한 교육계의 관료적 타성에 힘들어하고 있었고, 그래서인지 순진한 척하는 네안데르탈인이 파 놓은 함정에도 빠지지 않았다. 게다가 예순다섯 살인 그는 아들의 결혼을 코앞에 두고 있었다. 그에게 원숙한 사람은 언제나 전화도 두 번씩 해야 하는 법이라고 이야기하자, 그는 자기를 늙은이 취급하냐고 물었다.

"절대로 아니에요. 좀 마르긴 했지만요." 얼른 손사래를 쳤다.

"그래요? 최근에 달리기를 시작했거든요."

그는 디지털 방식이 살아남을 거라고는 절대로 믿지 않는 탓에, 아들 결혼식을 촬영하려고 스페인 최고의 벼룩시장인 엘 라스트로El Rastro까지 가서 아날로그 방식의 필름도 샀다.

"최근에서야 아날로그적인 것이 정말 섹시하다는 것을 깨달았어요. 슈퍼-8밀리미터 카메라도, 영화도 정말 섹시해요."

"맞아요." 나도 동감이었다.

주요리가 나오자 고생물학자는 손님들로 꽉 찬 식당을 둘러보며 미소를 지었는데, 빈정거리는 것인지 알쏭달쏭하다는 것인지 알 수 없는 표정이었다.

"왜요?"

"여기에 사람이 얼마나 많은지 생각해 봤어요? 그런데도 정말 조용하다는 생각도요?"

"그렇게 예민하게 생각할 필요가 있을까요?"

"제가 말하고 싶은 내용은 우리가 잘 길들여진 종種이라는 사실이에요."

"그럼 우리 주인은 누구예요?"

"먼저 길들인다는 의미가 무엇인지 그 기호에 주목해야 해요. 길들인 개나, 소, 양에서 어떤 속성을 먼저 찾아볼 수 있을까요?"

"뭔가요?"

"먼저 붙임성을 볼 거예요. 모두 군집 생활을 해요. 이는 우리가 동물들을 집단생활이 가능하도록 만들 수 있다는 의미이지요. 그리고 이를 위해 가축화한, 다시 말해 길들인 거고요. 따로따로 사는 동물들에 대해선 별 흥미가 없어요."

"고양이 농장은 없잖아요?"

"물론 없죠."

"하지만 고양이도 가축화된 것 아닌가요?"

"그렇게 말하기는 힘들어요. 우리 인간을 한번 생각해 봐요. 한때 야생에서 살았던 조상이 있었는데, 우리도 우리 스스로를 길들였잖아요. 만약 길들이지 않았다면, 여기 이렇게 살아 숨 쉬는 이 평화가 가능했을까요? 그란비아에 나가면 다투지 않고 평화롭게 지내는 사람들이 넘쳐나는 것을 볼 수 있을 겁니다. 관용의 정신으로 무리 지어 살아갈 수 있는 대단한 능력이 있어요. 혈연관계가 없는, 전혀 모르는 다른 사람들과도 집단을 이룰 수도 있고요. 그런데 늑대들은 서로 무리가 다르면 절대로 한 방에 집어넣을 수 없어요. 서로 물어뜯고 싸우거든요. '군집 생활을 하는 것'과 '사회적인 것'의 차이를 지금 당장 이야기하진 않을 거예요. 좀 좁혀 볼까요? 인간 길들이기는 사회적 성격을 가진 종에서 비롯되었어요."

217

"비사회적인 종을 사회적인 종으로 만들 수는 없나요?"

"절대로 안 되죠."

"길들여진 종의 특성은 무엇인가요?"

"온순하고 순종할 줄 안다는 것이죠. 공격성도 없고요."

"그럼 이런 특성을 어떻게 얻은 거죠?"

"어린아이처럼 만들면 돼요. 얼마 전에 말씀드렸듯이 개는 절대로 어른이 될 수 없어요. 언제나 어린아이인 셈이죠. 만약 개가 어른이 되려고 하면 절대 개와 함께 살 수 없어요. 주인 자리를 놓고 인간과 다툴 겁니다."

"그렇지만 어떤 개들은 진짜 어른이 되려고 하잖아요?"

"그럼 벌을 받지요. 만약 계속 고집을 피우면 제물이 될 수밖에 없어요. 바로 이것이 우리가 늑대를 반려동물로 만든 방법이에요. 가장 온순한 녀석들만 골라 번식을 시키는 것이죠. 가축화의 가장 중요한 요소가 무엇이었는지 기억하세요?"

"번식을 통제하는 것이요."

"그게 가장 본질적인 거예요. 번식 여부를 선생님이 결정할 수 있을 때 길들일 수 있어요. 그런데 여기에서 어떤 기준으로 결정할까요? 가축화된 동물은 인간에게 유용해야 합니다. 그게 바로 기준입니다. 우유나 양모를 제공하든지, 함께 잘 지내든지, 마차를 끌거나 집을 잘 지키든지 말이에요. 선생님이 점찍은 동물만 번식할 수 있다고 생각하면, 가축화된 종에게 실용적인 기능이 있어야 하는 점은 분명한 사실이죠. 여기에 공통적인 특징이 하나 더 더해집니다. 바로 순종할 줄 알아야 한다는 거예요. 예를 들어, 코끼리는 힘이 굉장히 세기 때문에 고분고분해야 해요. 그래야만 함께 무리를 지어 살 수 있습니다."

아르수아가는 이야기하면서 젓가락으로 초밥을 완전히 망가트렸다. 그는 초밥을 좋아하진 않았지만, 불평하지는 않았다. 대신 아무 말 없이 초밥을 산산조각을 냈다. 나는 그가 온순하다는 생각이 들었다.

"당신은 '어린아이처럼 만든다.'고 말했는데, 이게 인간에게도 적용될 수 있나요?" 나는 훈제 장어말이를 입에 넣기 전에 물어보았다. "우린 절대로 어른이 될 수 없는 건가요?"

"사실 우리 인간은 평생 게임을 하고 살아요. 그래서 우리는 절대로 어른이 되지 못해요. 예를 들어 볼까요? 축구가 불러일으키는 열정을 한 번 보세요."

"나는 축구를 별로 좋아하지 않아요."

"선생님이 좋아하는 것은 뭐든 다 똑같아요. 우리는 무엇인가에 길들여진 종이에요."

"우리 인간이 어른이 되려면 어떤 요소를 갖춰야 하죠?"

"개가 어른이 된다는 것에서 가장 중요한 요소는 늑대가 되는 거죠."

"좋아요. 그럼 인간에게는 뭐죠?"

"네안데르탈인이 되는 거죠. 네안데르탈인으로 변신해야 해요." 그의 말에 두 사람 사이엔 찜찜한 침묵이 흘렀다.

"네안데르탈인이 되는 거라고." 나는 혼잣말을 했다. '그럼 나잖아. 나는 길들여진 인간들 사이에 존재하는 길들여지지 않은 존재인 셈이네? 이게 맞나? 그러면 아르수아가도 은밀하게 숨어 사는 네안데르탈인인 셈인가? 사피엔스의 규범에 적응해 살아가는 척하는 네안데르탈인 말이야.'

고생물학자는 자신의 단정적인 발언으로 인한 혼란을 눈치 챘는지 한마디 더 부연했다.

"곧 알게 될 거예요. 우리 인간을 이해하기 위해 할 말을 한 것뿐이니까요."

"어른의 위치에 도달하려면 이미 멸종된 네안데르탈 종이 되어야 한다는 겁니까?"

"어느 정도는요. 우리는 길들여진 네안데르탈인인 셈이거든요."

"그럼 네안데르탈인은 길들여지지 않은 종이었나요?"

"아뇨. 네안데르탈인도 어느 정도는 길들여졌어요. 그게 바로 우리예요. 선생님과 저도 여기에 속해요. 그러나 조금만 참고 기다려 보세요. 곧 결론에 도착할 거예요. 지금 상태로는 우리는 모든 면에서 어린아이인 셈이에요. 신체적으로도 유아 단계를 벗어나지 못해서 뇌도 상당히 작은 편이죠. 오랜 진화를 겪으며 여기까지 왔지요."

"뇌가 작아졌다는 것은 능력을 잃었다는 의미인가요?"

"가축들처럼 작아진 것이죠. 소는 들소들보다 뇌가 작아요. 개 역시 늑대보다 뇌가 작고요."

"그럼 우리는 누구보다 뇌가 작죠?"

"크로마뇽인보다 작아요. 알타미라 동굴 벽화를 남긴 원시인이요. 2만 년 전에 살았던 인류지요."

"하지만 인식 능력 차원에서 본다면 우리가 훨씬 우월할 텐데요."

"나는 그렇게 생각하지 않아요. 그들이 알타미라에 그려 놓은 들소들을 한번 잘 보세요."

"우리가 인간이 된 까닭은 뇌의 크기가 커졌기 때문이 아닌가요? 안 그래요?"

"맞아요."

"그럼 훗날 뇌의 크기가 줄어들었다면 비인간화되어야 하는 것 아닌가요?"

"오히려 반대로 현생 인류를 낳았어요. 선생님은 인간이 된다는 것을 온순하고 고분고분하게 말을 잘 듣는 것으로 이해하고 있어요. 공격적인 모습을 가진 원시인은, 선생님이 보기엔 인간이면 마땅히 가져야 할 그런 모습이 아니라는 거죠. 예수님의 말씀을 한번 생각해 보시죠. '너희가 진정으로 온유하지 못하면, 그리고 너희가 돌이켜 어린아이들과 같이 되지 아니하면 결단코 천국에 들어가지 못하리라.'[40]라고 했어요. 글자 그대로 우리가 했던 이야기죠."

"그러나 우리는 천국에 들지 않았어요." 나는 반박하고 나섰다.

"여기가 천국 아닌가요?" 건물 전체를 가리키는 듯한 손짓을 했다.

"그렇군요." 나는 동의했다. "정말 맛있는 초밥을 내오는 좋은 일식집에 있는 데다가, 우리 주변에 있는 사람들도 우리를 공격하지 않을 뿐만 아니라, 우리 먹을 것을 뺏을 생각도 하지 않으니 그럴 수도 있지요. 이렇게 정담을 나눌 수도 있고요…. 여기가 천국일지도 모르겠네요."

"이 밖에 더 무엇을 가질 수 있겠어요?" 아르수아가는 묘한 웃음을 지었다. "천사들의 합창을 듣고 싶은 것은 아니죠? 아

---

40 성경에 따르면 예수는 이렇게 말했다. "나는 분명히 말한다. 너희가 생각을 바꾸어 어린이와 같이 되지 않으면 결코 하늘나라에 들어가지 못할 것이다. 그리고 하늘나라에서 가장 위대한 사람은 자신을 낮추어 이 어린이와 같이 되는 사람이다." 《공동 번역 성서 개정판》(2017) 마태오 제18장 3~4절. 아르수아가의 말과 달리 '너희가 진정으로 온유하지 못하면'이라는 말은 없다.

루시의 발자국

니면 직접 천사들의 합창단에 들고 싶은가요?"

"나는 이게 더 좋아요." 껍질이 부드러우면서도 바삭한 게를 가리켰다.

"여기 있는 것 중에서는 최고네요." 상당히 공격적인 성향의 고생물학자도 고개를 끄덕였다. "이제 정점에 도달한 것 같네요."

"그러니까 뇌의 재생산 덕분에 우리가 아이와 같은 사람이 되었다는 거죠?"

"콘라트 로렌츠Konrad Lorenz[41]의 말에 따르면, 인간은 평생 호기심과 게임 능력을 유지한다고 했어요. 축구를 예로 드는 것이 별로 마음에 들지 않는다면, 텔레비전 프로그램을 한번 생각해 보세요. 정말 끔찍하다 싶을 정도로 유치하죠. 시청자 대부분은 어른인데도 말이에요. 로렌츠는 어른 사자는 진지한 사람과 같아서, 절대로 바보 같은 짓을 참아 주지 않는다고 했어요. 어른 고릴라도 이 세상 무엇보다 더 진지하고요. 예전에 르완다에 머물렀던 적이 있는데, 그때 나이 먹은 고릴라를 봤어요. 놀지도 않았고, 뭘 봐도 웃지 않았어요. 어른 고릴라보다

---

41 오스트리아의 동물행동학자로서 동물행동학 및 비교행동학 분야의 창시자로 꼽힌다. 로렌츠는 자연 속에서 살아가는 동물을 직접 찾아가서 연구하고, 집에 야생 동물을 키우기도 하면서 동물 행동에서 본능이 중요한 역할을 한다는 사실을 밝혔다.

더 진지한 동물은 본 적이 없어요."

"길들이는 것이 불가능한가요?"

"당연하죠. 유형성숙幼形成熟이란 말 들어봤나요?"

"아니요. 처음 듣는데요."

"성인이 된 유기체가 젊었을 적 모습을 유지하는 능력이죠. 'Forever young'이라고 할까요? 이 노래 누가 불렀었죠?"

"밥 딜런 아닌가요? 뇌가 작아지는 것과 길들이는 것은 각각 어떤 결과를 낳나요?"

"예민한 감각을 잃게 되지요. 늑대는 수캐들보다 더 냄새도 잘 맡고 청각도 발달했죠. 늑대와 같은 야생종을 길들이면 특이한 성격이 나타나기 시작해요. 다양한 변종이 만들어지지요. 귀가 처지고, 얼룩점이 생겨요. 반대로 가축화되었던 동물이 야성을 되찾으면 원래 모습으로 되돌아갑니다. 야생화된 개에게 충분한 시간을 주면, 늑대 상태로 되돌아가지요. 가장 공격적인 성향이 있는 새끼를 고르는 것이 바로 선택이거든요. 이런 조건에선 가장 강한 놈만 살아남아요. 그러므로 우리도 만약 야생으로 돌아간다면….'

"다시 네안데르탈인으로 돌아가겠네요." 그가 마무리 짓지 못한 말을 대신했다.

"그럼 이런 일이 진짜 있을 수 있는지 한번 볼까요?"

"무엇이 있는데요?"

"우리 인간과 아주 유사한 사례가 있어요. '보노보'라는 아주 예쁜 종을 예로 들 수 있어요. 침팬지와 쌍둥이 종이에요. 이들은 콩고 강을 사이에 두고 서로 갈렸는데요. 침팬지는 아주 공격적인 성향과 수컷 위주의 직선적인 위계질서를 가지고 있어요. 수컷들이 암컷을 지배해요. 어느 정도냐면, 서열상 제일 마지막인 수컷이 제일 서열이 높은 암컷보다 더 우위에 있어요. 굉장히 공격적이고 난폭해요. 영역을 중시하고요. 그런데 보노보들은 수컷이 아니라 암컷이 지배하죠. 모든 문제를 섹스를 통해 해결해요. 침팬지 세계의 히피 버전이라고나 할까요."

"어떻게 그런 사회를 만들었죠?"

"간단해요. 보노보 사이에선 암컷이 결속을 주도해요. 가장 약한 보노보 수컷도 가장 강한 암컷보다는 힘이 세죠. 그러나 가장 힘이 센 수컷도 암컷들의 연합에는 당해 낼 수가 없죠. 이해하겠어요?"

"네."

"하지만 선택을 주도하는 주체가 있어야 해요. 수컷 보노보는 강하긴 하지만 선택되었기 때문에 분쟁을 일으키지 않지요. 그럼 누가 이런 선택을 할까요?"

"암컷인가요?"

"공격성을 가진 수컷들을 오랜 시간 동안 외면해 온 암컷들이죠."

"어떻게요?"

"죽여버린 거죠. 그들이 번식할 기회를 막았어요. 집단에서 쫓아내기도 했고요. 결과는 똑같지만요. 로렌츠가 이야기했듯이 혼자가 된 침팬지는 더 이상 침팬지가 아니에요. 함께 사회를 일구든지 아니면 침팬지이길 포기하든지, 둘 중 하나여야 하죠. 마찬가지로 사회생활을 하지 못하고 고립된 인간 역시 더 이상 인간이 아니에요. 인간은 사회 안에서만 존재할 수 있어요."

"파코 이바네스Paco Ibáñez가 노래했던 호세 아구스틴 고이티솔로José Agustín Goytisolo의 시[42] 기억하세요? '혼자인 남자, 그리고 여자, 이런 식으로 한 사람씩 따로 간다면, 먼지와 같죠. 아무것도 아닌 겁니다. 아무것도.'"

"정확한 표현이에요. 그렇게 써도 돼요."

"고마워요."

"내 아들 결혼식 축사를 준비하고 있어요. 동성애자들의 결혼식이긴 한데, 내가 이런 의식을 진행하는 데는 달인급이라…. 사랑 문제를 읽어내는 데 도움도 됐고요. 이번 결혼이 우

---

[42] 고이티솔로의 시 '훌리아를 위한 한마디palabras para Julia'를 노랫말로 파코 이바네스가 작곡한 노래.

리가 한 차원 더 성장하는 데 도움을 주었어요. 우리 부모들이 가진 생각의 지평을 넓혀 주기도 했고, 관용이 뭔가도 알려 줬어요. 아무튼 우리도 한 차원 더 성장할 수 있었고, 좀 더 넓은 구멍으로 세상을 볼 수 있게 되었죠. 28일에 결혼을 하는데 마침 29일이 성 미카엘의 예쁜 여름날이자, 세 천사의 날이기도 해요."

"마르멜루[43]가 익어가는 예쁜 여름이군요."

"이때쯤이면 마르멜루가 익어 가기 때문에 그런 이름을 붙였지요. 로마인들에겐 비너스에 해당하는 여신인 아프로디테에게 바친 과일의 계절이에요. 결혼한 사람은 신방에 들기 전에 아프로디테 신전에 가서 마르멜루를 바쳤어요. 마르멜루는 사랑과 다산을 보장하는 그런 과일이었거든요. 축사 주제로 사용할 만한 것이 있는지 잘 봐 주세요. 정말 놀랄 만한 것을 읽었는데요. 부모와 자식 간의 관계에서 자식이 부모를 좀 더 바람직하게 만들기 위해 어떻게 바꿔 나가는지 이야기한 것이었어요. 부모는 자녀들을 교육하기도 하지만, 자녀들에게 교육을 받기도 해요. 누가 말했는지는 잘 기억이 나지 않지만, 사실 '자식이 부모를 낳는 셈이다.'라는 말도 있잖아요."

"자식들이 우리를 낳는다고요?"

---

43 장미과의 과일나무. 잼이나 마멀레이드를 만드는 데 쓴다.

"네, 바로 그거예요. 이름은 잘 기억이 나지 않는데, 현대 영국 시인이 했던 말을 본 적이 있어요. 사람들이 '당신을 영원히 사랑할 거야.'라는 말을 한다는 것이지요. 그런데 시인은 너무 쉽게 이런 식으로 사랑한다고 이야기한다고 했죠. 다음 주 화요일 오후 4시 30분에 당신을 사랑할 것이라고 약속한다면, 이에 대해선 어떻게 생각하세요?"

"그것은 좀 난해한데요." 나도 공감한다는 표정을 지었다.

"물론 난해하죠. 이 모든 게 무엇 때문에 생길까요?"

"우리가 네안데르탈인을 길들인 종이기 때문이겠지요."

"그래요. 보노보죠. 강 때문에 쌍둥이 격인 침팬지와 분리된 보노보는 완전히 다른 생물학적 특성이 있어요. 문화가 아니라 사회생물학이요."

"정확하겐 무얼 이야기하는 거예요?"

"그들의 유전자, 다시 말해 유전자의 프로그래밍에 달려 있어요. 보노보는 위협을 받거나, 지배를 받거나, 억압을 받지는 않아요. 모든 특성이 차분하면서도 잘 참는 본성에서 나오는 거예요. 왜냐하면 차분하면서도 잘 참는 개체가 선택을 받았거든요. 누가 선택했을까요? 바로 암컷들이죠. 널리 알려진 영장류 동물학자인 리처드 랭엄Richard Wrangham[44]은 우리가 네안

44　하버드대학교 인간진화생물학과 교수. 옥스퍼드대학교에서 동물학

데르탈인의 보노보에 해당한다고 했어요."

"그렇다면 우리도 곧 길들여지겠네요. 그런데 꼰대 같은 놈이 나오는 건⋯." 나는 문득 최근 도널드 트럼프가 했던 이야기가 떠올라 이걸 지적했다.

"한 가지 예외가 다른 모든 것을 지울 수는 없죠. 정리해 볼까요? 우리에겐 길들여진 종의 어린아이와 같은 특성이 여러 가지 있어요. 툭 튀어나온 이마는 있는데, 반대로 주걱턱은 별로 없죠. 우리는 유형성숙의 대표적인 사례예요. 인형인 셈이지요. 네안데르탈인에겐 사피엔스가 인형처럼 보였을 거예요. 이건 내가 편집한 비에른 쿠르텐Björn Kurtén의 소설《호랑이의 춤La danza del tigre》에도 잘 나타나 있어요. 선생님에게도 추천할게요."

"벌써 읽었어요. 그렇지만 나는 언제나 기둥서방 같은 놈이 사피엔스라고 생각했어요. 네안데르탈인은 사랑 때문에 사피엔스와 섹스를 하지만, 사피엔스는 이해관계 땜에 섹스를 한다고 믿었거든요."

"그렇게 생각하면 안 돼요. 오히려 네안데르탈인이 공격적

을 전공하고, 아프리카 탄자니아 곰베 국립공원에서 침팬지의 행동학을 연구하여 1975년 케임브리지대학교에서 동물학 박사 학위를 받았다.

인 성격을 가진 기둥서방이었어요. 그들에게 우리는 어린아이 같은 존재예요. 유형성숙이란 선생님이 우리 선조들이 지녔던 유아적인 특성을 잃지 않고 그들을 닮는 데 있어요. 사피엔스는 네안데르탈인의 자식을 닮았어요."

"그렇다면 사피엔스는 트로이의 목마처럼 행동한 건가요? 순진한 모습으로 네안데르탈인의 집에 들어갔는데, 결국 살아남은 것은 누구죠?"

"선생님이 원하는 대로 생각해도 상관없어요. 질문해야 할 문제는 누가 길들여지는 것에 책임을 질 것인가죠."

"보노보의 경우에는 누구인지 잘 알고 있어요. 암컷이 책임을 지죠."

"그럼 지금부터는 누가 인간을 선택했는지 밝혀야겠죠."

"그것은 누가 우리 인간의 주인인지에 대한 답을 하는 것과 똑같은 것이겠네요."

"아뇨! 그건 다른 문제예요."

"내가 결론을 내리면 언제나 틀렸다고 하네요." 나는 좀 툴툴거렸다.

"선생님은 언제나 모든 것을 너무 지나치게 글자 그대로 받아들여서 그래요. 너무 긴장하셨어요. 긴장 좀 푸세요."

"가끔은 나도 스스로 결론을 도출해 보고 싶어요. 길들이기는 기본적으로 번식의 통제에 있다고 했어요. 맞지 않나요?"

"맞아요." 그는 완전히 해체된 초밥 덩어리를 젓가락으로 휘저으며 고개를 끄덕였다.

"그럼 인간 번식을 누가 통제하죠?"

"선생님은 누구라고 생각하세요?"

"시장이요. 그러니까 시장이 우리 주인인 셈이죠." 나는 간단히 결론을 지으려 들었다.

"아니에요." 고생물학자는 젓가락으로 나를 가리키며 고개를 저었다.

"그럼 왜 젊은이들이 아이를 가질 수 없죠? 낮은 임금과 불안정한 직업, 주거비 때문이 아닌가요?"

"나는 그렇게 딱 잘라 말할 수는 없을 것 같아요."

"물론 이건 내 생각이니까요."

"스웨덴의 경우엔 그런 문제가 없는데도 아이를 안 낳아요."

"보편적으로 자본주의는 아이를 낳는 데 부정적인 역할을 하죠."

"그것보다는 더 복잡한 문제라고 봐요." 아르수아가는 곰곰이 생각하며 중얼거렸다. "선생님 말씀도 물론 맞아요. 그렇지만 완벽한 진실이라곤 할 수 없어요. 내가 보기엔 사람들이 모두 원하는 만큼 아이를 가질 수 있다면, 스페인 평균 출산율은 아마 1.2가 아니라 1.6 정도는 될 거예요."

"좋아요. 그럼 최소한 일자리 부족, 저임금, 주거비 등이 일정 부분은 책임이 있다는 것을 인정하는 거죠? 그럼 나머지는 무엇 때문인가요?"

"간단한 주제는 아닌데…. 의견을 내려면 통계 자료가 필요할 것 같아요. 그리고 정말 많이 고민해야 하고요. 확실한 지식도 없으면서 함부로 의견을 내고 싶진 않아요. 오르테가는 출산율이 한 사회가 얼마나 활발하게 움직이는지 그 정도를 잘 반영하고 있다고 이야기했어요."

"불확실한 미래로 인해 염세적인 생각을 가지고 있다면 절대로 아이를 낳지 않겠죠. 그런데 요즘 청년들은 미래에 대해서 정말 염세적인 생각을 갖고 있기는 해요."

"지금 결혼한 사람이 첫째 아이를 낳으면 80유로 정도를 받을 수 있어요."

"그렇지만 우리 머리에 새겨진 것이 하나 있어요. 바로 우리가 부모 세대보다는 더 형편이 좋아야 한다는 거죠."

"그럴 수도 있죠. 그렇지만 부자들도 아이를 낳지 않아요. 출산을 엄청나게 장려한다고 해서 출산율이 2에 도달할 수 있을 거라고는 생각하지 않아요. 변수가 너무 많아요."

생강 아이스크림과 커피를 마신 다음 우리는 활기 넘치는 거리로 나섰다.

"아직 대답하지 않았어요." 푸에르타 델 솔 쪽으로 발걸음을 옮기며 대답을 재촉했다. "누가 우리 주인인지 말이에요."

"우리는 길들여지지 않았기 때문에 주인이 없어요. 우리는 스스로 길들였거든요. 위험한 점은 누군가가 이런 온순한 성격을 이용하려 한다는 것이죠. 우리가 어린아이처럼 행동하거나 너무 고분고분하면 엉뚱하게 황당한 인간들이 나타날 수도⋯."

"우린 어린아이처럼 되어 버렸어요." 나는 약간은 빈정거리는 투로 이야기했다. "지식을 쌓아 가는 과정에서 페니실린을 발견하고, 비행기를 만들고, 달나라를 여행하고 인터넷을 만든 아이들 말이에요."

"아이라고 달걀을 모르겠어요? 열한 살 정도가 되면 어른과 똑같은 뇌를 가질 수 있어요. 열한 살에 위대한 수학자가 되지 못했다면 앞으로도 절대 되지 못할 거예요. 위대한 체스 선수들의 나이도 점점 어려지고 있어요."

"그러면 길들인다는 것이 인지 능력의 상실을 의미하나요?"

"열한 살짜리 아이도 적분을 할 수 있어요. 우리에게 부족한 것은 사회적인 지혜예요."

사람들로 가득 찬 푸에르타 델 솔에 도착하자, 고생물학자는 걸음을 멈추고 이야기했다.

"보세요! 정말 유순한 사람들이 얼마나 많은지."

나는 광장을 둘러보았다. 그의 말이 사실이라는 것을 알 수 있었다.

"길들이기는 계획된 게 아니에요. 일종의 회로예요. 생물학에서는 모든 것이 피드백이라는 순환 회로에 기초해 작동해요. 진화는 화살처럼 앞으로만 날아가지 않고, 바퀴처럼 돌고 돈다고 생각해야 해요. 바퀴는 도는 동시에 앞으로 나아가요. 우리는 점점 더 유순해지는 것이죠. 점점 순해질수록, 우리는 더 유순하고 더 고분고분한 사람을 선택해 번식할 겁니다. 그리고 더 순하고 고분고분한 사람을 번식할 수 있게 선택할수록, 더 유순하고 고분고분해지는 것이죠. 이런 과정이 끝도 없이 계속되는 거고요."

푸에르타 델 솔 광장을 떠나 에스파르테로스Esparteros 쪽으로 걸음을 옮겼다. 우리는 플라사 마요르Plaza Mayor를 향해 천천히 나아갔다. 금세 외무부 건물 앞에 도착했다.

"선생님을 이리로 모시고 온 이유는 펠리페 4세 때 지어진 이 건물이 저명한 사람들이 갇혀 있던 감옥이었기 때문이에요. 그들 중엔 라파엘 델 리에고 장군Rafael del Riego[45]도 들어 있었어요." 아르수아가는 건물 현관 앞에 걸음을 멈추었다. "여

---

45 19세기 스페인의 군인이자 자유주의 정치인으로 스페인 혁명을 주도했다.

기에서 교수대가 설치되었던 세바다 광장까지 바로 갈 수 있어요. 그곳에서 장군 또한 교수형을 당했지요. 그리고 유명한 도둑이었던 루이스 칸델라스도 여기 갇혀 있었는데, 그 역시 처형을 당했어요. 단 한 사람도 죽이지 않았는데도 말이에요. 이것이 감옥이에요. 그런데 내가 말하고 싶은 것은 뭔지 알겠어요?"

"뭔데요?"

"인간이란 종은 사형이란 제도를 통해 선택을 했어요. 다른 말로 하면 우리 종족은 보노보처럼 여성이 선택하지 않았죠. 왜냐하면 여성들이 결속하지 않았기 때문이에요. 우리의 경우엔 공동체가 나서서 공격적인 성향을 가진 사람을 감옥에 가두거나 사형을 시켜 번식을 막았어요. 죽은 자는 번식할 수 없으니까요. 우리는 친사회적인 성격을 가지지 못한 사람을 수천 년 전부터 사형해 왔어요. 내가 예전에 선생님에게 이야기했던 영장류 동물학자인 랭엄에 따르면, 인간이란 종족 전체가 스스로 길들이기를 실행했던 거예요. 내 이야기는 이제 끝이에요."

"스스로 길들이기란 생각 속엔 여전히 잘 이해되지 않는 부분이 있어요."

"뭔데요?"

"우리의 극단적인 군집 본능이 갈등을 야기할 수도 있다는

235
열하나. 모든 아이들

것이죠. 안 그래요?"

"맞아요."

"그런데 사회는 갈등 때문에 발전하잖아요. 갈등을 일으키는 사람은 어떤 부분에선 위험 요소일 수 있지만, 다른 쪽에서 보면 앞으로 나아가기 위해 절대적으로 필요한 요소일 수 있어요. 예를 들어, 갈릴레오를 한번 생각해 보세요."

"우리 인간들의 사회에서 가장 어려운 문제가 바로 언제나 반대하는 사람이 있다는 점이에요." 아르수아가가 지적하였다.

"그렇지만 반대하는 사람이 없다면 우리는 언제나 똑같은 자리에 머무르게 될 거예요."

"맞아요. 하지만 황당하죠. 갈등을 일으키는 사람은 대가를 치르니까요. 갈릴레오도 대가를 치렀어요. 반대 의견에는 대가가 있어요. 인간의 군집 본능은 굉장히 강해요. 우리는 아이들 사이에서 그것을 잘 확인할 수 있어요. 아이들은 아직은 문화보단 생물에 더 가깝거든요. 모두 똑같은 상표의 운동화를 신고 싶어 해요. 집단에서 따돌림 당하는 것을 어른들보다 더 두려워해요. 어떤 이야기를 하다가 군집까지 왔죠?"

"군집 성격이 강한 사람들을 선택한다는 이야기에서요."

"그렇군요!"

열둘

부자 관계에 대한
믿음

11월 어느 목요일, 잠에서 깨었을 때 나는 들뜬 기분이었는데, 날씨는 반대로 새벽부터 꼬여 있었다. 이른 아침부터 추적추적 잿빛 밀가루 같은 이슬비가 흩뿌렸고, 덕분에 사람과 건물의 윤곽이 모두 희뿌옇게 됐다. 나는 모퉁이에 신문을 가지러 갔다가 쫄딱 젖는 바람에 기분이 바닥으로 떨어졌다. 눈을 부릅뜬 시체를 다른 곳으로 옮기고 있을 것만 같은 자동차들과 눈이 마주쳤다. 나는 동네 우체국에 가서 등기 한 통을 보냈다. 내 일을 처리해 준 여직원은 조금 전까지 울고 있었던 듯 눈꺼풀이 퉁퉁 부어 있었다.

목요일에는 항우울제를 처방해 달라고 할 수 없어서, 나는 금덩어리나 되듯이 소중하게 천에 싸서 협탁에 보관하던 기침약을 한 스푼 먹었다. 약간의 마약 성분이 들어 있었다. 슬픔에 젖은 마드리드도 절대로 나를 고통에 빠트리진 못할 거라고 중얼거렸다. 합법적인 아편은 이럴 때를 위해 존재한다는 생각이 들었다.

고생물학자는 지하철 라 라티나La Latina 역 입구로 나를 불렀다. 그런데 그는 정류장을 지나쳐 늦게 도착했는데, 기침까지 하고 있었다. 아르수아가는 라바피에스Lavapiés를 한 바퀴 돈 다음 인도식 레스토랑에서 점심을 먹자고 제안했다.

"라바피에스는 왜요?"

"다인종 마을이거든요. 선생님에게 인종이 얼마나 다양한

지 보여 주려고요."

그러나 마을을 돌아다니고 있던 유일한 인종은 바로 나이 지긋한 우리 두 사람이 대표하는 백인종뿐이었다. 게다가 그중 한 사람은 비가 주룩주룩 내리지도 않는데, 마치 그런 것처럼 접이식 우산을 활짝 펴서 받쳐 들고 있었다. 그러나 비는 수증기처럼, 좀 더 정확하게는 꽁꽁 언 수증기처럼 우리 주변을 떠돌고 있었다.

"약국을 보면 좀 알려 주세요." 아르수아가가 이야기했다. "토요일엔 아타푸에르카에서 개최되는 국제 크로스컨트리 대회에 참가할 예정이어서 감기가 꼭 나아야 하거든요."

"아타푸에르카에서 국제 크로스컨트리 대회가 열려요?"

"왜요? 이상해요? 유명한 대회인데…. 세계 각지에서 선수들이 와요."

"토요일엔 아마 괜찮을 거예요."

"왜 그렇게 생각해요?"

"뭐, 감기에 불과하잖아요."

우리는 텅 빈 길을 따라 내려가야만 했는데, 그래서인지 이 똑똑한 인간도 좌절감과 분노에 싸였다.

"여긴 보통 때엔 정말 사람들이 붐비는 곳인데." 그가 불평을 늘어놓았다.

점심을 먹기엔 좀 시간이 늦었다는 것을 느낌으로 알 수 있었다. 우리는 인도 식당에 들어갔다. 텅 비어 있던 탓에 좀 어둡고 스산한 분위기였다. 우리는 점원에게 배고파 죽을 지경이니 일단 주방에 있는 아무거나 먼저 가져다 달라고 했다. 식사가 나오자, 고생물학자는 아내 로우르데스의 종아리뼈가 부러졌다는 이야기를 했다.

"나는 감기에 걸리고, 아내는 종아리뼈가 부러져 휠체어를 타고…. 선생님이 생각하기에 어떤 것 같아요?"

"불행은 언제나 혼자 오지 않는다는 말도 있잖아요. 아드님 결혼식은 어땠어요? 사랑에 대한 축사 잘했어요?"

"네, 결혼식은 잘 진행됐어요. 고마워요."

바로 그때, 젊은 일본인 남녀 한 쌍이 들어와 홀 반대쪽에 자리를 잡고 앉았다.

"왜 일본인들의 눈이 가늘고 긴지 아세요?"

"아뇨."

"한번 생각해 보세요."

나도 노력을 해 봤다.

"모르겠어요." 계속 생각해도 마찬가지일 것 같았다.

나는 뱃속에 따뜻한 음식이 들어올 때까지는 무슨 말이든 하고 싶지 않았다.

"선생님도 두 가지 가능성밖엔 없다는 사실에 동의할 거예요. 하나는 생태 차원의 적응이고, 다른 하나는 생태 차원에서 의미나 가치가 없어서 그런 것이지요."

"생명과 관련된 모든 것은 생태 차원의 의미를 지니고 있나요?" 나는 음식으로 가득 찬 커다란 쟁반을 든 점원이 다가오는 것을 보고 갑자기 기운이 났다.

점원은 여러 색깔의 인도식 음식을 우리 식탁에 놓았다. 불에서 막 꺼낸 듯한 전골 요리인 키수엘라cazuela도 가져왔다. 치킨 커리, 고기 만두, 바스마티 쌀밥, 광주리처럼 엮은 이름 모를 야채 튀김 비슷한 요리, 새우 커리, '공주의 손가락'이라는 이름의 요리, 여기에 철판에 구운 얇고 바삭바삭한 빵—아마 '차파티'라는 이름을 가졌던 것 같다—이 곁들여 나왔다. 그렇게 심하게 맵진 않지만 약간 매우면서 붉은색을 띤 소스를 찍어 먹을 것인지 결정해야만 했다.

거품이 인 인디언 페일 맥주를 한 모금 마시자 좀 살 것 같았고, 두 모금째 마시자 황홀해졌다. 조금만 신경을 써도 홉이 주는 독특한 향을 느낄 수 있었다. 모두 최고였다. 행복이 이런 게 아닐까 하는 생각이 들었다. 나는 고생물학자에게 이렇게 이야기했다.

"시장이 반찬이네요. 안 그래요?"

"정말 좋은데요. 그런데 너무 엇나가진 마세요. 일본인들의 가늘고 긴 눈은 생태적인 의미가 있을까요? 없을까요? 아니면 환경에 적응한 결과일까요?"

"이미 살아있는 모든 것은 생태적인 의미가 있다고 말씀드렸는데요."

"그렇다면 저렇게 눈이 가늘고 긴 이유가 뭔지 한번 설명해보세요."

커리를 먹고 살아난 듯한 아르수아가는 장난기 어린 표정으로 나를 바라보았다. 속으로 '한 방 먹었지?' 하는 표정이었다.

"벌써 감기가 떨어진 것 같네요."

"그렇게 심한 것은 아닌 것 같아요." 그는 조금 의외라는 듯한 표정을 지었다.

"나를 괴롭혀서 그래요. 나를 괴롭힌 덕분에 나았나 봐요. 오늘 아침 나도 코데인이 든 시럽을 한 스푼 먹었어요. 그 코데인 때문인지 좀 예민해져서, 나를 괴롭히려는 사람은 2킬로미터 떨어진 곳에 있어도 알 수 있어요."

"제가 눈엣가시처럼 느껴질지는 모르겠지만, 이건 잊어버리진 마세요. 가늘고 긴 눈은 왜 필요한 거죠? 용도가 뭘까요?"

"흑인이 왜 흑인이 되었는지 잘 알고 있잖아요."

"피부색은 환경 적응으로 설명할 수 있는 몇 안 되는 변별점 중 하나이긴 하죠. 멜라닌은 태양의 자외선으로부터 몸을 보호하죠. 잠시 인간에 대해선 한쪽으로 밀어 두기로 해요. 공작의 꼬리는 어떤 용도일까요? 여기에 대해선 한번 이야기했었는데."

"암컷의 사랑을 구하는 데 필요하죠. 이 만두 반쪽 좀 드세요. 환상적인 맛이에요."

"맞아요. 공작의 꼬리는 환경에 적응한 결과가 아니에요. 오히려 생태 차원에서 본다면 재앙에 가까운 거예요. 굉장히 걸리적거리거든요."

"그래도 꼬리 덕분에 관계도 맺잖아요."

"바로 그 점이 제가 도출하고자 했던 결론이에요. 우리는 동물에서 적응이나 생태적 차원에서 의미가 있는 특성을, 다시 말해 생존과 관계가 있는 특성을 찾아내기도 하고, 번식과 관계가 있는 또 다른 특성을 찾아내기도 해요."

"그렇다면 가끔은 이런 특성들이 서로 갈등을 일으킬 수도 있겠네요."

"가끔은 그렇지요."

"그 문제를 어떻게 해결하죠?"

"생물의 세계에선 적당히 화해하거나, 타협하는 일이 많죠."

"임시적인 성격이 강하네요."

"아니에요. 미봉의 의미보다는 타협이에요. 타협을 통해 해결하는 거죠."

"이제 알겠어요. 그러면 자연 선택으로 설명할 수 있는 특성도 있고, 따로 성적 선택으로 설명할 수 있는 특성도 있는 것이군요."

"곧 알게 될 거예요."

"일본인들의 가늘고 긴 눈도 성적인 선택의 결과인 거네요."

"사실 여기에서는 그 어떤 적응의 의미도 발견할 수 없어요."

"새우 커리를 추가할까요?"

"나는 이미 배불러요. 선생님이 더 드시고 싶으면 얼마든지 시키세요. 내 이야기를 끊지 마세요. 자꾸 그러면 이야기를 이어 갈 수 없으니까요."

나는 꾹 참으며 고생물학자의 말에 귀를 기울이는 듯한 표정을 지었다.

"우리 모두 똑같은 곳에 출발했어요. 아프리카에서 온 거죠. 그곳에서 출발하면서 중국인, 인도인, 오스트레일리아인, 유럽인 등을 가르는 분산이 일어났어요. 여기까진 알겠죠?"

"잘 따라가고 있어요. 스페인어, 영어, 폴란드어 등에 서로 다른 모습을 안겨 준 인도유럽어에서 일어났던 현상과도 비교할 수 있을 것 같은데요. 깊숙한 곳에 내재된 구조는 똑같을 것 같아요."[46]

---

46 언어의 진화 양상과 생물학적 형질(유전자)의 진화 양상이 비슷하다는 것을 의미한다. 물론 언어의 진화 속도는 유전자의 진화 속도보다

"맞아요. 그렇게 비교할 수 있어요."

"바벨에 거주했던 주민들 이야기도 생각나네요. 하느님께서 언어를 갈라놓기 전엔 단 하나의 언어를 사용했죠. 하지만 하늘까지 닿는 탑을 건설하려고 했던 죄로 하느님이 언어를 갈라놓은 이후, 각자 다른 그룹으로 나뉘어 여러 곳으로 퍼져나갔고, 결국 다른 문화를 만들게 되었죠."

"맞아요." 아르수아가도 넉넉한 표정으로 동의했다. "제가 앞에서 말했듯이 서로 갈라진 각 계통마다 이 지구상에 살아가는 각 민족을 변별하는 자기만의 특성을 선택해 나갔어요. 그래서 아주 깊숙한 곳에 내재된 구조 차원에서 보면 우리 모두 동일하지만, 표면적으로는 서로 다른 이유예요."

"그런데 많이 달라졌나요?"

"선생님께서는 스페인 쿠엔카의 영주와 일본인을 구별하시겠죠."

"물론이지요."

"우리에게 음식을 가져다 준 사람은 인도인이에요. 그렇죠?"

"네."

"선생님과 저는 머나먼 옛날에 살았던 거무스름한 피부를

_____

대체로 더 빠르다. (감수자 주)

가졌던 사람의 후손이에요. 다른 사람들도 비슷했어요. 우리를 낳은 문화 집단에선 밝은 색이 아닌 다른 색 피부를 가진 사람들에게 무슨 일이 일어났던 것일까요? 그들은 우리가 사는 이 시대까지 내려오지 못했는데, 그 이유가 무엇일까요? 왜 밝은 색 피부를 가진 사람들이 선택되었을까요?"

"가끔은 네기 당신에게 바보처럼 보이나 봐요. 이것이 그렇게 이해하기 쉬운 문제라고는 생각하지 마세요." 나는 빵을 소스에 적시며 이야기했다.

"이해하기 쉽지 않아서 천천히 설명하는 거예요. 이 소스는 선생님에게 잘 맞을 것 같지 않군요. 너무 맛이 강해요."

"나는 맛이 좀 강한 소스를 좋아해요."

"정확한지는 잘 모르겠지만 '이 세상의 모든 민족Los Pueblos de la Tierra'이라는 제목의 보드게임이 있어요. 여기엔 에스키모족, 유대인, 집시 등이 등장하지요."

"알아요. 나도 한 벌 가지고 있어요."

"멋진 가죽옷을 입고 이글루 옆에 서 있는 에스키모족 생각나세요?"

"그럼요!"

"잘됐네요. 이 경우에 그 가죽옷은 추위로부터 몸을 보호하기 위한 적응이란 부분과 관련이 있어요. 이건 기능적인 차원이라고 하죠. 그렇지만 기호와 관계된 측면도 있어요."

"다윈이 한 말인가요?"

"이건 제가 한 말이에요. 제가 여기에 덧붙인 점은 옷에 일어났던 일을 수많은 종족의 신체적인 특징에도 적용할 수 있다는 거죠."

"우리가 옛날에 인종race이라고 불렀던 것에 말인가요?"

"인종은 수의학적인 개념입니다. '종족ethnicities'이나 '모든 민족peoples of the world'이라고 해야 맞아요."

"알았어요."

"우리에게 음식을 내온 인도 사람의 특징이 왜 우리나 저기 있는 일본 사람들과는 다를까요?"

"이유가 뭐죠?"

"인도인들은 그런 특징을 선호해서 그래요. 성적인 선택을 통해 그런 특징을 단단하게 고정시킨 거죠."

"그렇다면 저렇게 가늘고 긴 눈도 미학적인 차원의 선택인가요?"

"그럴 수 있어요. 눈의 생김새는 적응의 의미가 매우 약하거든요. 뇌조는 왜 그런 깃털을 가진 걸까요? 그건 암컷 뇌조들이 그런 깃털을 좋아해서 그래요. 이 세상 모든 민족은 자신들이 가장 잘 생겼다고 믿고 있어요. 번식을 위해선 짝을 찾아야 하는데, 짝을 찾기 위해선 아름다워야 하는 거예요."

"아니면 언변이라도 있던가요."

("당신처럼요." 하마터면 이 말도 덧붙일 뻔했다.)

"그건 또 다른 이야기이죠. 이것에만 집중하기로 하죠. 굉장히 중요하니까요. 남성을 여성과 구별하는 이차 성징은 배우자의 선택과 연결해서 봐야 해요. 기나긴 진화 과정을 통해서 선택된 것들이죠. 적응의 의미나 가치는 별로 없어요. 이를 이해하는 것이 정말 중요하기 때문에 계속 반복적으로 선생님에게 말씀드리는 거예요. 여성의 가슴은 자연에선 별로 가치가 없어요."

"아니에요. 수유하려면 필요하잖아요?"

"침팬지들도 수유를 해요. 하지만 가슴이 관심을 끌진 못해요. 모든 포유류도 가슴이 있고요."

"그렇다면 여기에선 봉긋한 가슴을 말하는 거군요?"

"그리고 엉덩이도요. 다른 무엇보다도 봉긋한 가슴과 엉덩이를 주목해야 해요."

"알겠어요. 프라도 박물관을 방문했을 때 봤어요."

"이런 이차 성징은 남성과 여성을 구별하는 데 필요하기도 하고, 거의 예외 없이 배우자의 선택과 연결됩니다. 번식할 때가 되면 반드시 선택을 받아야 하거든요. 모든 면에서 남성과 여성을 구별할 수 있기 때문에 이건 엄청난 힘을 가지고 있어요. 아무리 베일로 가려도 눈에 드러나거든요. 그런데 발을 보고도 남성과 여성을 구별할 수 있을까요?"

"나는 발에 대한 페티시즘을 가지고 있진 않아요."

"그래도 가능할 거예요. 여기 남성의 발과 여성의 발을 각각 올려놓을 테니까 한번 구별해 볼래요?"

"할 수 있을 것 같기도 해요."

"그런 성적인 선택의 힘은 정말 엄청난 힘을 가졌어요. 그래서 정말 중요한 문제예요. 정말요. 이건 잘 적어 두세요. 성적인 선택이요. 바로 이것 때문에 중국인도, 인도인도, 일본인도, 오스트레일리아인도 존재하는 거예요."

"커피 주문할까요?"

"나가서 좀 걷고 싶은데요. 약국도 찾아봐야 하고요."

"거의 다 나은 것 같은데요."

"그럴지도 모르죠. 하지만 토요일 경기는 정말 중요하거든요. 여기에 참가하려고 몇 달이나 훈련했어요."

거리는 여전히 흐릿한 분위기였다. 고생물학자는 이차 성징은 제쳐 두고 이번에는 일차 성징에 집중했다.

"일차 성징은 번식과 직접적으로 관련된 거예요. 남성의 음경과 음낭이, 여성의 음부가 여기 해당하지요. 그래서 외적인 것이라고 부르는 거예요."

"이젠 알겠어요."

"남성은 음경을 가지고 있고 여성에게는 질이 있다고 우기는 사람도 있어요. 질이 마치 음경과 동등한 의미를 가진 것처럼 말이에요. 하지만 질은 내부 기관이에요. 왜 음경을 질과 연결하는지 잘 모르겠어요. 음경에 해당하는 부위는 오히려 클리토리스라고 할 수 있어요. 음경과 마찬가지로 해면체이면서 발기해요. 클리토리스 안쪽엔 피가 돌기 때문에 성적인 자극이 주어지면 크기가 커져요. 잘 알고 있죠?"

"네. 남성은 음경과 음낭을, 여성은 음부를 가지고 있다고 적었어요."

"작대기든 조개든 원하는 대로 쓰세요. 아무튼 외부로 드러난 일차 성징이에요."

고생물학자는 멀리 반대쪽 인도에서 밝게 빛나는 건물을 바라보았다. 약국처럼 보였는데, 가까이 갔더니 엉뚱하게 성인용품 가게였다.

"정말 우연치곤 황당하네요. 성기 이야기를 했더니…."

"이것이야말로 분석심리학에서 말하는 동시 발생synchronicity이네요. 무엇을 이야기하면 바로 당신 코앞에 나타나는…."

"들어가 보시죠." 그는 약국은 까맣게 잊고 엉뚱한 제안을 했다. "이론과 실제를 연결해 봐야죠."

나는 진열장 뒤에 젊은 여자가 있는 것을 보고 망설였다. 고생물학자는 창피하단 생각에 주저하고 있는 나를 밀고 들어갔다.

열둘. 부자 관계에 대한 믿음

"알았어요. 점원에겐 우리 두 사람 모두 인류학자라고 합시다."

"왜요?"

"섹스 기구나 기웃거리는 두 늙은이를 좋게 볼 것 같지 않아서요."

고생물학자는 유감스럽다는 표정을 지으며 유리문을 열고 들어갔다.

인류학자라고 소개할 필요도 없었다. 상당히 교양이 있어 보이는 젊은 아가씨는 한눈에 아르수아가를 알아보았다.

"이분에게 한 가지 설명하고 있어요." 그는 난감한 표정을 짓고 있는 나를 가리켰다. "우리는 남자 성기를 하나 보고 싶은데요, 있죠?"

"사실적인 거요, 아니면 추상적인 거요?"

"사실적인 거요. 사실적일수록 더 좋아요."

그녀는 가게 안쪽으로 우리를 안내하더니, 선반에서 음낭까지 달려 진짜와 구별할 수 없을 정도로 똑같이 생긴, 발기한 음경을 하나 꺼내 들었다. 고생물학자는 만족한 얼굴로 두 손으로 받쳐 들었다.

"고환까지 있어서 잘 되었네요. 음낭이 좀 늘어졌죠?"

"늘어졌다니요, 아니에요." 라켈이라는 이름을 가진 점원이 아르수아가의 말에 각을 세웠다.

"좋아요. 나는 숙련되었으니까." 순순히 점원 아가씨의 말을 받아들였다. 그러곤 나를 바라보며 말을 이어 갔다. "먼저 생물학에서 시작할게요."

"좋아요."

"나도 같이 들어도 될까요?" 라켈이 끼어들었다.

고생물학자는 가볍게 고개를 끄덕이며 승낙을 표하고는, 우리 눈높이에 맞추려는 듯이 기구를 조금 들어 올렸다.

"여기엔 두 가지가 있어요. 음경의 크기와 고환의 크기인데요. 고환부터 시작하죠. 고환이 사회생물학과 직접적인 연관이 있으니까요. 일부일처제를 고집하는 종, 일부다처제를 주장하는 종, 난교를 하는 종, 혼자 사는 종 등이 있어요. 예를 들어, 오랑우탄은 혼자 사는 종에 속해요. 사회생물학은 유전자에 의해 결정되는데, 고릴라가 직접 '나는 일부다처제를 원해.'라고 말하지는 않죠. 그건 고릴라의 생물학적인 특성 때문이에요. 그러니까 고환의 크기는 소위 '정자 경쟁'을 반영하고 있어요. 이 표현을 적어 두세요. 정자 경쟁이요."

"적었어요."

"정자 경쟁." 라켈은 마치 암기라도 하듯이 되뇌었다.

"정자 경쟁은 서로 다른 개체의 정자가 난자와 수정하기 위해 경쟁을 하는 종들에서 볼 수 있습니다. 배란 중인 암컷 그룹이 있어요. 당장 사용할 수 있는, 수정이 가능한 난자라고 하죠. 그리고 난자를 가진 암컷을 두고 수많은 수컷이 경쟁하는 종이 있다고 가정합시다."

"우리 인간 사이에서는 그런 일은 일어나지 않아요." 라켈이 끼어들었다.

"물론 우리 인간 사이에서는 그런 일이 없죠." 아르수아가도 순순히 동의했다. "암컷 침팬지를 예로 들어 볼까요? 암컷 침팬지는 암내를 내는 시기, 다시 말해 성행위를 하는 시기가 정해져 있어요. 기술적으로는 발정기라고 하죠. 영국인들은 이것을 흥분했다는 의미로 'hot'이란 단어를 써요. 이 기간은 4년에 한 번이고, 한 달쯤 지속해요."

"4년에 한 번요! 정말 황당하네요." 라켈이 감탄했다.

"이게 바로 암컷 침팬지의 성생활이에요." 아르수아가는 두 손으로 음낭이 달린 실물과 똑같은 음경을 받쳐 들고 성불구자 같은 표정을 지었다. "이 기간에는 하루에도 열 마리의 수컷과 교미를 해요."

"야만적이네요. 그럼 다른 때는요?"

"여덟 달 정도의 임신 기간에는 배란하지 않아요. 3년은 수유를 하는데, 이때도 마찬가지로 배란을 하지 않죠. 그래서 이 시기 저 시기 제하면 4년은 성생활을 하지 않습니다. 여기까진 이해했죠?"

"네. 그런데 좀 안됐네요." 아가씨는 조금 힘을 주어 말했다.

점원 아가씨의 끝 모를 호기심과 원숙한 교수의 교육열 앞에서 나는 증발해 버린 존재가 된 것 같았다.

"암컷이 수많은 수컷들과 교미할 때, 정자들은 난자와 수정하기 위해 경쟁을 합니다. 단 하나의 정자만이 수정에 성공할 수 있지요. 이것을 한번 생각해 보세요. 일상적으로 우리가 한번 사정하면 수억 마리의 정자가 방출돼요." 고생물학자는 아가씨를 바라보며 이야기를 이어 나갔다.

"몇 억 마리인데요?" 라켈이 물었다.

"대략 3억 마리 정도요. 한 번 계산해 보세요. 한 달 동안 하루에 10회씩 교미를 하니까요."

"교미할 때마다 3억 개의 정자라고요!" 그녀는 감탄했다.

"정자 경쟁은 정말 잔인해요." 아르수아가가 결론을 내렸다. "더 많은 정자를 생산하는 수컷이 자기 유전자를 새끼의 일부로 살아남게 할 가능성을 더 높이는 거예요. 이는 유전자가 영속할 수 있다는 뜻이고요."

"그렇군요!" 나는 너무 소심하게 박자를 맞춘 탓에 고생물학자의 관심도, 아가씨의 관심도 받지 못했다.

아르수아가가 말을 이어 갔다. "침팬지의 정자에는 머리와 꼬리 부분 외에도 '중간 부분'이라고 불리는 게 있어요. 바로 이곳에 에너지를 만드는 세포 소기관인 미토콘드리아가 있어요. 영국인들은 이를 휘발유를 저장하는 '기름 탱크fuel tank'라

열둘. 부자 관계에 대한 믿음

고 부르죠. 침팬지 정자의 경우 이 탱크가 정말 커요. 다시 돌아가서, 우리가 이야기하려고 했던 건 이겁니다. 고환의 크기는 각각의 종이 벌이는 정자 경쟁의 정도를 가늠하는 지표라는 점입니다."

"그럼 암컷에게는 고환 크기가 매력의 척도겠네요." 라켈이 한 걸음 더 나아간 추론을 했다.

"이차 성징으로 작용하는지는 잘 모르겠어요." 아르수아가는 회의적인 표정을 지었다. "지금으로서는 일차 성징으로만 알고 있어요. 반대로 고릴라는 무리를 지어 살고 있긴 한데, 수 컷은 '실버백silverback[47]'이라고 부르는 것 한 마리뿐이에요. 암 컷은 많은데 수컷은 한 마리죠. 그래서 정자 경쟁이 없어요. 암 컷이 발정기가 되어도, 이에 대한 재량권을 가진 수컷은 한 마 리뿐이에요. 여기까진 이해했죠?"

"네." 내 존재를 알리기 위해서 큰소리로 대답했다.

"그럼 고릴라의 고환은 얼마나 클까요?" 아르수아가는 마치 나는 눈에 보이지 않는 것처럼 아가씨에게만 질문을 던졌다.

"작겠죠." 라켈이 박자를 맞췄다.

"작겠죠." 나도 메아리처럼 똑같이 되뇌었다.

---

47 고릴라 집단에서 우두머리 수컷을 가리키는 말. 등에 은백색의 털이 나 있어서 실버백이라고 불린다.

"고릴라는 그렇게 덩치가 큰데도 고환은 정말 우스꽝스럽게 생겼어요." 아르수아가는 못을 박았다.

"정말 재미있네요!" 라켈이 소리쳤다. "지금 상품을 하나 받아야 하는데, 금방 돌아올게요. 계속 선생님들과 함께 있고 싶어요. 제가 귀찮다면 말씀해 주세요."

"아니에요!" 우리는 합창이라도 하듯이 한목소리로 대답했다.

"이 아가씨는 호기심 때문에라도 좋은 학생이 될 거예요." 아르수아가는 라켈이 자리를 뜨자 목소리를 낮춰 말했다. "호기심이 정말 중요해요. 하지만 대학에서 호기심이 많은 사람을 찾기가 쉽지 않아요."

"그래요."

아르수아가는 몇몇 정치인들이 헌법을 제멋대로 주무르듯이 받쳐 들고 있던 음경을 오른손으로 주무르며 결론을 지었다. "침팬지의 경우 덩치는 인간보다 작아요. 하지만 고환은 거의 달걀만 해요."

"그럼 우리 것은 크기가…?" 나는 잘 모르겠다는 듯이 질문을 던졌다.

"우리 것의 크기는 호두 정도인데…. 호두에서 달걀 크기로 변하는 것도 한번 상상해 보세요."

"그럼 오랑우탄은요?"

열둘. 부자 관계에 대한 믿음

"오랑우탄은 좀 특별해요. 혼자서 살지요. 그러나 암컷이 발정기가 되면 금세 달려가 교미를 해요. 이 경우도 정자 경쟁은 없어요. 앞에서 이야기했던 동물 중에선 가장 작은 고환을 가지고 있어요."

"인간들 사이엔 정자 경쟁이 전혀 없겠네요." 나는 성급히 결론을 내렸다.

"아주 먼 옛날에는 있었어요. 지금은 배우자가 고정되어 있으니까 없지만요. 선생님 마음에 들 만한 표현이 있어요. '부자 관계에 대한 믿음'이죠. 이것도 적어 놓으세요."

나는 얼른 받아 적었다.

"침팬지들 사이에선 누가 아버지인지 알 방법이 없어요. 그래서 믿음이 전혀 없거나, 완전히 바닥이죠." 아르수아가는 말을 이어 갔다. "누구든 아버지가 될 수 있어요. 반대로 고릴라의 경우, 믿음이 아주 높아요. 그럼 인간의 부자 관계에 대한 믿음은 어느 정도라고 말씀하시겠어요?"

"남성이 자식에게 자신의 성을 따르라고 우기기 시작한 때부터 아주 높을 것 같진 않아요. 자랑하고 싶은 게 있는 것 같은데 말씀해 보세요. 당신이 뭐가 부족한지 말해 줄게요."

"선생님 자녀 분들이 본인의 진짜 자식이라고 얼마나 믿고 있나요?"

"100퍼센트 믿고 있죠."

"스페인 평균은 얼마나 될까요?"

"생각해 본 적이 없어서 정확히 모르겠어요. 내가 읽었던 자료에 따르면, 20~30퍼센트 정도는 공식적인 부모의 자식이 아닐 거라고 했어요."

"아뇨. 훨씬 더 낮아요. 10퍼센트 밑이에요. 공식 통계로는 2퍼센트 정도죠. 인간의 경우, 신뢰도가 엄청 높아요. 여기 스페인에서만 그런 게 아니에요. 여기와 칼라하리 사막의 부시먼들 사이에서도 마찬가지예요. 예를 들어, 인간 사회 어디에서든 부부 사이에 아이가 있는 것을 볼 수 있어요. 그 경우 선생님도 '그'가 '아버지'일 거라고 당연히 믿을 거예요. 이것이 인간의 사회성에서 가장 중요한 열쇠가 됩니다."

"그렇군요."

"다시 해부학으로 돌아가 볼까요." 그는 음경이 잘 구부러지는지 테스트하며 말을 이어 갔다. "우리 인간의 음경에는 뼈가 없어요. 그런데 다른 많은 동물에게선 뼈가 발견되지요. 예를 들어 육식 동물들이 그렇죠."

"음경에 뼈가 있다면, 좀 끔찍한 일이 벌어질 수도 있겠네요. 부러질 수도 있잖아요."

"침팬지 음경에는 뼈가 있어요. 거의 퇴화해서 작긴 하지만요."

"우리는 없잖아요." 나는 확신을 가지고 이야기했다.

"특정 계통에선 뼈가 사라졌기 때문에 인간에겐 없어요."

"그렇다면 그 뼈는 잘 구부러지나요?"

"아뇨. 딱딱해요. 구부러지지 않아요. 수축 상태에선 음경의 길이와 똑같아요."

"그럼 발기가 되었을 때는 얼마나 되나요? 전체 길이에서 10퍼센트 정도 될까요?"

"거기까진 모르겠어요."

"부러지지 않나요?"

"아뇨. 침팬지는 안 부러져요. 그렇지만 곰의 경우에는 그런 경우가 상당히 있어요." 그는 고무를 이용해 사실적으로 만든 음경을 다시 한 번 나에게 보여 주면서 이야기했다. "제가 말씀 드리고 싶은 것은 우리 음경의 길이가 침팬지의 것과 거의 똑같다는 거예요. 반면에 굵기는 모든 영장류 중에서 가장 굵지요."

"이유가 뭐죠?"

"알 수 없죠."

"질의 폭과 관계가 있는 것은 아닐까요?" 방금 돌아온 라켈이 얼른 질문을 던졌다.

"그럴 수도 있죠." 아르수아가도 고개를 끄덕였다. "클리토리스를 자극하기 위해서라고 이야기하는 사람도 가끔 있어요. 그렇지만 아직은 확실하게 설명할 수는 없어요. 아무튼 이것은 꼭 기억해야 해요. 인간의 음경은 다른 어떤 영장류보다 더 굵다는 거요. 훨씬 더요. 이전 성교에서 남은 정액을 빨아내려고 음경이 굵어졌다는 주장을 하는 사람도 있어요."

"양수기처럼요?" 아가씨는 정말 번개처럼 빠르게 반응했다.

"그래요. 그렇지만 이것은 고환의 크기와 모순이 되는 이론이에요. 인간의 고환 크기는 정자 경쟁이 없다는 것을 이야기하고 있거든요. 만일 정자 경쟁이 없다면 이전 사정의 산물을 쫓아내는 데 관심을 둘 이유가 없거든요."

"맞아요." 이번에는 내가 먼저 맞장구를 쳤다.

"질의 지름과 연결하는 게 더 타당해요. 아기들 머리 직경이 침팬지 새끼보다 더 크거든요. 여기에 혹시 질문 있어요?"

"없어요." 내가 미리 싹을 잘라 버렸다.

아르수아가는 음경을 원래 있던 선반에 올려놓고 주변을 둘러보았다.

"여기 있는 물건 중에서 제가 유일하게 아는 것은 란제리뿐이네요. 선생님은요?"

"나도 마찬가지예요."

"가짜 음부도 있어요." 라켈은 우리가 그만 떠날까 봐 걱정되는 듯 얼른 끼어들었다.

"우리가 이 가게를 발견했을 때, 길을 건너며 음경과 음부에 대해 이야기를 나눴는데, 정말 신기하네요." 아르수아가가 말

열둘. 부자 관계에 대한 믿음

했다.

"분석심리학의 동시 발생이에요. 그러니까…." 나는 라켈에게 자세히 설명해 주려고 했다.

"분석심리학의 동시 발생이 뭔지 나도 알아요." 그녀는 퉁명스럽게 이야기했다.

"우리는 이곳이 약국이라고 생각했어요." 아르수아가가 입을 열었다. "진열대와 조명 때문에요. 토요일에 아타푸에르카에서 개최되는 국제 크로스컨트리 대회에서 뛰어야 하는데, 감기 증상이 좀 있어서 감기약이 필요했거든요."

"얼마 전까지만 해도 섹스와 관련된 모든 게 어두웠죠." 젊은 아가씨도 동의했다.

"맞아요." 나는 그녀의 말을 의식하며 얼른 대답했다.

"이젠 아니에요." 점원이 말했다. "지금은 섹스와 관련된 모든 것이 밝고 흥이 넘쳐요. 그럼 음부를 보시겠어요?"

아르수아가는 뭔가 물어보고 싶다는 표정으로 나를 바라보았다.

"좋아요." 나는 편협한 인간이 아닌 척하려고 노력했다.

그녀는 우리를 가게 한구석에 신체 해부도가 있는 곳으로 데려갔다. 대부분이 아주 유명한 포르노 배우들의 음부를 정확하게 재현해 놓은 것이었다. 우리는 라켈이 열거한 포르노 배우들의 이름을 잘 몰랐기 때문에 보통 음부가 다 이럴 거라고 생각했다.

"여배우들도 저작권이 있나요?" 나는 두 손으로 음부 하나를 들고 물어보았다. 인간의 피부 감촉 그대로였다.

"물론이죠." 라켈은 도대체 무슨 생각으로 이런 질문을 하냐는 투였다.

문득 나는 동물을 해체하는 방에 들어와 있는 듯한 느낌을 받았다. 가게에서 가장 매력적이었던 것들이, 그러니까 조명, 장식, 흥거운 분위기, 배경 음악, 투명 플라스틱 등이 무너져 내리는 느낌이었다. 나는 도망치고 싶었다. 그러나 라켈과 고생물학자는 서로 얽혀 호기심 어린 논쟁을 주고받았다. 젊은 아가씨는 여러 부류의 여성들이 함께 살면 신비하게도 서로서로 연결된 것처럼 동조화 현상을 보인다고 했다.

"그런 이야기도 있죠. 그러나 그건 전설 같은 이야기예요. 사실이 아니죠." 아르수아가가 가볍게 반박했다.

"글쎄요. 엄마와 언니 동생들과 같이 있으면서 그걸 경험했어요. 아파트를 공유하고 있는 친구들과도 마찬가지고요."

"사실이 아니에요." 아르수아가도 지지 않았다. "감옥에 있는 여성 죄수들을 대상으로 연구를 했는데 거짓으로 밝혀졌어요."

라켈은 화가 난 것 같았다. 나는 폐소공포증이 밀려오기 시작하는 것 같아, 이제 나가자고 고생물학자를 가볍게 끌어당

열둘. 부자 관계에 대한 믿음

겄다. 들어오고 나가던 손님들이 우리를 이상한 눈으로 바라보았다. 문 가까이에 다가가자, 아르수아가는 다시 걸음을 멈추고 젊은 아가씨를 바라보았다.

"라켈, 호기심 때문인데요. 당신과 친구들의 개인적인 경험에 비춰 봤을 때, 성욕이 가장 강해질 때는 언제예요?"

"제 경우에는 생리를 하기 전, 그리고 생리가 끝나고 3~4일이 지났을 때가 성욕이 가장 강해요."

"그것도 수수께끼네요." 고생물학자는 조금은 당황하는 표정이었다. "생물학적으로 보면 이것 역시 신비해요. 성욕은 배란일과 일치하는 게 정상이거든요."

"그럴 것 같네요." 나는 고개를 끄덕였다.

"잘 모르긴 해도, 생리할 때 가장 예민하고 민감하게 아름다움을 찾아내는 것 같아요." 라켈은 꿈을 꾸는 듯한 표정이었다.

그 순간 여기저기를 기웃거리던 손님 한 사람이 아가씨를 불렀다. 그 틈을 타 나는 아르수아가에게 성인용품 가게에서 있었던 대화와 식사를 하면서 했던 이야기를 서로 연결하기가 쉽지 않을 것 같다고 넌지시 이야기했다.

"어려울 것 같다고요?" 아르수아가는 그곳을 다 담아낼 듯이 커다란 몸짓을 했다. "생물학에 관해 이야기했어요. 이 모든 것이 다 생물학인 셈이니까요."

"문화 아닐까요?" 나는 슬쩍 다른 생각을 이야기했다.

"생물학이라고 밖엔 할 수 없어요."

"나는 오히려 문화라고 밖엔 할 수 없을 것 같은데."

"음부와 음경이 문화라고요?"

"인위적이라면 문화일 수 있죠."

"음경은 음경일 뿐이에요. 음부도 마찬가지고요." 교수는 적당히 그만두려고 했다.

"당신이 무슨 말을 하든, 나는 이제 그만 나갈 거예요. 슈퍼마켓에도 가야 하고요."

"이 장난감 같은 기구들을 어디에 쓰는지 라켈에게 설명을 부탁하면 어떨까요?"

"원한다면 다음에 다시 오죠. 살 물건이 좀 있어요."

우리는 아가씨에게 작별 인사를 했고, 그녀는 언제든 생각나면 다시 오라고 했다. 거리에 나서자 아르수아가는 재채기를 했다.

"정말 신기하게도 감기가 들락날락하네요."

"심리적으로 왔다 갔다 하는 것 아닐까요?" 나는 나름대로 진단을 내렸다.

"선생님은 심리학을 너무 믿어요."

"당신은 생물학을 너무 믿고요. 저기 좀 봐요. 약국이 있어요."

다행히 이번에는 약국처럼 보인 가게가 진짜 약국이었다.

열둘. 부자 관계에 대한 믿음

"밖에서 기다리고 있을게요."

잠시 후 나올 만한 시간이 지났는데도 나오지 않아서 결국 무슨 일인가 들어가 봤다. 약사는 참을성 있게 세 번 네 번 반복해서 이야기하고 있는 것 같았다.

"감기를 치료할 수 있는 약은 아직 없어요. 증상을 완화할 수 있는 걸 드릴 수는 있지만요."

"좋아요. 증상을 완화할 수 있는 약이라도 줘요. 토요일에는 부르고스에서 뛰어야 하니까요."

우리는 프레나돌을 들고 약국을 나섰다.

"오히려 내가 처방하는 것이 더 나았겠네요. 프레나돌은 나온 지 정말 오래된 약인데." 내가 말했다.

"저도 먹지 않을 거예요. 라 라티나 역에서 지하철을 탈 건가요?"

"네."

"저는 다른 데서 탈 건데요. 잠시 같이 갈게요. 우산 좀 펴세요."

습도가 너무 높아서인지 비는 마치 아래에서 위로 오는 것 같았지만, 나는 아무 말 없이 우산을 폈다.

이것이 다였다.

열셋

먼 옛날 그들이 남긴
발자국

고생물학자는 함께 여행을 떠나자는 제안을 했다.

"이미 같이 여행했잖아요." 나는 망설였다.

"여기저기 소풍을 다니긴 했지만, 집 밖에서 잔 적은 없잖아요." 그는 가볍게 반박했다. "이번에 여행 갈 곳은 사실 사람들에게 잘 알려진 곳이에요."

"당신이 나를 너무 깊게 알면 어떨지 잘 모르겠어요. 또 내가 당신을 너무 잘 알게 되는 것도 그렇고요." 나는 좀 뒤로 뺐다. "혹시 사사건건 부딪힐지도 몰라요."

"위험도 한번 무릅써 봐야죠." 그는 담담하게 이야기했다.

그래서 11월 13일 수요일, 나는 가방을 꾸려 아침 9시에 그의 집 앞에 서 있을 수밖에 없었다. 지난번에 만났을 때처럼 추웠고, 그리 고른 날씨도 아니었다. 어렸을 적에 울다 지쳐도 계속 반항하고 있다는 것을 보여 주고 싶어 띄엄띄엄 울음소리를 흘렸던 것처럼, 비도 떨떠름하게 간헐적으로 오락가락을 반복했다.

핸드폰으로 도착 메시지를 전하자 그가 바로 내려왔다. 내 복장을 보자마자 웃음을 터트렸다.

"궁전에 책 소개하러 가는 것 같네요."

"어디를 가는지 잘 몰라서요. 아직 이야기 안 했잖아요." 가볍게 대답했다.

그는 인디아나 존스처럼 입고 있었다. 하긴 언제나 인디아나 존스 비슷하게 입고 다녔다.

"어딜 가든 똑같아요. 혹시 데카트론Decathlon[48] 아세요?"

"뭔지는 아는데, 가 본 적은 없어요."

"언제 한번 데려갈게요. 선생님 복장을 좀 바꿔야겠어요. 그런데 그 여행 가방은?"

"여행 가방이 어때서요?" 짜증이 조금 나서 말투가 날카로워졌다.

"너무 커요. 겨우 밖에서 하룻밤 보내는 건데요. 뭘 챙겼어요?"

"만약을 대비해서 이것저것 다요." 나를 변호하고 싶었다.

"이런 백팩 하나면 모든 걸 다 넣을 수 있어요."

이런저런 이야기를 나누며 우리는 근처에 주차된 그의 닛산 자동차 쪽으로 걸어갔다. 그는 차에 탄 다음 시동을 걸기 전에 마치 인사라도 하듯이 계기판을 두어 번 두드렸다.

"몇 킬로미터나 탔어요?" 내가 물었다.

"12만 킬로미터요. 그래도 방금 뽑은 신차 같아요."

"모델명이 뭔데요?"

"주크예요. 전면이 굉장한 근육질의 모습을 하고 있죠. 정면에서 보면 꼭 사무라이 모습이 연상돼요. 파산할 뻔한 닛산을

---

48   스포츠 용품과 아웃도어 용품을 주로 다루는 프랑스 회사.

구한 차예요."

"그렇군요."

"닛산이 만든 패트롤은 SUV 시장에서 랜드로버의 위상도 무너트렸어요."

"거기까진 전혀 몰랐어요."

우리는 시동을 걸고 부르고스를 향해 길을 떠났다. 축구팀 레알 마드리드가 예전에 사용하던 훈련 구장인 시우다드 데포르티바Ciudad Deportiva에 있는 4개의 전광탑이 희미하게 눈에 들어왔다. 안개에 쌓인 꼭대기가 꼭 아르수아가의 지저분하면서도 긴 새치 같았다.

"봉두난발을 한 건물 같네." 내 말에 그는 아무런 대꾸도 하지 않았다.

라디오에선 트럭 한 대가 T4에서 전복되었다는 소식이 흘러나왔다. 고생물학자는 라디오를 끄더니 나에게 폐소공포증이 있는지 물었다.

"경우에 따라서요." 나는 조금 망설였다.

"우리가 지금 도착할 곳에선 폐소공포증을 느끼지 못할 거예요."

"어디 가는데요?"

"곧 알게 될 거예요."

고속도로를 달리기 시작하고 11월 도로변의 스산한 잿빛

271

열셋. 먼 옛날 그들이 남긴 발자국

풍경이 보이자 왠지 불안해졌다. 안개는 시신을 감싼 수의처럼 땅에 착 달라붙어 있었다.

"무슨 생각을 하고 계세요?" 아르수아가가 입을 열었다.

"어렸을 적부터 끊임없이 사물은 왜 존재하는지 자문했어요."

"아무것도 없어야 하는데, 왜 있냐는 것인가요?" 그는 주변을 한번 훑어보았다.

"네."

"하긴 모든 것이 무無였던 때도 분명 있었어요. 그러나 무는 너무 불안정해서 이리저리 흔들리던 중에 모든 것이 만들어졌다고 해요." 그의 말투가 뭔가 가르치는 듯했다.

나는 멋진 대답이라고 생각했다. 동시에 호세 이에로José Hierro[49]의 '생명'이란 제목의 소네트 마지막 구절이 머리에 떠올랐다.

아무것도 아닌 것에선 아무것도 남지 않는다.

(모든 거라고 믿었던 것은 환상이었고,

결국, 아무것도 아니었다.)

---

49 20세기 스페인을 대표하는 시인. 1947년 데뷔하여 세르반테스 문학상을 받는 등 활발한 시작 활동을 하였다.

루시의 발자국

무는 무라는 것 이상으로 뭘 더 줄 수 있을까,

아무리 무가 무 이상이라고 해도,

결국은 무일 수밖에 없는 걸.

나는 무의 불안정도 결국 나의 불안정과 마찬가지로 감정의 문제라고 생각했다. 그런 생각으로 풍경을 보자 불안했던 내 마음도 조금은 가라앉았다.

'안녕, 풍경!'

속으로 말을 걸었다.

"풍경은 하나의 문서이고 글이에요." 고생물학자는 내 생각을 읽은 듯이 한마디 덧붙였다. "인간의 몸을 읽는 법을 알아야 하는 것처럼 풍경도 읽을 줄 알아야 해요."

와이퍼가 움직이며 내는 쓱싹쓱싹 소리에 침묵도 잠시 활기를 띠었다. 아르수아가는 내게 혹시 예전에 무례하게 도발을 한 적이 있냐고 물었다. 어떤 대답을 해야 좋을지 몰랐다. 그래서 그렇게 심하게 도발한 적은 없다는 의미로 손을 흔들었다.

"당신은 어땠어요?" 이번엔 내가 물었다.

"바스크 지방에서는 무례하고 도발적인 사람을 정말 많이 배출했어요. 나도 그런 전통에서, 바스크 지방의 그런 전통에서 살았죠."

"그렇군요. 도발적인 인간에게도 등급이 있나요?"

"물론이죠. 가장 완벽하게 도발적이고 무례한 인간은 어디에서든 타인을 마음 편하게 있을 수 없게 만들어요. 그래서 모든 사람이 그를 총으로 쏴 죽이고 싶어 하죠. 갈릴레오는 지구가 태양 주변을 돈다는 말 때문에 처벌을 받았다고 알려졌어요. 그러나 제 생각에는 어떤 사람이 특정 생각을 가졌다고 처벌을 받는 게 아니라 바로 도발을 했기 때문이에요. 미카엘 세르베투스Michael Servetus [50] 역시 피의 순환을 주장했다고 화형을 당한 것이 아니라 도발적인 행동을 했기 때문이에요."

"당신이라면 종교 재판에서 살아남을 수 있었을까요?"

"글쎄요, 부정적이에요. 나는 어렸을 적부터, 처음에는 집에서, 좀 더 커서는 학교에서, 그리고 대학에서 계속 도발을 했으니까요…. 그런데 다윈은 도발하지 않았어요. 그래서 잘 지냈던 거죠."

"이제 와이퍼를 꺼도 될 것 같아요. 비가 그쳤어요."

"조금이긴 하지만 아직은 와요. 와이퍼 소리가 듣기 싫어요?"

"그렇게 듣기 싫진 않아요. 그냥 놔둬도 돼요."

---

50 16세기 스페인을 대표하는 신학자이자 의학자. 피의 순환을 주장한 것이 문제가 되어 종교개혁가 칼뱅의 공격을 받아 화형을 당했다.

"갈릴레오는 정말 신앙심이 깊은 사람이었는데도 예수회 교단과 사이가 좋지 않았어요. 이것을 염두에 두세요. 갈릴레오는 우주가 하느님이 인간에게 보낸 편지라고 이야기했어요. 또 이런 말도 하죠. 과학이 곧 신학이라고 말이죠. 게다가 그는 성격도 별로 좋지 않았어요. 갈릴레오보다 더 먼저 똑같은 이야기를 했던 코페르니쿠스는 편안하게 침대에서 죽었어요."

갑자기 구름 사이로 뻥 뚫린 공간이 나타나더니, 엄청난 빛줄기가 한꺼번에 쏟아져 내려왔다.

"당신이 신을 언급하니까…, 무슨 일이 일어났는지 한번 보세요." 나는 깜짝 놀라 탄성을 질렀다.

"선생님을 감싸는 집단에서나 관심을 둘 만한 일이죠." 기적을 믿지 않는 고생물학자는 담담하게 받았다. "멋있긴 하지만 딱 거기까지예요."

"그렇지만 우리 모두는 소속감을 줄 집단이 필요해요. 안 그래요?"

"모두는 아니죠."

그 순간 구름 사이로 뻥 뚫렸던 공간이 닫히면서 풍경은 다시 음산한 분위기로 돌아갔다.

"가을의 색을 놓치지 마세요." 그는 주변 초목을 가리키며 말을 이어 갔다. "녹이 슨 듯한 색, 노란색, 보라색, 조각조각 흩어진 안개…. 그 누구도 가을을 잃을 수 없어요. 나에겐 이번 여행이 나쁘진 않은 것 같아요. 저기 목장 좀 보세요."

나도 목장을 봤지만, 아르수아가처럼 황홀하단 생각이 들지는 않았다.

"어떤 생각을 구체화해야 할지 잘 모르겠어요." 내가 말했다. "그런데 귀가 좀 불편하네요."

"산으로 올라가고 있어서 그래요. 침을 한번 삼켜 보세요."

나는 침을 꿀꺽 삼켰다.

"이젠 제 말이 잘 들려요?"

"네."

"인간의 귀는 맡은 소임을 다하는 데는 정말 탁월한 능력이 있어요. 그런데 단점도 많지요. 파충류의 경우, 중이에 있는 망치뼈와 모루뼈가 모두 턱관절의 일부를 형성하고 있어요. 그런데 나중에 이것이 청각의 도구가 되죠. 잘 아시겠지만, 파충류의 설계도에서 선생님과 같은 포유류가 나왔어요. 완벽한 것은 아니지만 적당히 잘 만들었죠. 비유한다면, 형이나 누나가 버린 헌 옷으로 우리를 만든 셈이에요. 예를 들어, 태반은 알에 기초해서 만들어졌어요. 태반은 그 자체로 훌륭하지만, 처음부터 설계해서 만든 것과 똑같은 정도의 완벽함을 기대할수는 없죠."

"본질적인 면에서 우린 물고기에서 나왔잖아요."

"맞아요. 그래서 우리 폐는 부레와 같은 기관이었어요. 우리 몸은 책처럼 만들어졌어요. 교정을 보고, 또 지우고 고치길 반복하면서요. 단 한 번의 설계로, 단 한 번의 디자인으로 만들어진 게 아니에요. 다윈이 증명했듯이 자연은 목적이 없어요. 그러나 목적을 가진 생물학적 구조를 만들 수는 있죠. 자연은 목적을 가지고 찾지 않고, 우연히 발견합니다."

방향을 잃은 새 한 마리가 앞 유리에 부딪혀 깜짝 놀랐다. 와이퍼가 비에 젖은 새의 깃털과 피를 닦아냈다.

"꼭 우리가 죽인 것 같네요."

"네, 불쌍하네요. 구관조였는데." 아르수아가도 동감을 표했다.

잠시 애도의 표시로 침묵을 지켰다. 나는 아르수아가에게 죽음에 대해 우리 인간과 조금이라도 비슷한 인식을 가진 존재가 자연에 있는지 물었다.

"코끼리와 침팬지는 죽음을 목격하면 무척 당황하죠. 어찌할 줄 몰라 해요. 진화에서 사회 차원의 복잡성이 나타나는 계통이 있고, 나타나지 않는 계통이 있어요. 예를 들어 개미 사회에서는 혁명이 불가능해요."

"그럼 침팬지 집단에서는 어때요?"

"침팬지 집단에서는 개미 사회에선 생각할 수 없는 정치도 있고, 동맹도 있고, 권력 투쟁도 있어요. 개미들에겐 기분이라는 것이 없어요. 작은 기계처럼 움직이죠. 반면에 침팬지나 돌고래 혹은 코끼리는 감수성이 강한 존재예요. 예를 들어, 배고 픔과 목마름에 대해 예민하죠. 감정도 있고요."

"그럼 개미는 먹어도 배가 고픈가요?"

"배고프다는 것을 느끼지 못해요. 자동 온도 조절 장치가 있을 뿐이죠. 내 핸드폰 배터리는 스스로 전기에 대해 배고픈 것을 느끼지 못하지만, 만약 배터리가 약해지면 충전을 시켜달라고 나에게 신호를 보내지요."

"그렇다면 코끼리, 돌고래 그리고 침팬지 등은 '자아'가 있나요?"

"배고픔, 목마름, 고통 등의 경험을 할 수 있는 어느 정도의 주체성은 있을 수 있어요. 그렇지만 자아는 없어요. 절지동물들에겐 물론 배고픔이나 목마름 같은 것도 없어요. 절지동물들이 느끼는 게 무엇이든 척추동물의 경험과 비교할 만한 것이 없어요."

"살아있는 가재를 반으로 토막 내서 뜨거운 철판 위에 굽기 위해 올려놓아도 고통을 느끼지 못하나요?" 내가 질문을 던졌다.

"가재를 토막 내서 불에 구운 적이 있어요?"

"네. 죄책감을 느꼈어요. 생선 장수가 가재는 중앙 신경계가 없어 고통을 느끼지 못한다고 했는데도 말이에요."

"이런! 생선 장수와 그런 이야기까지 했어요?" 아르수아가는 깜짝 놀라 소리를 질렀다. "그렇지만 그 사람 말이 맞아요. 무척추동물은 뇌가 없어요."

"그럼 뭐가 있는데요?"

"신경절요. 걱정하지 마세요. 가재를 철판에 올렸다고 해서 그들이 고통을 느꼈을 거라고는 생각하지 않으니까요."

"반으로 토막이 났는데도 다리를 계속 흔들었어요. 사실 좀 기이하기도 하고 무섭기도 했어요."

"기계적으로 반응하는 거예요. 완벽한 자동 온도 조절 장치죠."

"가재는 배고픔을 느끼지도 않는다는데 먹을 수는 있나요?"

"아메바는 화학적인 자극에 반응해요. 미생물은 외부 세계에 대한 정보를 가지고 있을 뿐만 아니라, 잔디 깎기 로봇과 똑같은 방식으로 각각의 정보에 따라 반응을 해요. 본 적 없어요? 배터리가 떨어지면 로봇은 스스로 충전대로 돌아가 충전을 하지요. 이들도 배가 고플까요? 아뇨. 로봇에겐 정보가 있을 뿐이에요. 그렇다고 배터리에 주관적인 경험이 있을 수 있나요? 이것 역시 아니에요. 가재나 크랩이 정보를 가지고 있는 이유가 뭘까요? 반대로 침팬지는…. 침팬지는 죽음을 알아가는 과정에 있어요. 지금은 죽음에 대해 좀 혼란스러운 감정을 느끼는 것 같아요."

"당신 덕분에 참 든든하다는 느낌이 드네요."

"간단하게 정리하자면, 박테리아는 분명 영양분을 섭취하죠. 그러나 배고프다는 경험은 없어요."

"자의식이 왜 필요하죠? 배고픔이나 죽음에 대한 경험을 쌓기 위한 것 이외에 어떤 의미에서 필요한지 잘 모르겠어요."

"소에게 무슨 소용이 있을까요?"

"잘 모르겠는데요."

"확실하게 말씀드리는데, 아무런 소용도 없어요. 하지만 우리처럼 사회적인 동물에게는 유용해요. 정치를 하기 위해서죠. 군집 생활과 사회생활을 혼동하지 마세요. 어때요? 주중에 여행하는 것 정말 좋죠? 비도 오는데 학교를 벗어나니까 말이에요."

"지금 어디 가죠?"

"곧 알게 될 거예요. 깜짝쇼를 한번 즐겨 보세요."

아르수아가는 우리 오른편에 있는 구릿빛 너도밤나무에 주목해 보라고 했다. 이어서 이번에는 참나무 숲이 우리 눈앞에 나타났다. 누군가 하늘 위에서 장난삼아 빛을 껐다 켰다 하는 것처럼 태양과 구름은 결투라도 벌이듯이 서로 번갈아 가며 얼굴을 내밀었다. 갑자기 졸리기 시작했다. 닛산 주크의 골골거리는 엔진 소리가 마치 자장가 소리처럼 들리는데다가, 어디로 가는지도 모르는 이번 여행 때문에 잠을 설쳤기 때문이었다.

"미안한데 잠깐 눈 좀 붙여야 할 것 같아요."

"걱정하지 마세요. 운전은 제가 하니까요."

얼마나 시간이 지났을까. 고생물학자가 나를 깨웠다.

"이것은 놓치지 마세요." 그는 만족스러운 표정을 지으며 말했다. 선물할 때의 표정이었다.

'이것'은 카레스 노로Ruta de Cares였다. 아주 오래전 젊었을 때 대학 친구들과 피코스 데 에우로파Picos de Europa[51]로 기말여행을 가던 중에 이 길을 지나간 적이 있어서 금세 알아볼 수 있었다. 카레스 강물은 좁은 샛길과 구불구불한 협곡을 따라 흘렀다. 목구멍과 위를 연결하는 식도처럼 레온과 아스투리아를 잇는, 진정한 의미에서 목구멍이라고 할 수 있는 도로를 따라 흘러가고 있었다. 아주 좁은 길이 우리 오른쪽에 있는 강을 따라 달리고 있었다. 눈을 들어 이쪽저쪽 바라보았다. 별다른 나무도 없이 불규칙하게 솟은 높다란 바위 벽만 눈에 들어왔다. 그러나 군데군데 빽빽하게 나무가 자란 곳도 있었다. 높은 바위 벽 틈 사이로 띄엄띄엄 물이 흘러나오고 있었다. 비가 내

---

51 스페인 최초의 국립공원인 '피코스 데 에우로파'는 '유럽의 봉우리'라는 뜻이다. 석회암 협곡으로 이뤄진 공원으로, 해안 가까이에 있는 아스투리아스와 칸타브리아 주 사이로 40킬로미터에 이르는 도로가 나 있다. 구름을 뚫고 솟은 봉우리들이 장관인데, 험준하면서 경치가 좋아 드라이브 코스로 유명하다.

려서인지 폭포처럼 콸콸 쏟아지는 곳도 있었다. 벌써 서너 시간은 차를 타고 달린 것 같았는데, 정말 눈 깜짝할 사이에 지나가 버렸다.

"정말 운전을 잘하네요." 걱정을 다 내려놓고 편안하게 말했다.

"고마워요."

사실 고생물학자는 차분하면서도 부드럽게 차를 몰았다. 갑자기 핸들을 꺾거나, 급출발, 급제동, 급가속하지 않은 덕분에 닛산을 파산의 위기에서 구한 주크의 뱃속을 뒤집어 놓는 법이 없었다. 구불구불한 데다 좁기까지 해서 매 순간 핸들을 정말 잘 다뤄야 했다. 계속 S자 곡선을 그리며 달려 나갔다. 깊게 파인 협곡 아래로 꼬불꼬불한 선을 그으며 나아가다 보니 이번 여행은 몸이 아니라 머리로 하는 여행이란 생각마저 들었다.

카레스 강의 침식이 대자연에 빚어 놓은 활짝 열린 계곡을 벗어나지 않고 이런 식으로 계속해서 달렸다. 태아가 산도를 빠져나오듯이 우리도 힘들게 빠져나와, 몸도 마음도 라스 아레나스Las Arenas 마을에 도착했다. 이곳은 카브랄레스Cabrales 시 의회가 있는 곳이자, 피코스 데 에우로파 등산을 위한 전진 기지가 되는 곳이었다. 고생물학자는 정말 기가 막힌 곳에 차를 세웠다. 그러고는 우리엘레스Urrieles 산맥의 높다란 산들 사이에서 장승처럼 가장 높게 솟아 있는 나랑호 데 불네스Naranjo de Bulnes를 구경해 보라고 권했다. 해발 2,500미터나 되는 산이었다. (우리가 있던 곳은 해발 140미터 정도 되는 곳이었다.)

고생물학자는 파노라마처럼 펼쳐진 장관 앞에서 둥둥 떠다니고 있었다.

"이 순간을 절대로 잊지 마세요."

"그럼요, 절대로 잊지 못할 거예요." 나도 다소 넋이 나가 있었다.

"하느님을 시계 제작자로, 건축가로, 공학도로 그리고 생물학자로 본다면 정말 결점이 많죠. 딱정벌레목 연구자들과 주로 시간을 보내서 그런지 딱정벌레가 너무 많기도 하고요. 그러나 조경사로 본다면 정말 대단한 능력가예요. 아니라는 말은 하지 마세요."

나도 부정하지 않았다.

"자, 이제 식사하시죠. 이미 식사를 해야 할 시간이 지난 것 같아요."

우리는 고생물학자의 친구인 페드로 사우라Pedro Saura와 라켈 아시아인Raquel Asiaín이 기다리고 있던 라스 아레나스 레스토랑에 들어갔다. 두 사람 모두 주변의 선사 시대 동굴에서 일하고 있다는 사실을 금세 알게 되었다. 페드로와 라켈은 데카

열셋. 먼 옛날 그들이 남긴 발자국

트론에서 구입한 듯한 작업복을 입고 있었는데, 온통 진흙투성이였다.

"방금 동굴에서 나와서요." 내 복장을 살피더니 조심스레 변명을 늘어놓았다.

서로 이야기를 주고받고 있었는데 나는 그들이 무슨 이야기를 하나 조심스레 들어 보았다. "궁전에 책을 소개하러 가는 것 같다."라는 이야기를 하는 것 같았다.

고생물학자는 큰소리로 여기에 한마디를 덧붙였다.

"우리는 언제고 한번 데카트론에 가기로 약속했어요."

전채 요리로 내장을 넣어 만든 수프가 나왔다. 나는 내장에 관한 이야기를 꺼냈다. 내장이 형태가 사라질 정도로 짓이겨진 것을 보니 옛날 기억이 떠올랐기 때문이다. 어렸을 때 크리스마스 날 집에서 내놓았던 수프에 내장이 둥둥 떠다녔던 적이 있는데, 아빠께서는 그걸 보시고 '원시 수프'를 닮았다고 했고, 나는 하마터면 토할 뻔했다.

아빠는 "생명이 처음으로 모습을 드러낸 곳"이라며 감탄과 슬픔이 동시에 어린 묘한 표정으로 우리를 한 사람씩 차례로 돌아보았다. 형제들과 나, 그리고 인류 모두가 그곳에서 비롯되었다고 이야기했다. 닭 내장 건더기와 맷돌에 간 아몬드 가루가 든, 흐리고 탁한 수프는 조금 전 웅덩이에서 퍼온 것 같았다.

미술을 전공한 명예 교수인 페드로 사우라는 나와 엇비슷한 나이였다. 이미 세상을 뜬 아내 마틸데 쿠스키스와 함께 알타미라 동굴 천장 벽화의 복제품인 '새 동굴Neocueva'을 유적지 바로 옆에 만들었던 사람이었다. 서른 살 정도 되어 보이는 라켈 아시아인은 사우라의 지도를 받아 구석기 시대 예술가들이 얼마나 영리하게 도구를 활용했는지에 대해 박사 학위 논문을 쓰고 있었다. 그림 일부를―예를 들어 들소의 앞부분과 육봉을―두드러져 보이게 하려고 바위에 어떤 방법을 사용하여 부조를 새겼는지 연구하고 있었다.

금세 그들 사이에선 일종의 공모가 이루어졌다. 물론 나는 거기에서 배제된 듯한 느낌을 받았다. 11월 어느 수요일 피코스 데 에우로파 발치에서 이루어진 그 만남으로 인해, 나는 어느 정도 거리를 두고, 공통된 관심과 지식을 가진 세 사람이 얼마나 즐거움을 느끼고 있는지 지켜볼 수 있었다. 페드로는 분위기를 편안하게 하는, 꾸밈이 없는 낭랑한 웃음을 터트렸다. 고생물학자는 금세 도발적이면서 빈정거리는 투로 이야기했다. 그러나 이는 그가 얼마나 행복한지 잘 보여 주는 지표였다. 라켈 아시아인은 나이만큼이나 젠더 측면에서―성별을 따진 것이긴 했지만―소수에 속한다는 것을 잘 인식한 탓에 무척이나 신중한 태도를 보였다. 내가 보기엔 그녀는 적극적인 가담과 거리 두기 사이에서 줄타기하고 있었다.

열셋. 먼 옛날 그들이 남긴 발자국

열량이 높은 주요리—토레스노[52]를 곁들인 계란프라이—를 먹으며, 나는 음식에 대해 정도가 좀 지나친 비판을 했다. 내가 이 요리를 이런 식으로 부른 것은, 음식의 영향을 받아 현실이 플랑드르풍의 그림으로 바뀌었기 때문이다. 이는 사람과 사물이 놀라울 정도로 진짜보다 더 진짜 같아 보이는 특성을 획득했다는 것을 의미했다. 예를 들어, (현실 속의) 와인 한 잔이 '(관념 속의) 와인 한 잔'으로 변했고, 포크는 '포크'가 스푼은 '스푼'이 되었다. 무아지경에 빠져 있는 동안 나는 사물의 세계에서 뜯겨져 나와 플라톤의 이데아의 세계로 들어가는 것 같았다. 독립적이라고 할 수도 있지만 어찌 보면 전체에 내재된 듯한 각각의 물체를 관조할 수 있는 정신 상태에 빠져들었다. 나는 모든 것을 볼 수 있었다. 예컨대, 현실 속 여러 구성 요소들 사이를 떠다니는 조화와 관계까지도 말이다. 생명력이 넘치든, 반대로 활기를 잃었든 그것은 문제가 되지 않았다.

"딴생각하고 계시는군요." 내가 토레스노 한 조각을 막 계란프라이에 올려놓으려는 순간 아르수아가가 입을 열었다.

"이건 보통 토레스노가 아니에요." 내가 대답했다. "(관념의) 토레스노예요."

페드로 사우라는 모든 것을 하나로 짜 맞추려는 듯한 예의

---

52   기름에 튀긴 돼지고기 조각.

호탕한 너털웃음을 터트렸다. 덕분에 여러 조각으로 찢어졌던 대화를 하나로 모을 수 있었다. 그들이 일하고 있던 라 코바시에야La Covaciella라는 이름의 동굴은 알타미라 동굴과 동시대에 만들어진 것이라고 했다. 우리는 식사 후에 그곳을 방문하기로 했다.

"정말 멋진 들소 네 마리가 그려져 있어요."

"우리가 여기 온 목적을 이젠 알겠죠?" 아르수아가는 나를 바라보며 이야기했다. "1만 4000년 전에 그려진 들소 그림을 보려고 왔어요."

음식에 대한 일방적인 비난에서 빠져나와 나도 고개를 끄덕였다. 그리고 막 이야기를 시작하려던 사우라에게 관심을 보였다.

"증명할 수는 없지만, 제 이론은 알타미라 동굴에 들소 그림을 그린 사람들이 구체적인 목적을 가지고 이 동굴에 들어온 것 같다는 거예요. 실제 크기와 똑같이 들소 그림을 그리려고요. 먼저 규석을 조각도처럼 이용해서 바위에 동물 형상을 새겼죠. 뿔, 턱수염, 털…. 어떤 것은 조각한 부분의 폭이 손가락 두께 정도예요. 그런 다음에 알타미라 주변에서 찾은 특수한 목탄을 썼을 거예요."

"목탄을 그곳에서 얻었다는 것을 어떻게 알았죠?" 내가 물었다.

"유적지의 꽃가루 분석에선 이 목탄 흔적이 나오지 않았거든요."

"소나무 목탄인가요?" 아르수아가 날카로운 질문을 던졌다.

"맞아요. 피코스 데 에우로파에서 자라는 소나무예요. 이는 이 사람들이 목탄을 만들 줄 알았다는 것을 의미하죠. 모든 것을 재로 만드는 불에도 완전히 타지 않고 적당히 타야 만들 수 있는 목탄을 말이에요. 1미터 이상 되는 줄을 단 한 번에 그은 것도 있어요."

"이 정도면 정말 솜씨가 좋아야 해요." 라켈이 거들었다.

진짜보다 더 진짜 같은 빵 조각, 토레스노의 비계, 계란프라이 등을 깔끔하게 먹어 치우며 별다른 노력을 기울이지도 않았지만, 머리로는 이야기 속 시대를 향해 시간 여행을 떠날 수 있었다. 구체적인 목적을 갖고 동굴로 들어갔던 원시인을 만나지는 못할 것이다. 어떤 의미에서는 내가 바로 그 사람일 수도 있었다.

"너 없어요?" 내가 물어보았다.

"알타미라 동굴의 들소에는 오늘 오후에 보게 될 검은 들소와는 달리 붉은색으로 칠해진 부분이 있어요. 이것은 우연히 그렇게 된 것 같아요. 그보다 4500년쯤 전에 말을 그렸는데, 그 위에 다시 들소를 그린 탓이에요. 이 말들은 산화철로 그려

졌죠. 알타미라의 예술가들은 그림에 효과를 주고 싶었고, 그 래서 붉은색으로 완성한 거죠."

"그런데 왜 알타미라 벽화와 오늘 볼 동굴 벽화가 동일한 작 가의 작품이라고 확신하죠?"

"모든 들소 그림에 똑같은 프로토콜이 사용되었거든요. 바 위를 화폭으로 사용했고, 목탄의 흔적은 화폭에만 남아 있어 요. 이 때문에 선을 그은 방향에 대한 객관적인 자료를 얻을 수 있어요. 이런 식으로 그린다면 움푹 패인 곳에는 목탄의 흔 적이 남지 않아요. 이런 식으로요." 마치 목탄이라도 쥔 듯이 손을 일정하게 한 방향으로, 잠시 후에는 반대 방향으로 움직 였다.

"틀림없을 것 같네요!" 나는 큰소리로 감탄했다. 벽에 들소 그림이 가득한 1만 4000년 전의 동굴이 내 머리뼈 위쪽의 둥 근 부분, 예컨대 두개관頭蓋冠인 것처럼 나에게 설명한 모든 것을 머리에 그려 볼 수 있었다.

"선을 그린 방향은 언제나 일정합니다. 그리고 이것은 동물 들 털의 방향과도 똑같아요. 마치 동물을 쓰다듬는 것처럼 말 이에요. 반대 방향으로 그린 털이 없어요."

"단 한 사람이 그렸다는 중요한 증거예요." 라켈이 못을 박 았다. "화풍의 특징이거든요."

"왜 계속 남자가 그렸다고 하는 거죠? 여자가 그렸을 가능성은 없나요?" 내가 물어보았다.

잠시 침묵이 흘렀다. 내가 보기엔 좀 불편한 것 같았다. 사우라는 한바탕 너털웃음을 웃더니 다음과 같이 설명했다.

"알타미라 동굴 벽화를 그린 작가는 키가 170~180센티미터 정도였어요. 당시 여자들과 비교했을 때 매우 큰 키지요. 무릎을 꿇고 그린 곳도 있고, 어떤 곳은 천장이 지금보다 더 지면에 가까워서 누워서 그린 곳도 있고요. 120센티미터나 되는 긴 선을 단번에 긋기도 했고요. 그러다 보니 키도 크고 팔도 긴 사람이어야 해요. 그래서 남자라고 생각한 거죠."

후식으로 불로 살짝 구운 설탕으로 한 겹 덮은 라이스 푸딩이 나왔다. 유리처럼 스푼 끝으로 살짝 깨야 쌀알에 닿을 수 있었다. 우리는 사우라 박사의 말에 귀 기울였다. 그는 아스투리아스에 이렇게 그림이 그려진 동굴이 60개나 있다고 이야기했다.

"물에 잠긴 것은 세지 않고도 그 정도라는 거죠." 아르수아가가 덧붙였다.

"그럼요. 물에 잠긴 것 빼고요. 당시 수면은 지금보다 90미터 정도 아래에 있었어요. 물에 잠긴 동굴이 많죠."

바다 밑에 있다고 해서 다 물에 잠겼다는 이야기는 아니다. 잠기지 않을 수도 있다. 물이 차지 않은 공간이 있을 수도 있다. 생각만으로도 너무 흥분되어 그런 곳에 가서 한번 머물러

보고 싶었다.

"동굴들을 아직은 막아 놓을 수밖에 없는데요. 이 지역의 동굴 밀도는 정말 특이하다고 말할 수 있을 정도예요." 고생물학자가 말을 이어 갔다.

"오늘 오후에 볼 예정인 라 코바시에야 동굴이 최고라고 할 수 있나요?"

"아뇨. 모두 나름의 특징을 가지고 있어요. 라 코바시에야 동굴은 1994년에 발견되었어요. 도로를 확장하기 위해 폭발물을 설치했는데 구멍이 나온 거죠. 우리도 그 구멍으로 들어갈 거예요. 이 동굴은 아직 사람의 손길이 닿지 않았어요. 1만 4000년 전 그대로 보존되어 있지요."

서둘러 커피를 마시고 레스토랑에서 나왔다. 라스 아레나스를 떠나 AS-114번 지방도를 타고 조금 달리다 보니 현장 사무실이 보였다. 사무실이 도로에서 그리 멀지 않은 곳에 있어서 우리는 도로 옆에 차를 세웠다. 동굴에 들어가기 전에, 나에게도 보호 장갑과 헤드 랜턴을 줬다. 키클롭스의 눈처럼 생겼는데, 내 눈길을 따라 한 점만을 밝게 비췄다. 텅 빈 동굴에 들어갔을 땐 랜턴이 비치는 곳밖엔 아무것도 보이지 않았다. 사무실 안에는 바닥에 마련된, 동굴로 통하는 작은 승강구 이외엔 아무것도 없었다. 승강구는 거의 수직에 가까운 통로를 따라 동굴 가장 깊숙한 곳까지 이어졌다. 높은 습도로 인해 미끌미끌해진 철제 계단이 통로를 잇고 있었다.

페드로 사우라와 아르수아가가 앞장을 섰다. 나는 라켈 아시아인을 안내인 삼아 맨 뒤에서 내려갔다. 우리와 함께 왔던 현장 감시인은 위에 남아 있다가, 우리가 모두 내려가자 입구를 다시 막았다.

갑자기 몽실몽실 피어오르는 어둠에 갇혀 고개를 이쪽저쪽으로 돌려 보았다. 그러자 상상할 수 없었던 암흑의 세계 한가운데에서, 우리가 아무리 침묵의 소리를 들을 수 있어도 지금까지 단 한 번도 듣지 못했을 것 같은 깊은 침묵 속에서, 랜턴의 광선검만 서로 부딪히고 있었다.

"지금 어때요?" 그 심연에서도 내 목소리를 들을 수 있는지 알고 싶었다.

"지금부터는 제가 밟는 곳만 따라 밟으세요." 라켈이 이야기했다. "바닥이 미끄러우니 필요할 때엔 손에 의지할 수 있어야 해요."

손에 의지한다는 말이 실제로는 네발로 걷는다는 말을 에둘러 표현했다는 것을 금세 알 수 있었다. 땅이 고르지 않은데다 올라온 곳도 움푹 파인 곳도 있어 평소처럼 움직이기가 힘들었다. 우리가 나아가고 있는 곳이 얼마나 깊은지 보기 위해 시선을 들었다. 식인귀의 목구멍을 통과하는 것처럼 살아서 꿈틀대는 듯한 험악하게 생긴 구멍을 볼 수 있었다. 동굴은 마치 생명체의 살로 만들어진 것 같았다. 그러다 보니 편도선에나 붙어 있을 법한 찌꺼기나 가래처럼 생긴 진흙들이, 궁전에서 열린 책 소개 자리에나 입고 나갈 옷과 신발에 여기저기에 덕지덕지 달라붙었다.

타이탄의 목구멍을 타고 넘어가는 우스꽝스럽게 생긴 음식물 덩어리처럼 우리도 식도를 따라 미끄러져 내려가고 있었다. 식도는 응접실로 통하는 문처럼 저절로 열렸다. 물론 그 응접실도 1.5~2미터나 되는 거의 수직에 가까운 경사로를 넘어야만 갈 수 있는 그런 곳이었다. 다행히 매듭이 지어진 밧줄이 있었다. 매듭은 앞으로 나아가는 것을 여러모로 도와주었다. 손으로 매듭을 잡을 수도 있었고, 발로 벽을 단단히 밟고서 있는 힘을 다해 위쪽으로 이동할 때 다음에 발을 디딜 곳을 알려주는 역할도 했다.

목표 지점에 도착하자, 몸을 거의 수직으로 세울 수 있었다. 나는 키클롭스의 시선을 왼쪽 벽으로 돌렸다. 그러자 1만 4000년이나 되는 긴 세월 동안 나를 기다려 온, 진짜보다 더 진짜 같은 들소의 모습이 눈앞에 나타났다. 처음에는 위풍당당한 들소를 온전히 비추고 있던 랜턴의 빛은 조금 있으니까 들소의 윤곽을 따라 천천히 움직였다. 그러자 이번엔 (이상하게 인간을 닮은 듯한) 얼굴, (아주 날카로워 보이는) 뿔, 턱수

열셋. 먼 옛날 그들이 남긴 발자국

염, 갈기, (우아하게 생긴) 발, (금방이라도 살아 움직일 것 같은) 눈 등이 하나씩 순서대로 두드러졌다. 몸통을 돋보이게 하는 음영은 수수하면서도 상당히 효과적이었다. 복잡함과 단순함이 뒤섞인 모습은 감탄을 자아내기 충분했다. 복잡한 멧돼지를 단순하게 그린 것인지, 단순한 멧돼지를 복잡하게 그린 것인지 정확하게 꼭 집어 말하기 어려웠다. 원래의 구성 성분을 따로따로 분리하는 것이 불가능한 합금처럼, 두 가지 특성이 아주 교묘하게 엮여 있었다. 그림과의 물리적인 거리 때문에 가깝게 느껴지는 것이겠지만, 내가 140세기 전에 살았던 예술가 앞에 이렇게 서 있다는 생각에 엄청난 감동이 뼛속까지 밀려왔다. 그가 작업했던 공간에 내가 서 있었고, 따라서 지금 이 순간 먼 옛날 그가 발을 디뎠던 곳을 내가 밟고 있을 수도 있었다.

바로 그때, 페드로 사우라가 사진을 찍을 때 사용하는 플래시를 켰다. 들소 네 마리로 구성된 그림 전체가 한눈에 들어왔다. 세 마리는 왼쪽을 바라보고 있었고, 가느다란 실금을 경계로 세 마리와 떨어져 있는 나머지 한 마리는 오른쪽을 바라보고 있었다. 그림은 마치 어제 그린 듯이 선명했다. 어떻게 이렇게 생생하게 보존될 수 있었는지 물어보았다.

"습도가 그림의 선을 탄산염으로 바꿔 벽에 고정했어요." 라켈이 대답했다.

몇 분간 이어진 황홀한 감상 끝에 사우라가 입을 열었다.

"100개 이상의 동굴을 방문한 끝에 제가 내린 결론 중 하나는 이 놀라운 그림을 그린 화가들은 각자 그들의 공동체 안에서 몇 안 되는 특별한 사람들이었다는 것입니다. 한마디로 정말 놀랄 만한 작업을 한 것이죠. 여기 주목하세요." 검지로 나에게 들소 한 마리를 가리키며 감탄에 거워 말했다. "이 그림은 앞서 조각된 것 위에 겹쳐 그려진 건데, 그 조각은 고칠 수 없었어요. 잘못 보면 움푹 파인 줄이 남아 있는 것처럼 보여요. 그것만으로는 부족했던지, 이 그림은 또 다른 움푹 파인 평행선 자국이 남아 있어요. 보이시나요? 이것은 마치 일종의 빗으로 그어 놓은 것 같아요."

"이건 아무나 할 수 있는 것이 아니에요." 아르수아가가 입을 열었다.

"아는 사람만 알죠. 이건 전문가의 솜씨예요." 사우라는 확신에 찬 목소리로 말했다.

"잘 보세요. 예술가가 들소의 가슴 부위에 입체감을 주려고 바위의 튀어나온 부분을 어떻게 이용하고 있는지를요." 라켈이 강조했다.

"바위 모양이 본질을 규정한 것일까요? 다시 말해 어떤 동물을 그릴지를 말이에요." 내가 질문을 던졌다.

"그렇진 않다고 봐요." 사우라가 말했다. "그들은 분명히 무엇을 그릴지 확실한 생각이 있었어요. 신체의 특정 부위를 부각하기 위해 수단을 활용한다는 것은 또 다른 문제예요."

"이런 활동이 들소 사냥이라는 생산적인 것으로 환원될 수 있는 것인지 궁금해요." 아르수아가 질문했다.

"무슨 말이죠?" 내가 반문했다.

"오래도록 보기 위한 장식용 그림은 아니라는 것이죠. 오히려 의식은 행동이 실행에 옮겨지는 바로 그 순간으로 환원되는 법이니까요. 그래서 알타미라에서도 그랬듯이, 다른 그림 위에 다시 동물을 그리는 것이 그리 중요한 문제가 아니었을지도 몰라요. 한번 그림을 그리면 그것으로 효용성은 사라지니까요. 이런 이유에서 그림을 겹쳐서 그린 것인지도 모르겠어요."

"우린 절대로 거기까진 알 수 없을 거예요." 사우라가 잘라 말했다.

21세기를 살아가고 있는 4명이, 1만 4000년 전에 살았던 우리의 먼 친척이 밟고 섰던 그 자리에 섰다. 석회암 캔버스를 벗어나기 위해 사력을 다하고 있는 이미지를 매개로 희한하게 그들과 하나가 되어 있었다.

"그들이 빛을 내기 위해 사용했던, 동물 지방을 이용한 램프의 흔들리는 불빛 아래에서, 이 들소 그림들이 만들어낼 움직임을 한번 상상해 보세요." 사우라가 말을 이어 나갔다.

들소 얼굴이 인간처럼 보이는 것에 대해서는 전혀 생각해 보지 않았다는 대답이 돌아왔다.

"이 그림들이 예술을 위한 예술을 표방했는지, 사냥과 연결된 속죄의 행동에서 비롯됐는지, 그것도 아니면 다산과 관련이 있는지 잘 모르겠어요. 이런 것은 전체에서 아주 작은 부분일 서예요. 그렇지만 우리가 그것을 밝힐 수 없다는 것 자체가 더 위대한 거예요. 미스터리로 남아 있을 수 있으니까요."

밤이 깊어서야 동굴을 떠났다. 우리가 묵을 호텔에 체크인하기 위해 라스 아레나스로 돌아오는 길에 우리는 물결치듯 흔들리는 풍경을 만났다. 풍경은 불투명한 덩어리를 만들어냈는데, 바로 이것이 모든 것을 짓누르고 있던 어둠 속으로 길을 여는 것 같았다. 이것이야말로 태고의 험한 날씨라는 생각이 들었다.

"이건 정말 최고의 모델이었어요." 아르수아가는 선사 시대의 예술가들을 끄집어냈다. "이들은 종일 움직였을 테고, 현재를 살아가고 있는 우리보다 더 다양한 식단과 더 큰 머리를 가지고 있었어요. 더 똑똑하진 않았을 텐데, 우리와 비슷하긴 했을 거예요. 그리고 최고라고 할 수 있는 점은 이거예요. 사근사근했다는 거죠. 절대로 건방을 떨지 않았어요. 그림을 그리고, 꾸미고, 치장하면서 하루하루를 보냈어요. 펜던트나 팔찌를 만들고, 손톱도 다듬고, 목걸이도 하고, 문신도 하고, 깃털 장식도 하고…. 제가 보기에 이 모든 것은 정신 상태를 반영해요. 우울한 사람은 자기 자신을 포기하거든요. 러시아에서는 엄청나게 많은 상아 구슬이 달린 옷을 입은 해골이 발견되었어요. 옷은 남아 있지 않았지만, 구슬은 남아 있었죠. 그런 장식을 만드는 데 몇 시간이나 걸렸는지 선생님은 상상도 못 할 거예요. 아니 몇 달, 몇 년이 걸렸는지도 모르죠. 치장하는 데 많은 시간을 썼어요. 잘생겼다고 생각했고, 잘생겼다고 느꼈을 거예요. 또 자기들이 잘생겼다는 것도 알고 있었을 테고요. 그림을 그리기 시작했을 때 어떤 행동을 했을지 주목해 보세요."

한참 뒤 나는 침대에서 눈을 감은 채 깊은 명상에 잠겼다. 나는 라 코바시에야 동굴에 내려가 다시 그림을 감상했다. 아직도 끝나지 않은 환상에 빠져 있었다. 동굴은 이미 내 마음 깊은 곳에 들어와 있었다.

그날 밤 눈이 내렸다.

다음 날 아침, 아침을 먹고 옷을 껴입은 다음, 나랑호 데 불네스에게 작별을 고했다. 산봉우리는 만년필 뚜껑처럼 반질반질 윤이 나는 은빛 모자를 쓰고 있었다. 비록 환상이긴 했지만, 나는 거인이 두 손으로 산봉우리를 어떻게 받쳐 들고 서 있는지 선명하게 볼 수 있었다. 한눈에 들어오지도 않는 나랑호 데 불네스의 윤곽을 다시 한 번 보여 주려는 듯이 봉우리를 활짝 열어젖히고 있었다.

이틀 후, 고생물학자의 메일을 받았다. '우리 관계는 여행 후에도 계속해서 이어지겠지만, 선생님을 더 잘 알게 되었는지는 모르겠네요.'라고 쓰여 있었다.

'나 역시 당신은 여전히 미스터리의 인물.'이라고 답장했다.

궁전에서 책 소개를 할 때나 입을 거라던 내 옷은 별 쓸모가 없어졌다. 그러나 우리는 아직 갈아입을 옷을 사기 위해 데카트론에 가지는 못했다.

열넷

보이는 것처럼 그렇게
단순하진 않습니다

어느 날 고생물학자는 자신의 친구인 마리오 가르시아가 근무하는, 바예카스Vallecas 소재 특수 학교인 팔로메라스 문화센터로 나를 데려갔다.

"당신은 친구가 어디에나 있네요."

"선생님이 보기엔 그리 좋아 보이진 않나 보죠?"

"비난하는 것 같았어요?"

"조금은요."

1월이어서 여전히 추웠다.

나는 별다른 이유도 없었는데, 성격 탓인지 하루하루를 우울하게 보내고 있었다. 우울한 사람들은 활기가 넘치는 사람들을 질투한 나머지 싫어한다. 그런데 고생물학자가 바로 언제나 건강을 잃지 않는 그런 활기찬 사람 중 하나였다. 화가나서 펄쩍펄쩍 뛰는 모습을 볼 수는 있어도 슬픔에 젖은 모습은 찾아볼 수 없었다. 분노를 모아 슬픔과 싸우는 건 아닐까 생각했다.

"한 번도 낙심한 적 없어요?" 언젠가 그에게 이렇게 물어본 적이 있었다.

"그럴 리가 있겠어요. 나는 상당히 우나무노Miguel de Unamuno[53]와 닮았어요. 실존에 대해 비극적인 관점을 가지고

---

[53]   20세기 스페인을 대표하는 문학가이자 사상가. 대표작인《생의 비극

있죠."

"절망적인 모습은 보이지 않는데요."

그는 닛산 주크를 운전하고 있었다. 얼굴을 돌려 나를 바라보았는데, '당신에게 무슨 말을 해 주길 기대하느냐'는 표정이었다. 순간적이긴 했지만, 완전히 넋이 나간 사람 같다는 느낌을 받았다. 일이 뭐든 간에, 자기 일을 썩 잘해 내지 못하고 있다는 사실에 완전히 넋이 나간 사람의 모습이었다. 넋이 나간 그의 모습에서 언뜻 내 모습을 보았고, 덕분에 우리가 왜 이렇게 희한한 관계를 유지할 수 있는지 어렴풋하게라도 알 수 있었다. 라디오에서 루스 카살Luz Casal의 노래가 흘러나왔다. '당신은 나를 좋아한다는 것을 보여 주려 연기를 하고, 나는 내가 당신을 좋아한다는 것을 당신이 믿게 하려고 연기를 합니다.'

'나에겐 이 무엇도 중요하지 않아요.'

그날 나는 아무것도 중요한 게 없었다. 그러나 고생물학자는 나에게 실험 하나를 보여 줘야겠다는 생각에 사로잡혀 있었다.

"우리는 세 살짜리 아이들을 만나볼 거예요. 선생님도 정말

적 의미》를 통해 인간에게는 고뇌 자체가 생의 근본이며 실존의 중심이 된다고 보았다. 즉, 고뇌하는 사람만이 실존의 의미를 담보한 인격체가 될 수 있다고 보았다.

놀랄걸요."

"왜요?"

교실에 놓인 키 작은 육각형 책상에는 각각 6명씩 앉아 있었다. 대충 20명은 되는 것 같았다. 아르수아가의 친구가 우리를 아이들 선생님(마리벨)에게 소개했다. 우리는 잠시 그녀와 문 옆에서 이야기를 나눴는데, 아이들은 전혀 우리를 쳐다보지도 않았다. 우리가 교실에 들어왔는데도 별로 관심을 끌지 못한 것이다.

"진화심리학에서 '마음 이론Theory of Mind'이라고 부르는 것을 우리는 몇 살에 획득할 수 있는지 밝히려는 거예요."

"무엇과 연계된 문제인데요?"

"선생님이 다른 사람들도 속으로 선생님과 똑같은 생각을 하고 있다는 사실을 인식하게 된다면, 당연히 여기에 기초해서 가설을 세울 것이라는 보는 것이죠. 이것은 정말 중요한 문제예요. 조작과 사기의 기본이라고 할 수 있거든요. 동물들은 마음 이론이 없어서 속이질 못하는 거예요. 알겠어요?"

"물론이죠." 나는 고생물학자가 머리에 감추고 있는 것을 내 마음 이론으로 추론해 보려고 애를 썼다.

"선생님도 마음 이론을 가지고 있기 때문에 다른 사람의 생각을 상상하면서 살아갈 거예요." 그는 마치 내 생각을 읽은 것 같았다. "다른 사람이 무엇을 생각하는지 별 관심이 없으면, 그 사람에게 엉뚱한 생각을 한번 덧씌워 보세요."

"섬뜩하네요!"

"조작은 좋을 수도 나쁠 수도 있어요. 일반적으로 무의식적으로 조작을 하죠. 다른 사람이 잘못된 생각을 하고 있거나, 그 잘못된 생각이 선생님에겐 별로 긍정적이지 않다는 것을 선생님이 알고 있다고 해 봐요. 그것은 이미 선생님도 마음 이론을 가지고 있다는 것을 의미합니다."

고생물학자와 마리벨 선생님, 그리고 내가 뒤에서 뭔가를 모의하고 있는 동안 아이들은 각자 자기 일을 하고 있었다.

"제가 초콜릿 케이크를 들고 교실에 들어간다고 생각해 보세요." 아르수아가 말을 이어 갔다. "교실 한쪽 끝에 상자가 하나 있고, 반대편 끝에도 또 하나가 있는데, 이 두 상자 모두 비었다고 하죠. 제가 오른쪽 끝에 있는 상자에 케이크를 넣고 자리를 뜹니다. 제가 나오면, 마리벨 선생님이 케이크를 꺼내 모두가 보는 앞에서 왼쪽 상자에 숨깁니다. 그런 다음 다시 제가 들어가, 케이크를 찾는다고 가정해 봐요. 아이들은 제가 케이크를 어느 쪽 상자를 먼저 찾을 것이라 생각할까요? 제가 케이크를 숨긴 상자? 아니면 마리벨 선생님이 숨긴 상자?"

"아이들이야 당연히 선생님께서 숨겼던 상자에서 찾을 거라고 믿겠죠?" 마리벨이 얼른 대답했다.

"아이들이 어느 쪽을 바라볼 거 같아요? 제가 케이크가 있으리라 기대하는 쪽을 바라볼까요? 아니면 실제로 케이크가 든 쪽을 바라볼까요?"

"당신이 있을 거라고 믿는 그쪽을 바라보지 않겠어요? 당신에게 단서를 제공하지 않기 위해서라도 말이에요." 이번에는 내가 대답했다.

"만일 그렇다면, 아이들은 이미 마음 이론을 습득한 거라고 할 수 있어요." 고생물학자는 이런 식의 결론을 내렸다. "제가 자기들과 같은 마음을 가지고 있다는 사실을, 그래서 제가 조작을 할 수 있다는 것까지 아이들은 알고 있어요. 저를 속일 수 있지요. 반대의 경우라면, 마리벨 선생님이 케이크를 넣어 둔 곳에서, 다시 말해 실제로 케이크가 있는 곳에서 제가 케이크를 찾길 기대할 것입니다. 그러면 제게 케이크가 있는 곳을 알려 줄 수도 있다는 사실을 전혀 의식하지 못하고 그곳을 바라보겠죠."

아르수아가는 마리벨 선생님에게 우리가 본 장난감 중에서 아이들 모두가 좋아하는 것이 있는지 물어보았다. 마리벨 선생님은 거의 1.5미터나 되는 거대한 우주선을 보여 주었다.

"이 장난감은 어제 왔어요. 모두 이걸 가지고 놀고 싶어 안달이에요."

아르수아가는 장난감을 집어 들더니 마리벨 선생님에게 몇

열넷. 보이는 것처럼 그렇게 단순하진 않습니다

가지 지시를 한 다음, 의도적으로 아이들의 주의를 끌었다. 아이들은 그가 장난감을 가지고 있는 것을 보고 조금 불안한 표정을 지었다.

고생물학자는 인형극에서 악역을 맡은 인형들의 동작을 연상시키려는 듯이 조금 과장되게 팔과 발을 움직이면서 교실 여기저기를 돌아다니기 시작했다. 아이들의 불안한 시선을 받으며 우주선을 가구 안에 숨기고 능글맞은 표정으로 교실을 나섰다. 고생물학자는 천연덕스럽게 연기를 했다.

이번엔 마리벨이 아이들에게 조용히 하라는 손짓을 하고 가구 쪽으로 다가갔다. 장난감을 집어 책장 뒤쪽, 교실에서 가장 먼 쪽 구석에 다시 숨겼다. 몇 초 지나 아르수아가가 다시 교실에 들어가 우주선을 찾는 것 같은 표정을 지었다. 세 살 때 이미 마음 이론을 습득한다는 것을 확인이라도 하듯 아이들은 마리벨이 장난감을 숨긴 곳이 아니라 고생물학자가 장난감을 찾았으면 하는 곳을 바라보았다.

정말 대단했다.

이론도 대단했고, 아이들만큼 혹은 그 이상으로 무대를 즐겼던 고생물학자의 연기도 대단했다.

"얼마 전까지만 해도 네 살까지는 마음 이론을 습득하지 못한다고 믿었어요." 아르수아가는 마리벨과 나에게 부연 설명을 했다. "그러나 최근에는 세 살만 먹으면 벌써 나를 속이려

들어요."

유아를 대상으로 한 실험을 마치자, 고생물학자는 아홉 살인 4학년 학생들의 교실로 우리를 데려다 달라고 부탁했다.

고생물학자는 교실에 도착하자, 빔 프로젝터를 이용하여 소한 마리를 하얀색 칠판에 비췄다. 우리가 라 코바시에야 동굴에서 봤던, 1만 4000년 전에 그려진 진짜보다 더 진짜 같은 들소였다. 우리가 봤던 4마리 중에서 가장 우아한 자태를 뽐내던 들소로, 가장 복잡한 것 같으면서도 결과적으로는 단순한 것이었다. 고생물학자는 이미지의 출처를 설명한 다음, 아이들에게 나눠 준 모눈종이에 들소를 모사해 보라고 했다.

"선사 시대에는 어떤 사람은 이야기할 줄 알았고, 어떤 사람은 사냥을 잘했으며, 어떤 사람은 불을 피울 줄 알았어요. 물론 이 들소를 그린 사람처럼 그림을 잘 그리는 사람도 있었고요. 여러분이 선사 시대의 멋진 화가가 될 수 있는지 한번 봅시다. 5분을 줄게요." 아르수아가가 학생들에게 이야기했다.

교수는 교실의 조도를 조금 낮춰 들소를 그린 선이 하얀 칠판에 더 강하게 부각될 수 있도록 했다. 아르수아가와 나는 한쪽 모퉁이에서부터 학생들이 각자 종이에 들소 그림을 정확하게 모사하기 위해 얼마나 열심히 원작을 뜯어보는지 관찰했다. 내 근처의 한 여자아이는 혀를 삐죽 내밀더니 샤프 펜슬이 움직이는 리듬에 맞춰 혀를 이쪽저쪽으로 움직였다. 아이들의 집중력이 대단했다. 아르수아가는 학생들에게 비록 상은 없지만, 대회를 진행하는 거라고 이야기했다. 상은 그림을 잘 그리는 것 자체가 상이라고 했는데, 이것이 진짜 상 이상으로 학생들을 자극한 듯했다.

하나씩 하나씩 작품을 제출했다. 교수는 다시 교실의 조도를 높이고 한 작품씩 꼼꼼히 뜯어보았다.

엉망이었다.

고생물학자는 가설을 확인한 듯이 웃음을 지었다.

"여긴 너무 더워요." 회색 라운드넥 스웨터를 벗었다. 그는 스웨터 속에 진한 파란색 바탕에 작은 잎새 무늬가 도드라져 보이는 셔츠를 입고 있었다. "내 셔츠가 맘에 드세요?" 내가 셔츠를 뚫어지게 바라보자 이야기했다.

"좋은데요." 내 생각을 밝혔다.

"너무 식물원 같죠?"

이어서 우리는 2만 년 전 선사 시대의 사슴 그림을 가지고 똑같은 실험을 반복했다.

"다시 한 번 상상해 봅시다." 고생물학자가 학생들에게 이야기했다. "우리가 선사 시대를 살아가는 어떤 부족의 구성원이라고 합시다. 동굴에 살고 있는데 동굴 벽을 꾸미고 싶어요. 이번에는 심사를 통해서 우리 부족에서 그림을 가장 잘 그리는 사람을 선발할 거예요."

학생들의 눈길이 칠판에서 모눈종이로 분주하게 오가는 가운데 아르수아가는 나에게 부연 설명을 했다.

"전통적으로 바위에 그려진 그림들은 복잡성을 향해 진화했다고 생각했죠. 사실적인 차원에서의 완벽을 추구하는 쪽으로요. 우리는 이를 '스타일 진화'라고 부르죠. 선생님도 봤듯이 이 사슴 그림은 상당히 도식화되었어요. 전체 몸통을 해체하거나, 돋보이게 하거나, 분할하는 등의 기법이 보이지 않아요. 오로지 윤곽만 그려져 있어요. 발굽도, 눈도, 귀도 굳이 정의되어 있지 않죠. 사람들 대부분이 '이건 아홉 살짜리 꼬마라도 그리겠다.'라고 이야기할 거예요. 선생님 생각은 어떠세요?"

"잘 모르겠어요. 단순하다는 점이 정말 마음에 들긴 하는데."

"그래요. 스타일 차원에서의 단순함이 정신세계의 단순함을 의미하지는 않죠. 이 그림은 정말 초보가 그린 것 같아요. 안 그래요? 이것을 모사하는 게 정말 쉬울 것 같아요."

"원론적으로는 그렇죠."

"이제 5분이 지났으니 아이들이 그린 그림을 거둬볼까요."

우리는 그림을 거뒀다. 그러나 그 어떤 그림도 원본의 정신을 제대로 구현하지 못했다는 것을 확인했다. 선사 시대 원시인들이 그린 사슴의 우아함을 제대로 재현할 수 있는 아이가 단 한 명도 없었다.

열넷. 보이는 것처럼 그렇게 단순하진 않습니다

아르수아가는 다시 세 번째 그림을 꺼내 들었다. 이번에는 프랑스 쇼베 동굴의 곰 그림이었다.

"저는 잘 그릴 자신이 없지만, 앞에 그렸던 것보다는 더 쉬울 것 같아서 가져왔어요. 훨씬 더 고차원적으로 단순하죠."

"환상적인데요!" 나도 고개를 끄덕였다.

"놀랍죠! 몇 년이나 되었을 것 같아요?"

"얼마나 됐어요?"

"3만 1000년요."

"그런데요?"

"시기 추정이 잘못되었거나, 사실주의를 향한 진화라는 생각, 둘 중 하나는 잘못된 거예요. 3만 1000년 전 그림이 1만 4000년 전 그림에 비해 훨씬 더 완벽해요."

작품을 거둬 살펴보자 결과는 이전과 거의 대동소이했다.

교수가 아이들에게 이제 쉬라고 하자, 아이들은 그 말을 듣자마자 얼른 우리만 남겨 놓고 자리를 떴다.

"선사 시대 예술가들이 비율을 파악하기 위해 모눈을 사용하지 않은 점을 고려한다면, 이건 정말 놀라지 않을 수 없어요. 이 정도의 완성도를 얻기 위해선 엄청나게 연습을 많이 했을 거라고 추정할 수 있어요." 아르수아가가 이야기했다.

"어디에서 했을까요?"

"알 수 없어요. 하지만 나무 막대기를 이용해서 해변의 모래

사장이나 강가에서 하지 않았을까요? 방금 봤던 곰과 같은 그림을 그리기 위해선 수도 없이 그려야 했기 때문에 어디에선가 연습을 많이 해야 했을 거예요. 한 번에 이런 그림이 나오진 않아요."

"그랬겠죠?"

"그래요. 아이들을 신사 시대 사람들과 연결한 것 자체가 잘못된 거였어요."

우리는 옷을 걸치고 뜰로 나왔다. 진눈깨비가 내리고 있었다. 아이들은 공을 쫓아 이쪽에서 저쪽으로 우르르 몰려다녔다. 아르수아가는 한 아이를 불러 곁에 서 보라고 했다. 그리고 나를 바라보았다.

"잘 보시면 내가 거의 두 배 정도 크죠."

"네."

"그런데 이 아이의 뇌 크기는 나와 비교했을 때 거의 95퍼센트 수준이에요. 수학적 능력은 거의 비슷하고요. 한 달쯤 있으면 놀랄 만큼 복잡한 문제도 풀 줄 알 거예요. 예를 들어 1/2 + 1/3 같은 문제도요. 이해하시겠어요?"

"믿기 어려운 데요."

"이 아이들은 어린아이의 몸을 갖고 있지만, 이미 어른의 뇌를 가지고 있어요. 이거 상당히 큰 괴리라는 생각 안 드세요? 이것이 발달생물학의 신비예요."

열넷. 보이는 것처럼 그렇게 단순하진 않습니다

"그렇군요."

우리는 커피를 마시기 위해 다른 선생님들과 식당에 갔다. 아이들이 쉬는 시간 같았다. 그들은 우리에게 교실에서 무엇을 했는지 물어보았다. 나는 세 살과 아홉 살 아이들을 데리고 아르수아가가 했던 실험을 이야기했다. 학생들의 뇌 크기에 대해서도 정보를 주었다.

"다른 포유류에서는 이런 발달이 점진적으로 이루어지죠." 고생물학자가 덧붙였다. "대체로 뇌와 신체가 동시에 성장합니다. 우리는 이것을 '급성장'이라고 부르는데, 시기적으로 사춘기와 일치하죠. 이건 인간만의 특성이기도 한데, 이때쯤이면 뇌가 어른 뇌의 크기와 똑같아져요. 바로 이것이 인간의 발달 전략이죠. 사회화되어야 하거든요. 그때까진 몸이 작으면 작을수록 더 좋아요. 비용이 덜 들거든요. 열량 소비가 적은 거죠. 우리는 아이들을 열한 살이나 열두 살까지는 아주 어린 상태로 둡니다. 그래서 아이들이 사회적 성격을 가진 놀이에 참여하지도 않고, 어른들에게도 위협적인 존재가 되지도 않아요. 하지만 2년 정도가 지나면 급격하게 변하지요. 정말 엄청나게 변해요. 조그만 아이들은 먹는 것을 싫어하거나, 편식해서 부모님 마음을 아프게 하지요. 이런 일은 정말 빈번하게 일어나요. 하지만 청소년기가 되면 어른들이 조금만 주의를 게을리하면 냉장고를 다 털어 버릴 거예요. 우리 인간은 2

년 만에 몸이 두 배로 커지죠. 정말 황당해요. 정말 믿을 수 없는 일은 우리가 사춘기를 거치고 살아남았다는 거죠.

어떤 학자들은 곤충의 변태와 비교하는데, 이는 진정한 의미에서 위기예요. 교육적인 시각에서 보면, 아이들을 어른인 듯 교육하는 것은 애벌레를 나비인 양 교육하는 것과 똑같은 잘못이죠. 애벌레는 나비의 축소판이 아니라 완전히 다른 존재예요. 아이들도 작은 인간이 아니라 완전히 다른 존재예요. 정말 멋진 판단을 내렸던 오르테가는 아이들에게 돈키호테를 읽으라고 강요하는 것에 반대했어요. 이것은 어른을 위한 책이거든요. 사춘기의 자녀가 누에고치처럼 행동한다고 불평하는 엄마들에게 이렇게 말하고 싶어요. '부인, 걱정하지 마세요. 곧 고치에서 아름다운 나비가 나올 겁니다.'라고요."

집으로 돌아오는 길에 차 안에서 나는 추워서 부르르 떨었다.

"팀버랜드를 안 입어서 추운 거예요." 고생물학자는 자기 방한용 외투의 브랜드를 보여 주며 빙긋이 웃었다.

열넷, 보이는 것처럼 그렇게 단순하진 않습니다

열다섯

기적의 식이 요법

"대학촌에 갔을 때, 타가르니나tagarnina를 봤어요." 고생물학자는 우울한 표정을 지었다.

"타가르나나뇨? 들어 본 것 같긴 한데." 나는 고개를 갸웃했다.

"엉겅퀴예요. 노란색 꽃을 가진 유일한 종이죠. 카스티야 지방에서는 이것을 엉겅퀴라고 불렀는데, 1년 중 2월 말쯤에 샐러드에 넣기도 해요. 이젠 이런 모습을 잘 볼 수 없죠. 가난한 사람들이나 먹는 음식이 되어 버렸거든요."

우리는 산타 엔그라시아 거리에 있는 라 그란 타스카La Gran Tasca 레스토랑에 자리를 잡았다. 산타 엔그라시아는 사람들이 엄청 붐비는 마드리드의 쿠아트로 카미노스Cuatro Caminos 광장 가까이에 있는 거리다. 아르수아가는 어제 이 집에 전화를 걸어 특선 요리를 예약 주문했다고 이야기했다. 코시도cocido라는 일종의 전골 요리였는데, 수프가 먼저 나왔다. 수프로 배를 채울 준비를 하다가 배가 고파서 빵을 적셔 먹었다. 감초 맛이 나는 비에르소Bierzo 포도주로 가볍게 건배를 했다.

"엉겅퀴에 관해 이야기했는데, 그게 어때서요?"

"타가르니나요."

"타가르니나…. 그 말을 하면서 향수에 젖은 표정이었어요."

"세상일이 돌고 도는 것은 믿을 수 없을 정도예요. 타르가니나 이야기는 1970년 대학에 다닐 때 교수님에게 처음 들었어요. 모든 사람이 대학에선 아무것도 배우지 못했다고 하던 시

열다섯. 기적의 식이 요법

절이라 나는 상당히 골동품 취급을 받았어요. 나는 대학에서 모든 것을 배웠다고 했거든요."

"대학 시절이 나쁘진 않았던 모양이네요."

"그래서 이런 이야기를 하는 거예요. 지금 알고 있는 생물학의 대부분을 그때 배웠거든요. 물론 그 후에도 좀 더 발전시키긴 했지만요. 그렇지만 가장 기본적인 것은…."

그 순간 점원이 진흙으로 만든 커다란 타원형 쟁반을 들고 나타나, 식탁 한가운데에 놓았다. 우리는 잠시 접시에 놓인 음식을 멍하니 바라보았다.

"이럴 수가!" 고기와 야채가 어우러진 모습이 너무나 사실적이어서 절로 감탄사가 나왔다. 주세페 아르침볼도Giuseppe Arcimboldo[54]의 그림 이미지가 떠올랐다.

고생물학자는 싱긋 웃었다.

"잘 기억해 두세요. 병아리콩, 감자, 양배추, 순대, 닭, 소고기, 초리소chorizo[55], 등뼈, 삼겹살, 토시노tocino[56], 마드리드에선

---

[54] 16세기 이탈리아의 화가. 과일, 꽃, 동물, 사물 등을 이용해 사람의 얼굴을 표현하는 독특한 기법의 화풍으로 유명하다.

[55] 다양한 종류의 돼지고기 소시지를 아우르는 명칭. 로마 시대부터 전통적으로 소시지를 감싼 포장재로 창자를 사용한다.

[56] 소금에 절인 돼지고기.

'볼라'라고 부르는 고기와 빵을 섞은 것 등이 들어가죠."

"피망도 들어가죠?"

"꼭 그렇진 않아요." 그가 바로잡았다. "피망은 기본적이긴 해요. 지금 선생님은 신석기 시대 요리를 앞에 두고 있는 거예요. 비록 피망은 아메리카에서 건너왔지만 말이에요. 인간이 재배한 야채와 집에서 기른 동물 고기를 전골냄비에 함께 넣고 끓인 스튜지요. 여기 가져온 것은 정말 특별한 거예요. 양도 많고 갖은 재료가 다 들어갔죠. 반대로 구석기 시대의 식단은 사냥과 채집한 식물에 기초했어요. 그래서 '추출 경제'라고도 할 수 있죠. 필요한 것을 자연에서 구했으니까요. 방금 뽑아 온 병아리콩은 누가 먹었을까요?"

"아무도 안 먹었을 거예요. 이것을 요리하려면 불이 필요하거든요." 나의 추론이었다.

"사람들이 불을 너무 당연하게 여기지요. 그러나 병아리콩을 불에 익히려면 그릇이, 다시 말해 병아리콩을 담을 용기가 필요해요. 지금은 냄비가 너무 일상적인 물건이지만, 냄비의 출현은 생물학적 혁명은 아니지만, 기술적으로도 문화적으로도 엄청난 의미가 있는 혁명이었어요. 신석기 시대에 그들이 경작한 생산물 대부분은 날로 먹을 수 없었거든요."

이야기를 나누면서도 우리는 각자 취향에 따라 코시도 요리를 공략했다. 나는 병아리콩을 뜨는 국자로 고기가 부드러워지고 야채에 맛이 잘 스며들도록 토시노와 양배추를 잘 저었다. 좀 더 세심한 성격의 고생물학자는 항아리 안에 든 것들을, 독특한 자기만의 기준에 따라 접시 가장자리에 조금씩 덜어 놓았다. 고기에서 시작해서, 초리소, 닭, 병아리콩, 삼겹살, 피망의 순서로 늘어놓았다.

"알파벳 순으로 먹을 건가요?" 나는 농담을 던졌다.

"전부 뒤섞기 전에 하나씩 따로따로 놓고 보는 것을 좋아하거든요."

그는 몇 초 동안 불교의 선승이라도 된 듯이 느긋하게 살펴본 다음 모든 것을 다 섞더니, 형이상학적인 생각을 즐기는 듯한 표정으로 먹기 시작했다.

"정말 맛있네요!" 그는 감탄사를 연발했다.

"정말 최고예요!" 게걸스럽게 반 접시나 비우고 다시 한 국자 뜨려던 나도 얼른 그의 말에 동의했다.

"몸에 가장 좋은 것은 바닥에 있어요." 아르수아가가 한마디 했다. "나무는 땅에서 영양분을 얻어요. 미네랄도, 물도 땅에서 뽑아 올려, 빛이 주는 에너지를 이용하여 무기물을 유기물로 바꾸지요."

"광합성이요!" 고등학교 때 배운 것을 떠올리며 얼른 이야기했다.

"그래요, 광합성이죠. 인간이 재배한 것이든 아니든, 모든 식물은 다 똑같아요. 토양이 비옥하면 생산성이 높은데, 별로 비옥하지 않거나 척박하면….”

“안 좋겠죠.” 그릇에 붙은 버터를 떼어 내듯이 포크 끝으로 골수를 파며 이야기했다.

“당연히 안 좋죠. 신석기 시대에는 무엇을 했을까요?” 아르수아가는 계속 이야기를 이어 갔다. “자연의 경제학을 바꿨어요. 엄청난 양의 식물을 생산하던 땅, 다양한 지층을 바탕으로 수많은 동물을 먹여 살리던 숲이 단 하나의 작물만 먹여 살리는 토지로 변했지요.”

“예를 들어, 병아리콩이요?”

“예를 들면요.”

“자연은 다양한 작물을 길러 내는 데 반해, 우리 인간은 단일 작물만 경작한다는 것을 의미하는 거네요.” 나는 포도주와 맛있는 식사 덕분에 행복에 겨워 얼른 한마디했다.

“원하시는 대로 말해도 상관없어요.” 아르수아가가 대답했다. “문제는 그런 식으로 하면 인간에게는 엄청난 수익을 안기지만 오로지 인간에게만 이익입니다. 숲의 다양한 식물들은 척추동물이든 무척추동물이든 가리지 않고 정말 믿을 수 없을 정도로 많은 동물에게 먹을 것을 제공해요. 그렇지만 곡물이나 야채는 선생님과 나 같은 인간에게만 먹을 것을 주는 거예요.”

"이건 재앙이네요!" 조금 유감스러운 척했다.

"경제적인 전환이 정말 황당한 쪽으로 전개되고 있는 거죠. 생태계는 경제적인 시스템이에요. 우리가 생태학이라고 부르는 건데 점점 더 세련되어 가고 있죠. 그렇지만 우리는 계속 '경제'에 대해서만 이야기해요. 자원에 대해서만요."

"그렇군요."

"우리는 숲을 골라 나무를 다 베어 버리고 경작지로 만들죠. 예전엔 엄청나게 많은 나무와 동물들이 살던 곳에서 지금은 단 한 종의 작물과 단 한 종의 동물이 살고 있어요. 바이오매스biomass[57]의 총량은 똑같아요. 그러나 그 바이오매스는 우리 인간만 먹을 수 있어요. 우리가 숲이 준 모든 자원을 독식하고 있는 거죠."

아르수아가는 끊임없이 이야기하느라 천천히 먹을 수밖에 없었다. 그러나 잘 골라서 나눠 먹었기 때문에 훨씬 더 효율적으로 먹고 있었다. 그걸 보니 너무 빨리 먹었던 게 미안했다. 나는 배가 불렀다. 벌을 받는 심정으로 이젠 자유로워진 두 손으로 뭔가 받아쓸 준비를 했다.

---

[57] 바이오매스는 원래 생태학 용어로 자연계 어느 지역에 있는 생물의 양이나, 생물이 가진 유기 물질을 총칭하는 말이다. 현재는 에너지원으로서의 식물이나 동물, 미생물 전체를 의미하는 것으로 일반화돼 있다.

"그런데 이건 좋은 거예요? 나쁜 거예요?" 내가 물었다.

"뭐가요?" 그는 순대 하나를 잘라 안에 든 맛있는 것을 꺼내고 있었다.

"숲의 자원을 모두 다 차지하는 거요."

"대단한 것이죠. 몇 가지 전례도 있어요. 작은 아이템에 기초한 경제 같은 거요. 작은 아이템 기억나죠?"

"네. 달팽이, 곤충, 구근….'"

"좋아요. 선생님이 사냥꾼에게 그가 병아리콩을 먹어야 한다고 설명한다고 합시다. 사슴 한 마리가 줄 수 있는 열량을 얻기 위해선 도대체 얼마나 많이 먹어야 할까요?"

"몇 톤은 먹어야겠죠."

"그래도 병아리콩은 저장할 수 있다는 장점이 있어요. 그것도 아주 오랫동안요. 다른 채소들도 마찬가지지만요."

"단점은요?"

"요리하지 않고는 먹을 수 없다는 거죠. 그리고 이미 이야기했듯이 요리하기 위해선 불뿐만 아니라 냄비도 필요해요."

"그래서 도자기를 만들어야만 했군요."

"맞아요. 구운 진흙으로 만든 용기가 드디어 출현해요. 저장하기 위해서요. 그런데 저장이 가능해지면서 재산의 개념이 생겼어요."

"잉여의 개념이요." 나는 좀 더 구체화했다.

"그러나 축적된 잉여 생산물은 주인이 있을 수밖에 없고, 이 잉여 생산물 때문에 사회 계층, 혹은 계급이 생겼어요."

"신석기 시대에 잉여 생산물을 공동체의 소유로 한 사회는 없었나요?"

"적었죠. 인류학자들은 사회 진화를 여러 단계로 구분하고 있어요. 처음엔 구석기 시대의 사냥과 채집을 병행했던 때와 비슷하게 살면서 계속 이동하며 살았던 그룹, 일종의 무리 사회band가 있었어요. 그다음엔 씨족 집단이 나타났지요. 여기까지는 모든 재산이 공동 소유였어요. 혈연관계가 있는 사람들로 구성되어 모두가 신비한 힘을 가진 단 한 사람의 자손이라고 생각했거든요. 그다음엔 여러 지역을 하나로 묶는 부족 사회가 나왔죠. 더 나아가 부족 사회를 넘어가면 영어에서 '추장chief'이라고 이름을 붙일 수 있는 존재, 즉 스페인어로는 (추장의 의미인) '카시케cacique'에 해당하는 사람이 등장했지요. 추장은 로마인들이 이베리아 반도에 왔을 때 사용했던 레굴루스régulos 혹은 통치자라는 것과 비슷한 개념이에요."

"골수는 안 먹어요?" 내가 먹어도 될지 물어보았다.

"저는 이거면 됐어요. 더 강요하진 마세요."

코시도 덕분에 고생물학자에게 선승 같은 면도 있다는 것을 알게 되었다. 이야기하거나 심지어 먹을 때조차 언제나 깊이 생각하는 측면이 있었다. 이 덕분에 지금까진 설명이 어려웠던 그의 성격의 많은 부분을 이해하게 됐다. 거리감, 빈정대는 말투, 자비심…. 그를 다른 면에서, 뭔가 쿵푸 시리즈에 나오는 현인과 비슷한 사람으로 보게 되었다.

모든 것이 신기하단 생각이 들었다.

"골수는 코시도에서 구석기적인 성격을 나타냅니다. 우리가 좋아하는 이유는 이것을 먹으면 전체 열량 측면에서 엄청난 이바지를 하기 때문이죠. 다른 것들은 신석기적인 성격이 더 커요. 다시 말해서 가축화된 동물에 속하는 거죠."

"그렇지만 골수도 가축화된 소에서 나왔어요."

"그래도 구석기적인 개념이에요."

"먹을 거예요, 안 먹을 거예요?"

"안 먹을 거예요. 더는 못 먹겠어요. 두 손 들었어요." 그는 접시 양쪽에 포크와 나이프를 내려놓았다.

"그럼 내가 먹을게요."

"그러세요. 그렇지만 이건 기억해 두세요. 잉여를 만들어 낸 비화폐성 경제는, 우리가 지금까지 언급했던 무리 사회, 씨족 사회, 부족 사회, 추장 사회 등의 끝도 없이 이어지는 제도를 통해서 국가 건설로 연결된다는 사실을요. 마지막에는 왕국이나 공화국인데 다 똑같은 거예요. 결국은 국가죠."

"이 모든 것이 곡물과 야채를 재배하고 보관할 수 있다는 사실을 알아낸 덕분이네요."

"그때까지만 해도 잉여 생산물을 축적하는 방법 중에서 의미가 있는 것은 단 하나뿐이었어요. 이 사례를 한번 보시죠. 코끼리를 잡아 선생님과 가족들이 배불리 먹고 나서 남는 고기는 어떻게 하시겠어요?"

"훈제해야죠."

"아직 훈제하는 방법을 모른다면 어떡하시겠어요?"

"모르겠어요. 은행에 넣어 두면 좋을 텐데." 나는 농담을 던졌다.

"그럼 코끼리를 보관할 수 있는 은행에는 어떤 것이 있을까요?"

"생각나는 게 없네요."

"간단해요. 다른 부족을 부르면 돼요. 그들이 와서 먹을 테고, 그러면 그들은 선생님에게 빚을 지는 겁니다."

"이웃 부족의 배가 은행이 된 셈이네요."

"바로 이것이 구석기 시대에 잉여 생산물을 보존하던 방법이었어요. 이는 회계라는 것이 모습을 드러낸 것을 의미하지요. 옆에 사는 부족이 나에게 사슴 한 마리를 빚졌다."

"나쁘진 않네요. 그런데 벌써 이때 자본주의적인 이자 개념이 나왔어요? 다음에 돌려줄 때는 사슴 한 마리 반을 돌려줘야 한다는 거요."

"그건 모르겠어요. 다만 먹을 수 없는 것을 다른 사람의 배에 저장한다는 발상 자체가 정말 멋지다는 것만은 확실해요."

"잉여 개념의 정립에서 촉발된 부수적인 효과가 사적 소유 개념의 출현이라는 사실이 못마땅하네요."

"저장고나 창고가 출현하는 것이지요." 아르수아가가 한마디 덧붙였다.

"바로 여기에서 모든 것이 망가지기 시작합니다. 이건 《사피엔스》를 통해 유발 하라리도 확실히 이야기했죠. 크리스토퍼 라이언Christopher Ryan[58]은 《문명의 역습Civilized to death》이란 책에서 신석기 시대에 부르주아화가 이미 이루어졌다고 못박았어요."

"사실 신석기 시대의 유골을 살펴보면 삶의 질이 개선되었다는 생물학적인 지표를 찾을 수 없어요. 사냥과 채집을 하던 구석기인에 비해 키와 뇌가 작았을 뿐 아니라, 농사를 짓고 곡식을 빻고 가축을 돌보는 등의 일을 하느라 온갖 질병을 다 앓았어요. 게다가 구석기 시대 사람들보다 수명도 짧았고요."

"그런데 어떻게 신석기인들이 승리를 거둔 거죠?"

---

[58] 미국의 심리학자. 그의 박사 학위 논문은 인간 성생활이 선사 시대의 생활과 연결되어 있다는 주장으로 유명한 심리학자 스탠리 크리프너Stanley Krippner의 지도를 받았다. 크리스토퍼는 1990년대 중반부터 스페인 바르셀로나에 기반을 두고, 전 세계를 돌며 인간의 성생활에 관해 강연하고 있다.

"경작용 토지나 가축용 목초지가 된 땅이 자연 생태계보다 더 많은 인간을 먹여 살렸기 때문이죠. 더 잘 살진 못했지만, 예를 들어 더 많은 자식을 낳을 수 있었고, 더 지속적이었어요. 이야기가 좀 벗어난 것 같은데…."

"…."

"아, 생각났어요. 채소 문제를 하나 알려 주고 싶었어요. 채소를 먹으려면 반드시 요리해야 한다는 사실과는 별개의 문제인데요."

"뭐죠?"

"아무것도 몰랐다는 거죠. 우리가 먹어온 병아리콩은 순전히 전분 덩어리예요. 맛을 더하려면, 토시노, 초리소, 순대 등과 함께 먹어야 해요. 전분은 지방질을 흡수하는 능력이 있거든요."

점원이 우리에게 다가와 후식을 먹을지 물었다. 우리는 동시에 한 사람(아르수아가)은 "예!"라고 말하고, 또 한 사람(나)은 "아니요!"라고 대답했다.

"아직도 배가 고파요?" 아직도 반절 이상 손도 대지 않은 채 남아 있는 음식을 가리켰다.

"변덕이죠."

"그럼 여기 스푼 두 개만 가져다 주세요." 점원에게 부탁했다. "그리고 여기 남은 병아리콩은 밀폐 용기에 두 개로 나눠 담아 주세요."

점원이 돌아가자, 실 가는 데 바늘 가듯이 행동 하나하나에 의도가 있었던 고생물학자는 나에게 밀가루에 우유와 설탕을 넣어 튀긴 우유 튀김 과자Leche frita도 우연의 산물이 아니라고 이야기했다.

"우연인 것은 아무것도 없어요. 선생님과 제가 정상은 아니라는 것을 선생님에게 설명하기 위한 변명이기도 하지만요."

나는 잠시 아르수아가가 자기도 비밀리에 활동하는 네안데르탈인이라는 고백을 할 것이라 생각했다. 그러나 나에게 한 이야기는 우리 두 사람 모두 돌연변이라는 것이었다.

"돌연변이요? 당신과 나, 모두가요?"

"자, 보세요! 모든 포유류에서 새끼들은 엄마의 젖을 먹어요. 그런데 일정한 기간 동안만이죠."

"알고 있어요."

"모유에는 유당이라고 부르는 포도당 이외에도 단백질과 지방질이 있어요. 유당을 이용해 물질대사를 하려면 락타아제라고 부르는 단백질 효소가 필요한데, 락타아제는 수유기에만 만들어지다가 이유기가 되면 사라지기 때문에, 우리 포유류는 유당불내증乳糖不耐症[59]을 가지고 있어요. 그래서 선생님이 우

---

[59]   선천적으로 유당을 분해하는 효소가 부족하여 우유처럼 유당이 풍부

유나 젖을 먹었을 때, 두 가지 현상이 일어나요. 한 가지는 확실하고, 다른 한 가지는 가능성이 커지요. 효소 없이는 물질 대사가 불가능하기 때문에 소화해서 흡수할 수 없다는 점은 확실하고, 소화 기관에 염증이 생길 가능성은 커지고요."

"유당불내증이란 말은 많이 들었어요."

"여기에서 배타적이란 의미에서의 '불내'란 표현은 옳지 않아요. 이게 정상이거든요. 젖을 먹는 아이가 아니면 젖을 분해하지 못하는 건 정상이니까요."

나는 방금 가져온 우유 튀김 과자를 담은 그릇을 믿기 어렵다는 표정으로 바라보았다.

"그렇지만 당신과 나는 분해를 하잖아요?" 내 말엔 질문뿐만 아니라 확실하다는 의미도 담겨 있었다.

"우리가 돌연변이라 그래요. 문화가 우리의 생물학적 특성을 바꿔 놨어요. 중부 유럽에선 유전자 차원의 돌연변이가 나타났어요. 덕분에 평생 락타아제를 생산하죠. 아이들이 많은 그들에겐 이것이 더 유리하니까요. 대부분 가축을 길렀기 때문에 우유는 풍부했거든요."

"이를 통해 단백질을 보장받을 수 있었군요."

"맞아요. 우유는 단백질과 지방 그리고 포도당을 가지고 있

한 음식을 소화하는 데 장애를 겪는 증상.

어요. 한마디로 다 가지고 있죠. 완전식품이에요."

"유당불내증이 있는 사람을 알아요." 나는 조카를 떠올렸다.

"그런 사람이 정상이에요. 변이가 되지 않은 거죠. 중부 유럽과 스칸디나비아에선 거의 100퍼센트가 돌연변이예요. 이 중심지에서 터키나 지중해 쪽으로 갈수록 돌연변이의 비율이 낮아져요. 그런데 스페인에선 대다수가 돌연변이예요. 인류 대부분에겐 우유가 잘 안 맞아요. 예를 들어, 중국인들의 부엌엔 우유가 없죠. 아메리카 대륙도 마찬가지고요. 인도에서는 카스트에 따라 달라져요. 인도-유럽계는…."

"그러니까 락타아제 생산에도 유전자가 개입하고 있는 거군요." 내가 얼른 말을 끊었다.

"그러나 다른 변이를 통해 똑같은 결과에 이른 민족도 있어요. 게놈은 일종의 시스템이거든요. 즉, 이 효소 생산에 개입하는 존재가 단 하나의 유전자만 있는 게 아니라는 말이에요. 예를 들어, 마사이족은 언제나 소들과 함께 살아왔어요. 신이 자기들에게 소를 주었기 때문에 온 세상의 소가 자기들 소유라고 믿을 정도예요. 그래서 이유기를 지나도 우유를 마실 수 있는 변이를 보여 주는데, 우리가 경험한 변이와는 달라요. 마사이족에게서는 우유 냄새가 나요. 빨대를 이용하여 소의 목정맥에서 받은 피에 우유를 섞어 마시죠. 그래서 발효된 우유 냄새가 나요. 종일 젖을 먹고 토하길 반복하는 아이들처럼요."

레스토랑에서 나왔는데 날씨가 너무 좋아서 지하철을 타기 전에 잠깐 산책을 하기로 했다.

"오늘 밤엔 남은 병아리콩을 먹어야겠어요." 내 밀폐 용기를 보여 주었다.

"저는 오늘 배가 너무 불러서 내일 먹을 거예요. 그런데 뇌에 관해 이야기할 것이 있어요." 아르수아가는 뭔가 불만 어린 말투였다.

"내가 너무 말을 끊었나 봐요."

"그 말은 맞아요."

"배고픔에 관해 이야기하고 싶었거든요."

"코시도를 먹고도 또 배고픔을 이야기한다고요? 너무 하잖아요?"

"코시도를 먹기 전에 배고픔에 대해 이야기하면 위액이 묽어지잖아요."

"배고픔은 모든 문제 뒤에 버티고 있어요. 인류에겐 가장 큰 문제죠." 고생물학자도 인정했다.

"배고픔을 몰랐던 종도 있을까요?"

"없어요! 북반구에서 살았던 모든 생명체의 절반은 질병과도 같은 겨울 때문에 죽었어요. 생명은 어떻게 봄까지 살아남을 수 있느냐에 달려 있었어요. 대가가 무엇이든 말이에요. 아주 소수만, 정말 소수만 살아남았어요. 봄은 비교적 너그럽고,

가을은 정말 풍성한 과일을 안겨 주지요. 만일 8월이 정해진 날짜 이상으로 계속되면 여름도 길어져요. 그러나 가을은 언제나 그 자리를 떠나지 않아요. 결실의 계절이지요. 모든 것이 하늘에서 떨어져요. 예를 들어, 카스티야에선 모든 사람이 아무 걱정 없이 도토리를 먹을 수 있어요. 돈키호테에서도 그런 모습을 볼 수 있잖아요. 달착지근한데다가 돼지한테 줄 수도 있고요."

"봄은 환희의 계절이에요." 나는 봄을 알리는 2월 말의 햇빛을 즐기며 이야기했다. 겉옷을 벗고 알록달록한 셔츠를 입은 젊은이들과 엇갈렸다.

"봄은 육식 동물에게 유리하죠. 방어할 힘이 없는 갓 태어난 것들을 잡아먹을 수 있어요." 아르수아가가 말을 이어 갔다. "초식 동물에게도 맛있게 먹을 수 있는 풀이 있고요."

"초식 동물을 위한 풀이 있다는 것은 육식 동물에겐 고기가 있다는 말이겠네요. 안 그래요?"

"그럼요. 유목은 사계에 따라 만들어지는 변화의 좋은 사례예요. 산에서 자라는 목초는 8월에는 가축들에게 정말 좋은 먹거리죠. 바로 여기에서 여름 목장이라는 말도 생겼고요. 그렇지만 점점 풀들도 마르고, 여름 끝자락이 오면 소들도 힘들어하는 시기가 닥치죠. 가을은 비와 많은 과일을 안겨 주지요. 환상적이죠! 그다음엔 어떻게든 살아남아야 하는 겨울이 오고요. 그러면 가장 늙은 것들과 가장 어린 것들이 세상을 뜹니다. 겨울은 정말 황당한 계절이에요. 눈이 엄청 내려 결국은 그나마 얼마 안 되는 풀들을 다 덮어 버려요. 이건 적어 놓으세요. 겨울이 최악의 질병이라고요."

얼른 받아 적었다. 그러고는 한 곳을 가리켰다.

"저기 잉여의 중요성을 보여 주는 것이 있네요."

"구석기 시대에는 잉여 생산물도 없었고, 텔레피자Telepizza[60]가 동굴까지 배달되지도 않았어요. 생명을 연장하고 싶으면 반드시 밖에 나가야만 했는데, 이 경우 옷을 단단히 입든지 얼어 죽든지 둘 중 하나였어요."

"구석기 시대엔 텔레피자가 없었다. 이것도 적어 놓을게요."

"간단한 계산을 한번 해 보세요. 선생님이 나무꾼이어서 하루에 3,000칼로리가 필요하다고 하죠."

"나는 나무꾼이 될 생각은 없는데요."

"2,500칼로리라고 할까요? 그중 20퍼센트는 뇌가 사용해요."

우리는 신호등 앞에 섰다. 우리 곁에는 나이 든 노인 부부가 서 있었는데, 할머니가 "가엾은 에바리스토. 이젠 우리는 사람

---

60 스페인과 포르투갈, 일부 스페인어권 국가, 유럽 연합, 스위스, 중동, 그리고 최근에는 영국에서도 운영되는 피자 레스토랑 체인점.

도 아니에요."라고 이야기했다.

"20퍼센트는 몸무게와 상당한 관련이 있죠. 안 그래요?" 내가 이야기를 받았다.

"많죠. 가능하다면 뇌는 무게가 많이 나가는 것이 좋아요. 몸의 다른 부분 무게는 그다음이죠. 곧 알게 될 거예요."

"몸무게와 에너지 소비 사이의 불균형을, 우리가 그 부분을 얼마나 열심히 굴리고 있는가와 반드시 연결해서 봐야 하나요? 강박 관념을 가진 사람은 보통 사람들보다 더 열량 소비가 많나요?"

"아뇨. 뇌는 선생님이 많이 생각하든 적게 생각하든 상관없이 언제나 일정하게 소비해요. 포도당을 많이 소비하죠. 뉴런은 만족할 줄 몰라서, 전혀 사용하지 않아도 사용할 때와 똑같은 열량을 소비하죠. 오스트랄로피테쿠스가 사피엔스로 진화하길 원한다고 한번 상상해 보세요. 이를 위해서는 뇌가 더 커져야 하거든요. 그러려면 어디에선가 빼서 저축해야 하는데, 어디에서 뺐을 것 같아요? 전체적으로 2,500칼로리 밖에 없고, 누가 선물하지도 않는다고 한다면요."

"열량을 얻는 게 그렇게 어려운가요?"

"지금은 그렇지 않아요. 지금은 누워서 떡 먹기죠. 그렇지만 선생님이 구석기 시대에 살고 있다고 생각해 보세요. 그럼 정말 열심히 일해야 하죠."

"열량을 더 얻을 수 있는 곳이 없으니까, 열량을 더 얻으려는 행위는 해결책이 안 되겠네요."

"그렇죠. 소화관에서 절약할 수밖에 없어요. 인체 경제학에선 3장에 해당해요. 1장은 생명 유지와 관련된 기관들이에요. 간, 신장, 심장과 같은 거요. 여기에서 절약이 불가능해요. 그러면 제 역할을 다할 수 없거든요. 두 번째는 뇌예요. 우리가 원하는 것은 덜 주는 것이 아니라 오히려 더 많이 주는 거죠. 확장이 가능하도록 말이에요. 그럼 뭐가 남죠?"

"소화 기관요."

"확실하죠? 우리 인류가 그동안 해 온 것이 바로 이거예요. 소화관 길이를 줄인 거죠. 선생님이 사자의 소화관을 위에서 항문까지 쭉 펼쳐 길이를 잰 다음, 얼룩말의 소화관 길이를 재 보면, 얼룩말의 소화관이 사자보다 훨씬 더 길다는 것을 알 수 있어요. 얼룩말은 초식 동물이고, 따라서 엄청난 양의 풀과 섬유질을 소화해야 하거든요. 얼룩말은 긴 소화관이 필요해요. 얼룩말이 먹은 것들은 별로 열량이 없거든요. 양은 많은데 열량은 적은 것과 양은 적은데 열량은 높은 것 중에서 골라야 해요. 삶이 그렇죠."

"우리가 하는 것도 바로 그런 것 아닌가요?"

"그렇죠. 우리가 하는 것도 이런 거예요. 원래 초식이었던 식사를 양질의 식사로 바꾸면 결국은 소화관도 여기에 맞춰야 하죠."

"그럼 여기에서 절약한 것이 뇌의 성장으로 이어졌나요?"

"맞아요. 덕분에 사회생활을 증가시켰고, 이는 다시 정치의 출현을 낳았어요."

"그럼 이런 변화가 불을 이용해 요리하기 이전에 이루어졌나요?"

"불을 이용해 요리를 시작했을 때에는 이미 뇌가 어느 정도 커진 다음이었어요."

"지금까진 불로 조리한 음식을 먹은 결과가 뇌의 성장으로 이어진 것으로 알고 있었어요."

"그건 아니에요. 요리하진 않았지만, 에너지가 풍부한 음식을 먹기 시작하면서부터 뇌는 커졌어요. 선생님도 소화관이 짧은 사자처럼 고기를 날로 먹을 수 있어요. 모든 육식 동물의 소화관은 똑같아요."

"내가 소화관의 길이를 이야기하면, 그런 소화관을 가진 동물은 무엇을 먹을지 말해 줄 수 있나요?"

"그럼요! 하나만 말해 보세요."

"지금은 생각나지 않네요."

"그럼 이것을 적어 놓으세요. '육식 동물은 요리할 필요가 없다. 늑대는 요리하지 않는다. 그러나 요리를 하면 더 소화가 잘 된다. 바로 이것이 사실이다.' 이 문제에 대해 나와 같은 의견인 사람도 있어요. 불을 사용한 것은 정말 오래된 일이고, 뇌 확장의 원인이기도 하다는 사람이요. 하지만 뇌가 먼저 확장된 다음에 불이 식생활에 활용되기 시작했다는 의견을 내는 사람도 있어요. 그렇다고 불이 중요하지 않다는 것은 아니지요. 우리는 불의 자식인 셈이거든요."

"그럼 뇌가 커지자마자 우리는 사피엔스로 변신했나요?"

"아니요. 여전히 호미니드였어요. 원한다면 사피엔스 전 단계라고 말해도 좋아요. 지금 30만 년 전 이야기를 하는 거예요."

"그렇지만 이미 30만 년 전에 상징적인 의미를 내포한 아이디어가 나오기 시작했잖아요?"

"뭔가…." 고생물학자는 잠시 말을 끊고 고민하는 모습을 보였다. 이 늦은 시간에 그런 문제까지 다뤄야 할지 아닐지 고민하는 것 같았다.

우리는 아무 말 없이 지하철 입구에 도착했다. 계단을 내려가며 그는 다시 불로 화제를 돌려, 덕분에 우리는 음식을 부드럽게 만들 수 있었고, 더 소화를 잘 시킬 수 있었다는 이야기를 했다.

"그것은 분명해요. 하지만 불이 호모 사피엔스를 만들었다는 사람과, 진화에서 마지막 스퍼트를 할 때 불이 나타났다고 주장하는 사람 사이에서 활발한 논쟁이 있었다는 사실도 반드시 써 놓으세요."

"뉘앙스의 문제인 것 같은데요." 내가 이야기했다.

"그러나 우린 그 뉘앙스에 매어 살고 있어요."

"결국은 우리가 뇌에 관한 이야기를 했네요."

"그래요. 어떤 생각이 드세요? 나는 절대로 수업을 중간에 마치지 않아요."

우리는 서로 반대 방향으로 가야 했기 때문에 헤어질 수밖에 없었다. 내 플랫폼에 들어섰을 때 맞은편 플랫폼에 서 있는 그를 보았다. 우리는 각자 건배하는 것처럼 신석기 시대의 병아리콩 밀폐 용기를 들어 올리며 웃음을 터트렸다.

그의 전철이 먼저 도착했다.

이젠 사람들의
평가에 맡기자

무덤에 쓰인 글귀는 이랬다.

'루이시토 메아나 곤살레스. 아바나 1926년 12월 31일 - 마드리드 1936년 1월 9일. 엄마 아빠는 너를 절대 잊지 못할 거야.'

"꼬마네요." 나는 아이 사진을 가리키며 입을 열었다. "불쌍하게…."

"최소한 내전은 피할 수 있었네요." 고생물학자가 말을 받았다.

묘지를 여기저기 돌아다니며 우리도 쓸 만한 묘비명을 찾았다. 모든 묘비에는 죽은 사람을 잊지 못하는 사람이 있었다.

"불멸의 가장 보편적인 형태는 다른 사람의 기억 속에 살아 있는 것이지요." 아르수아가가 이야기했다. "그래서 '너를 잊지 않을게.'라는 공식 같은 말이 계속되는 것이고요. 선생님의 부모님도 절대로 선생님을 잊지 않을 거예요."

"그렇지만 그것은 집 주변을 떠도는 '불멸'일 뿐이지요. 순치馴致된 불멸이라고나 할까요? 확실한 것은 지나치게 사실적이라는 거죠. 다른 시대의 작가들이 열망했던 사후 명성이나 후세의 평가와는 관련이 없습니다. 나는 20세기 초까지만 해도 대다수 소설가가 이런 사후 평가나 명성을 위해 글을 썼다고 생각해요. 아직도 그런 사람이 있고요."

"예를 들면요?"

"글쎄요." 나는 좀 망설였다. "바르가스 요사Mario Vargas Llosa 아닐까요? 그런데 사후 평가나 명성이 이젠 죽은 것 같아요. 우리는 지금 포스트-포스테리티post-posterity 시대에, 좀 쉽게 표현한다면 '사후 평가가 없는 시대'에 사는 것 아닐까요? 그런데도 '너를 잊지 않을 거야.'라는 말이 여전히 유효한 이유는 그래도 그 정도는 바랄 수 있다고 생각하기 때문이 아닐까요? '엄마 아빠는 너를 잊지 않을 거야.'라는 말이나, '엄마 아빠를 잊지 않을게요.'라는 말에 당신도 마약을 한 것처럼 될 테니까요."

우리는 마드리드에 있는 알무데나Almudena 묘지에 있었다. 아르수아가가 나를 닛산 주크에 태워 이곳에 데려왔다. 3월 초 그것도 주중 아침 11시였던 탓인지 묘지는 텅 비어 있었다. 3월 초 주중 아침 이 시간엔 사람들은 분명히 다른 할 일이 있을 것이다. 그런데 좀 분위기가 이상했다. 얼마 전부터 아주머니 한 분이 기다란 빵 하나가 불쑥 튀어나온 쇼핑백을 들고 무덤 사이를 분주히 오가고 있었다. 이 묘지는 크기도 그렇지만 도심 한복판에 자리 잡고 있어서, 살아 있을 때의 타성에 젖은 습관을 유지하는 망자들을 위해서라도 어딘가에 까르푸가 있을 것 같다는 생각이 들었다.

춥지만 맑은 날씨였다.

아르수아가에게 여기에 왜 왔는지 물어보자, "묘지는 우리

책 마지막 장을 채우기 좋은 장소예요."라는 대답이 돌아왔다.

"모든 것은 죽음으로 끝나요. 안 그래요?" 아르수아가는 못을 박았다.

"모든 것인지는 잘 모르겠어요. 하지만 산책을 하다 보니 자극도 받네요. 이곳의 조용한 분위기에 긴장이 풀리기도 하고요."

"조금 있다가 재미있는 이야기도 하나 할 거예요."

"뭔데요?"

"모든 것은 때가 있어요. 잠깐 안내도 좀 볼게요. 묘지를 하나 찾고 있거든요."

그는 안내도를 보면서도 계속 이야기했다.

"스페인에는 똑같은 문형을 사용한 두 가지 표현이 있어요. '나는 묘지를 내 소유로 가지고 있다Tengo una tumba en propiedad' 라는 표현과 '내 자리를 내 소유로 가지고 있다Tengo mi plaza en propiedad'라는 표현이죠. 우리는 보통 마지막 문장을 많이 이야기하죠. 일반적으로 다음과 같은 문장으로 끝을 맺어요. '내가 이미 자리를 잡았으니까'라고요."

"묘지를 소유한다는 것엔 두 가지가 있어요." 내가 이야기했다.

대학교수인 고생물학자는 체념은 아니지만, 순순히 받아들이겠다는 듯한 몸짓을 했다. 그런 모습에서 나는 선승과 같은

면을 발견했다. 그의 표정을 달리 해석했던 것이다.

안내도에도 불구하고 우리는 미로에 들어온 듯이 길을 잃었다. 몇 바퀴를 돌았는데, 다시 루이시토의 무덤 앞에 와 있었다.

"계속 여기를 벗어나지 못하고 있네요." 내가 입을 열었다.

"여기 들어온 사람들에겐 흔히 겪는 일이에요." 아르수아가는 나에게 파헤쳐진 곳을 가리켰다. 그곳에 있던 묘가 사라지고 텅 비어 있었는데, 퀭한 검은 눈으로 우리를 바라보고 있는 것 같았다. "저기 비어 있는 묫자리는 아마 영구적인 사용권을 가진 자리일 거예요. 묘지에서 영구적인 기간은 보통 90년이에요. 90년이 지난 후 더 쓰겠다고 요구하는 사람이 없으면 남은 유류품을 공동 납골당으로 가져가고, 그 자리는 다시 팔아요."

"구닥다리 영속성 제도가 보장하고 있는 90년이라는 시간은 그래도 사후 명성보단 더 길 것 같아요."

"선생님이 바로 사후 명성에 지나치게 집착하는 사람 같아요." 그가 날카롭게 지적했다.

그 순간 묘지 관리 직원을 태운 장의차가 지나갔다. 우리 얼굴에서 낭패를 당한 듯한 표정을 읽었는지 차를 세웠다.

"무얼 찾고 있나요?"

아르수아가가 안내도의 한 지점을 가리키자 그 사내는 차에 타라고 했다.

"모셔다 드리죠. 여기서 길을 잃는 게 너무나 당연해요. 너무 넓거든요."

차를 타자, 그 사내는 크게 '지구'와 '구역'으로 나눠진 묘지 배치에 관해 설명을 시작했다. 알무데나를 방문하는 관광객이 많은지 묻자 "그렇습니다."라고 대답하면서, 가이드를 대동하고 단체로 오는 경우도 있다고 이야기했다.

"마드리드 시내에서나 볼 수 있는 지붕 없는 이층 버스를 이곳에 투입하려고 했는데, 어떻게 되었는지 잘 모르겠어요."

다른 '지구'로 가로질러 간 끝에 우리는 고생물학자가 찾고 있던 무덤에 도착했다. 그곳은 다름 아닌 라몬 이 카할의 묘였다. 우리는 차에서 내려 무덤 앞에 경건한 자세로 섰다. 묘비에는 여러 사람의 이름과 날짜가 새겨져 있었는데, 그중에서 우리는 '산티아고 라몬 이 카할, 1852-1934'라는 글귀를 찾을 수 있었다.

"너무 심하게 방치되어 있어요." 고생물학자의 말투엔 슬픔이 묻어났다.

"가족인가요?" 관리자가 물었다.

"그렇다고도 할 수 있죠." 깊이 생각에 빠진 아르수아가의 침묵을 지켜보며 내가 대신 대답했다. 그는 묘지의 기단부를 꼼꼼히 살펴본 다음 전체를 둘러보았다.

마침내 그가 질문을 던졌다.

"전체적으로 손을 보려면 얼마나 들죠?"

"습기도 제거해야 하고…, 잘 모르겠네요." 관리소 직원은 속으로 계산을 하는 것 같았다. "벽돌로 된 전면부는 습기도 너무 찼고 비 때문에 훼손도 심해서…. 1,000유로는 들 것 같은데요. 여기 망가진 글자까지 다시 새기면 전부 1,200유로 정도 나올 것 같네요."

"여기 좀 보세요." 아르수아가는 핸드폰으로 묘지 사진을 찍으며 이야기했다. "기단 부분에 개미가 득시글거리네요."

직원이 다시 돌아오더니 우리에게 명함을 정중하게 건넸다.

"이 사람은 라몬 이 카할을 잘 모르는 것 같군요. 사람들은 수많은 노벨상 수상자 중 한 사람으로만 알고 있어요. 그렇지만 우리 인간에 대해 잘 알았던 천재 중의 천재예요. 뉴턴, 아인슈타인, 다윈과 같은 반열에 들 만한 인물이죠. 인류 역사에서 가장 중요한 대여섯 명을 꼽는다고 해도 거기에 들어갈 만한 사람이에요. 과학 학술지에서 뉴턴보다 더 많이 인용되는 사람이니까요. 뉴턴보다요."

사후 명성이란 문제가 머리에 떠올랐지만 나는 고생물학자의 표정이 바뀌는 것을 보고 아무 말도 하지 않았다. 한참을 묘지 앞에서 침묵을 지키고 서 있었다. 다시 그가 침묵을 깼다.

"어디에선가 과학 아카데미가 묘지 상태를 고발한 글을 읽었어요. 정부가 이 문제에 대해 책임지고 조치를 취해야 한다고 요구했어요. 겨우 1,200유로밖에 안 드는데! 하느님 맙소사! 수백만 유로가 들어가는 줄 알았어요. 이건 과학 아카데미에서 낼 수도 있는 금액이잖아요. 내가 낼 용의도 있어요. 필요 비용이 너무 웃기지 않나요?"

"그렇네요. 좀 웃기네요."

"뉴턴의 무덤이 이런 식으로 방치되는 것을 상상이나 할 수 있겠어요? 다윈과 마찬가지로 웨스트민스터 사원에 있는…."

"부인, 스페인과 나 역시 똑같은 생각을 하고 있습니다." 나는 연설을 하듯이 말을 받았다.

"라몬 이 카할의 과학자 경력은 지적 논쟁으로 점철되어 있었어요. 뇌의 기능을 설명하는 상반된 두 이론, 즉 뉴런주의와 망상론이 있는데요. 그는 뉴런 이론을 옹호했지요. 사실 카할의 이론이 맞다는 것이 곧 증명되었고요."

그 순간 반바지에 티셔츠를 입고 조깅을 하던 청년이 불쑥 우리 앞을 지나갔는데, 그 모습이 잘 이해가 되지 않았다. 고생물학자와 나는 의심에 찬 눈길을 주고받았다.

"혹시 쇼핑을 마치고 돌아온 고인의 죽은 아들 아닐까요?"

상황을 희화화한 나의 이야기에도 아르수아가는 전혀 개의치 않았다.

"나는 아토차 근처 알폰소 12번 가에 소재한, 카할이 생을 마친 집을 정부가 인수하도록 온 힘을 바쳐 일했어요. 그의 전 생애가 아토차 주변과 연결되어 있거든요. 연구실도 있고, 두어 걸음 떨어진 곳에 학교도 있어요. 자식과 손자들이 유산을 물려받았는데, 최근에 매물로 나왔어요. 어느 날 나도 모르게 이 일에 끼어들게 되었어요. 완전히 방치되어 있었거든요."

"어떻게 되었나요?"

"전혀요. 제가 가진 모든 수단과 방법을 다 동원했어요. 국무부에까지 가 봤고, 사립 병원 연합체와 정부 부서에도 제안도 했고요. 제안을 수용하긴 했지만 움직일 생각은 없다는 것도 깨달았어요. 결국 멕시코의 부동산 회사가 사들여 고급 아파트로 개조했지요. 선생님도 이데알리스타Idealista 홈페이지에서 볼 수 있을 거예요. 현관에는 아직도 '여기에서 라몬 이 카할이 살았고 생을 마감했다'라고 쓰인 팻말이 남겨져 있어요."

"그 일이 몇 년도에 있었던 거죠?"

"2018년 일이에요. 대명천지에 이런 일이 벌어진 거죠. 뉴턴이나 다윈의 집을 선생님에게 넘기려면 정말 대담해야 하지 않을까요? 엄청나게요! 그런데 라몬 이 카할의 집을 이따위로 처리했어요. 게다가 1,200유로면 정비할 수 있는 무덤까지도요! 선생님도 어떻게 되었는지 봤잖아요!"

"그래요! 슬프네요!"

고생물학자는 내 팔을 잡아끌었다. 우리는 천재의 묘지에서 멀어지기 시작했다.

"여기를 찾은 것은 지금부터 제가 선생님에게 설명할 문제를 다루는 데 상당히 도움이 되기 때문이에요."

"이야기해 봐요."

"카할은《80대에 본 세상El mundo visto a los ochenta años》이라는 제목의 책을 냈어요. 정말 보석 같은 책이죠. 이 책을 통해 노년에는 어떻게 느낄까 이야기했어요. 노년과 죽음은 과학의 가장 중요한 두 가지 주제예요. 우리는 왜 늙는가? 그리고 우리는 왜 죽는가? 이 두 가지요."

"요즘엔 노화도 되돌릴 수 있다고들 하던데요. 많은 과학자들이 이에 대해서 치료할 수 있는 질병처럼 이야기하고 있잖아요."

"바로 그거예요. 각각의 종마다 노년이 있는데, 그게 과연 뭐죠? 토끼의 수명은 5년인데 인간은 왜 90세까지 살 수 있죠? 어디에 이 생명의 시계가 있는 것일까요? 프로그램되어 있을까요? 만일 노화가 질병이라면 옮길 수도 있을까요? 다시 말해 전염도 될까요?"

"잘 모르겠네요." 나도 모르게 망설였다.

"사람들은 말만 많이 해요. 지금부턴 좀 진지하게 이야기해 보죠."

"좋아요!" 나도 동의했다.

"왜 우리는 죽어야 할까요? 우리가 다쳤을 때 상처 부위는 스스로 복구할 수 있는데, 모든 유기체의 세포들이 죽음을 막기 위해 자가 복구하지 않는 이유가 무엇일까요? 여기 의자에 잠깐 앉을까요?"

좀 차갑게 느껴지는 돌 의자에 앉았다. 하지만 나는 불평하지 않았다.

"말해 봐요."

"뭘요?"

"아르수아가, 당신은 부재에 대해 의식해 본 적 있어요?"

"어떤 부재요?"

"불교적인 색채에 관해 이야기했던 적이 있는 것 같아요. 문득 초월적인 명상에 빠져 무아지경에 빠진 양 아무것도 걱정하지 않는 것 같다는 느낌을 받았어요. 이런 점을 정말 존경해요."

"말도 안 되는 이야기는 하지 마세요! 제가 무슨 말을 하길 원해요?"

"노화와 죽음의 이유에 관해서나 이야기해 봐요."

"아직 알려진 바가 없어요. 과학의 두 가지 불가사의죠. 다윈부터 시작한 생물학에서 가장 큰 수수께끼예요."

"당신이 뭔가 대단한 것을 계시할 것 같다는 생각이 들어요."

"보시죠." 아르수아가는 갑자기 뭔가 비밀을 털어놓을 것처럼 오른쪽 왼쪽을 번갈아 둘러보았다. "이 책으로 부자가 될 거니까 다음엔 연구를 하나 더 해야 할 것 같아요. 전 세계의 멋진 장소를 찾아가 적절한 질문을 던져 가며, 노화와 죽음에 대해 이제껏 단 한 번도 해 본 적이 없는 완벽한 연구 성과를 발표해야 하지 않을까요?"

"좀 걷는 것이 어때요?" 춥다는 생각에 넌지시 제안했다.

우리는 자리에서 일어났다. 고생물학자는 혹시 유령이라도 우리 이야기를 들을까 봐 그런지 계속 내 귀에 대고 속삭이듯이 이야기했다.

"이것은 절대로 지금 밝히면 안 돼요. 이것이 다음 작업의 핵심이 될 테니까요."

"좀 더 나아가도 괜찮지 않을까요?"

"때가 되면 폭탄이 될 수도 있는데, 미리 밝힌다는 것은 좀 어리석죠. 우린 많은 곳을 여행하고, 많이 연구해야 해요. 이 문제에서 파생될 수 있는 것이 정말 많거든요."

"불멸에 대한 이야기 하나로 책 한 권을 쓸 수 있을 거라 믿나요?"

"도서관도 채울걸요." 그는 웃으며 이야기했다. "그것을 재

열여섯, 이젠 사람들의 평가에 맡기자

미있게 이야기할 수 있어야 한다는 것은 또 다른 문제예요. 반드시 그래야 하거든요. 진지하게 이야기하는 건데요. 여기까지 우리를 끌고 온 문제로 나아가야 해요."

"아직도 그게 뭔지 잘 모르겠어요."

"수명과 기대 수명이요."

"이젠 알겠어요." 나는 실망한 표정을 지었다.

그 순간 우리 앞으로 텅 빈 110번 버스가 지나갔다.

"묘지에 버스가 있다는 사실은 모르고 있었네요." 아르수아가가 말했다.

"나도 몰랐어요."

"번호가 몇 번이었죠?"

"110번요."

"666번도 있을까요?"

내가 웃자, 그도 따라 웃었고, 결국 같이 웃었다.

"자연 선택은 적자생존에 달려 있어요. 우리는 40억 년 동안 적자를 선택해 왔어요. 그러니까 우리가 별 볼 일 없을 수가 없죠. 어떻게 바이러스 같은 것이 우리를 죽일 수가 있겠어요? 그런데 왜 90년밖에 못 살까요? 여기에 무슨 일이 있는 것일까요?"

"그게 바로 내가 하고 싶은 말이에요. 무슨 일이 있는 거죠?"

"그것을 한번 밝혀 보죠. 지금은 일단 우리가 해 왔던 것을 계속하기로 하죠. 그러니까…."

"기대 수명과 수명의 차이점을 먼저 보죠."

"좋아요. 혼란스러운 이 문제를 명약관화하게 밝힌다면 만족할 수 있을 거예요."

"수명은 기대 수명의 증가에 달린 게 아닐까요?"

"그것은 엉터리 같은 말이에요. 잘 적어 두세요. 수명은 종의 속성에 달려 있어요. 각각의 종은 자기만의 수명을 가지고 있어요. 개는 15년 정도를 살지요. 고양이는 조금 더 살고요. 코끼리는 70년을 사는데, 고래나 돌고래도 비슷해요. 세상일이 이런 식으로 흘러가죠."

"여기에 근거한다면, 우리 인간의 수명은 안 바뀌었어요? 300년 전이나 3000년 전에도 지금과 똑같았나요?"

"비슷해요. 그렇지만 예를 들어 1900년의 기대 수명은 30세 정도였어요."

"이 모순을 어떻게 설명할 수 있죠?"

"나는 이 문제를 학생들이 이해할 수 있도록 가르치는 데 평생을 보냈어요. 이건 유아 사망률로 설명할 수 있어요. 우리가 전체 인구의 기대 수명이라고 부르는 것은 사실 각 개인의 평균 사망 연령이에요. 특정 시기에 유아 사망률이 높으면 평균은 낮아지는데, 반대의 경우도 있어요."

"석기 시대 인간의 수명은 지금과 똑같겠네요. 어렸을 적에 죽은 아이가 많긴 하겠지만 말이에요."

"정확해요."

"그리 어렵지 않군요."

"그렇지만 선생님은 곧 잊어버릴 거예요. 조만간에 선생님은 또 우리 세대가 부모님 세대보다 더 오래 산다고 말할걸요."

"인식 차원에선 그럴 수 있죠."

"문제는 인식이 우리를 속인다는 데 있죠. 이것을 잘 기억하세요. 기대라는 것은 통계적으로 이야기해서 선생님이 몇 년이나 더 살 수 있는지를 말하는 숫자예요. 따라서 한 살 때 계산하는 것과 예순 살이 됐을 때 계산하는 것이 같을 수가 없어요. 계속 바뀌는 거죠. 유아 사망률은 우리 인간에게도 마찬가지지만 모든 포유류에게 정말 잔인한 거예요. 구석기 시대에 일반적으로 이야기하는 것처럼 30년 정도밖엔 못 산 것은 아니에요. 하지만 유아 사망률이 무진장 높았기 때문에 사망자들의 평균 수명 수치가 그렇게 된 거예요."

"알타미라 동굴에서 살았던 남자라고 나이 서른에 노인이 된 것은 아니네요?"

"무슨 소리예요. 오늘날 쉰 살이 된 사람들보다 훨씬 더 건강했어요. 평생을 운동하며 지냈고, 살코기를 먹었으며, 오염이 전혀 되지 않은 맑은 공기만 마시며 야외에서 살았어요. 지방이 1그램도 없었죠. 현대 의학에서도 구석기 시대와 같은 삶을 권장하고 있는걸요."

"나는 계속해서 그들이 우리보다 먼저 늙었다고 들었거든요."

"제가 선생님 머리에서 완전히 없애 버리려는 것이 바로 그 생각이에요. 그렇지만 확신하건대, 선생님은 집에 도착하자마자 나에게 전화해서 다시 설명해 달라고 할 거예요."

"일반적인 인식으론 모든 세대가 자기 부모 세대보단 더 오래 산다는 것인데요." 내가 반박했다.

"사람들이 통계라는 기가 막힌 과학을 잘 이해하지 못해서 그런 거예요. 통계는 시이자 음악이에요."

"학생들의 주장은 아닌 것 같은데요? 정말 싫어하는 과목인데…."

"학생들이 속임수를 간파하지 못해서 그래요. 분야에 맞는 지적 능력이 있어야 하거든요. 악보를 보고도 거기에 맞춰 노래를 부르지 못하는 사람도 있어요. 에티오피아 사람이 우리를 만나러 올 거라고 제게 이야기했다고 해 봐요."

"알았어요. 에티오피아 사람이 우리를 만나러 온다…."

"제가 그를 보지도 않고 선생님에게 그 사람 키가 대충 어디에서 어디 사이에 있을 거라고 말했는데, 95퍼센트 정도는 알아맞힐 거예요. 그렇다면 내가 모르는 에티오피아인의 키도 알 수 있다는 것이잖아요! 어때요? 정말 기가 막히죠?"

"그런 식으로 보면⋯." 나는 애매하게 망설였다.

"보험 회사가 이렇게 잘살 수 있는 것도 다 통계 덕분이에요."

"그럼 각각의 세대가 부모 세대보다 1년 정도 더 살 수 있다는 이론은⋯."

"그만 괴롭히세요. 방금 설명했잖아요. 우리 다음 책을 위해 자동차 공장을 방문할 거예요. 자동차에는 모든 것이 망가지기 시작하는 때가 있다는 것을 잘 알고 계시죠? 하나가 망가지는 게 아니라는 점이 문제라는 것도요?"

"네. 당신의 닛산 주크만 빼고요."

"포드 공장에서 모델 T를 막 생산하려고 했을 때였어요. 모델 T는 대량 판매를 위해 연속 생산한 첫 번째 제품인데, 포드는 기술자에게 이 모델에서 가장 빨리 망가질 부품이 뭔지 물었어요. 기술자들은 뭐든지 하나를 보여 줬을 거예요. 사실 나는 기계에 대해선 아무것도 모르거든요. '이 부품은 얼마나 버틸 수 있나?'라고 포드가 물었어요. 기술자들이 '4년 정도요.'라고 대답했고요. 그러자 포드는 '좋아. 그럼 나머지 부품도 딱 그 정도만 버틸 수 있으면 좋겠네.'라고 했대요. 다시 말하면, 100년을 버틸 수 있는 부품을 만들 의지가 없어서 그랬다는 거예요. 4년이 지나면 고물상에 가는 이유가 말이에요."

"인체에서도 이런 일이 일어나나요?"

"물론이죠. 우리는 인위적으로 어떤 장기를 더 버티게 할 수 있어요. 인간에게는 그런 기술이 있거든요. 그렇지만 만약 뇌가 제 기능을 못 한다면, 더 살아야 할 이유가 있을까요? 자연은 현명해요. 포드처럼 위험을 최적화해 놨지요."

"이제 좀 뭔가 보이는군요." 내가 말했다.

"전 세계 자동차 공장과 헬스클럽에 가서 이런 조사를 할 거예요. 저도 제가 왜 죽어야 하는지 알고 싶거든요."

"당신이 나보다는 좀 나이가 적으니까, 당신 때는 이 문제가 풀릴지도 모르죠. 유전학이 굉장히 빠르게 발전하고 있으니까요."

"재활성화 분야는 아니에요. 재활성화 프로세스는 그리 발전하지 못했어요." 아르수아가가 말을 잘랐다.

"아니라니요?" 내가 말했다. "예쁜꼬마선충에 대해 보고서를 쓴 적이 있어요. 인간과 노화 과정이 가장 비슷한 그 선충이요. 그 선충의 수명을 연장시키는 데 성공했다고 말이에요. 정말 놀랍죠. 그리고 초파리도 마찬가지고요. 자기 종의 다른 개체들보다 더 오래 더 건강하게 살았다고 알고 있어요."

"실험실에서만 성공한 거죠. 자연에서는 그들이 어떻게 될지 우리는 아직 몰라요. 더 오래 산다는 것은 대가가 아주 커

열여섯. 이젠 사람들의 평가에 맡기자

요. 절대로 공짜로 되는지는 않죠. 유기체는 모든 것이 통합됐기 때문이에요. 대가 없이 오래 산다는 생각은 생물학적이지 않아요. 더 버틸 수 있게 변이가 일어난 모든 동물은 자연에선 2분도 살 수 없어요."

"그렇지만 인간도 어떻게 보면 실험실에서 사는 거잖아요?"

"온몸을 째고 삽관을 하는 것이 실험실에서는 가능할 수 있지만, 병원에서는 절대 안 되지요. 실험실의 생쥐는 정말 불행한 생쥐예요. 나는 불행한 인간이 되고 싶지 않아요."

"알았어요. 그 점은 나도 인정할게요."

"세상이 생긴 이래 이런저런 사람들이 우리에게 다양한 형태의 영생을 약속해 왔어요. 아무 대가를 치르지 않고 120년을 살 수 있다고 말하는 것과 100명의 선녀에 둘러싸인 파라다이스를 약속하는 것이 무슨 차이가 있죠? 차이가 뭔가요? 유일한 진실이라면 그것은 두 예언자가 똑같은 범주에, 예컨대 모두 몰염치한 사람에 들어간다는 점이에요. 아직도 미진한 점이 분명히 남아 있는 것 같아 좀 우려돼요. 이 책의 마지막 장이니까 잘 마무리하고 싶거든요."

"걱정하지 마세요. 당신의 뜻을 잘 살릴게요."

"그만 이곳을 뜨시죠. 회의에 늦을 것 같아요."

우리는 묘지 출구까지 함께 걸어가, 보통 때와는 다른 작별 인사를 나눴다. 포옹을 한 것이다. 지금까지 고생물학자는 언제나 일정하게 거리를 유지하려고 노력했었는데….

집에 도착하자 그에게 전화했다.

"아르수아가, 그동안 메모한 것을 다시 보고 있는데 수명과 기대 수명의 차이를 잘 모르겠어요."

그러자 고생물학자에게서 전혀 불자佛子답지 않은 씩씩거리는 소리가 들려왔다.

"농담이에요!"

나는 얼른 서둘러 마무리했다.

감수자의 말

I.

이 책은 소설 형식으로 들려 주는 고인류학 오디세이다. 비교적 짧은(?) 분량에도 불구하고 고인류학 및 인간진화생물학에서 논의되는 방대한 문제를 다룬다. 고인류학이라면 침팬지와의 공통 조상 이후의 화석과 도구의 역사만 다루면 될 것 같지만, 화석의 변화와 사회상의 변화를 온전히 이해하려면 비교동물학 및 다방면의 진화생물학적 지식이 반드시 필요하다.

하여 이 책의 안내자인 고생물학자 아르수아가의 설명에는 인류의 두 발 걷기의 구조적 특이성, 던지기에 적합한 어깨뼈와 같은 형질의 변화, 다윈의 진화론이 신학자 페일리의 시계 이론과 어떻게 다른지를 보여 주는 진화론의 기초에 해당하는 내용이 들어 있다. 이뿐만 아니라 성장 속도에 대한 생애사 이론, 유당불내증, 불의 사용으로 인한 두뇌 크기의 증가를 설명하기 위한 유전자-문화 공진화론, 호모 사피엔스 진화 이후의 집단 크기의 증가, 두뇌 크기의 감소를 설명하기 위한 스스로 길들이기 등 최근 진화생물학계에서 논의되는 인류 진화사의 특이점을 설명하기 위한 이론들이 다수 동원된다.

다시 말해서, 비록 학술적으로 깊이 소개가 되어 있지는 않지만 아르수아가의 설명에는 고인류학계의 최신 경향이 대부분 반영되어 있다.

II.

고인류학은 미국과 영국을 중심으로 학문의 발전이 이루어졌지만, 스페인도 고인류학사의 발전에 많은 기여를 한 국가 중 하나다. 그렇기에 영어 중심의 국내 번역 시장에서 아마도 처음으로 등장하는, 스페인 고인류학자가 직접 쓴 고인류학 해설서가 반갑다.

스페인이 고인류학의 중심부에 있게 된 이유 중 하나는 스페인에서 네안데르탈인, 호모 사피엔스, 호모 하이델베르겐시스와 관련된 유적들이 지속적으로 발굴되었기 때문이다. 동굴 벽화 보존에 유리한 비교적 건조한 지형인 스페인 북부에서는 알타미라 동굴을 비롯한 동굴 벽화가 여럿 발견되었고(이 책에서는 라 코바시에야 동굴에서 최근에 발견된 동굴 벽화에 대한 화려한 묘사가 등장한다), 최근에는 네안데르탈인이 그린 것으로 추정되는 동굴 벽화도 발견되어 고인류학계가 주목하기도 했다. 또한 스페인은 반복적으로 등장하는 빙하기 동안 네안데르탈인의 '피난처'였으며, 스페인 남쪽의 영국령 지브롤터 동굴에서는 '최후의' 네안데르탈인 화석이 발견되기도 했다.

하지만 스페인의 그 어떤 유적지보다도 인류 진화사에 대한 지식을 많이 던져 준 유적지는 이 책의 초반부에 언급되는 아타푸에르카다. 이 유적지는 마드리드 북쪽을 지나는 철도를 건설하다가 우연히 발견되었는데(스페인도 우리나라처럼 토목 공사나 큰 건물을 짓기 전에 고고학자로부터 유물이 있는지 없는지 확인을 받아야 한다), 120만 년 전부터 43만 년 전까지의 호모 하이델베르겐시스, 네안데르탈인 화석과 유물이 발굴되었다.

아타푸에르카에서 발견된 화석은 개체 수가 많을 뿐만 아니라 보존 상태가 좋기 때문에 당시 유럽에 정착한 인류에 대해 많은 사실을 알려 준다. 예를 들어, 의식을 위한 것이 아니라 단백질 보충을 위한 식인주의의 최초 증거가 발견되었으며, 가장 최근 화석인 43만 년 전 화석에서는 성적 이형성性的異形性(남성과 여성의 키, 몸무게 차이)이 현대인 수준으로 줄었다는 것도 확인할 수 있다. 뿐만 아니라 주목할 만한 도구도 발견되었는데, 그중에 흔하지 않은 색깔의 돌로 만든 양면 손도끼는 인류 최초의 상징으로 여겨진다. 한 고고학자는 그 손도끼에 아서왕의 전설에 등장하는 '엑스칼리버Excalibur'라는 이름을 붙여 주었다.

III.

마지막으로 서구인들이 네안데르탈인에 대해 갖는 양가감정을 언급하고 싶다. 이 책의 화자인 소설가 호세 미야스는 자신을 스스로 네안데르탈인의 후손이라고 믿는다. 엄밀하게 말해서 이는 틀린 이야기는 아니다. 유전학자 스반테 파보Svante Pääbo가 네안데르탈인 화석에서 추출한 고DNA를 통해서 밝혀낸 바에 의하면, 현대 유라시아인 유전자의 2퍼센트 정도는 네안데르탈인에서 유래했기 때문이다. 호모 사피엔스와 네안데르탈인의 상호 교배가 일어난 시기가 6만 년에서 9만 년 사이로 추정되기 때문에 유라시아인 대부분의 2,000에서 3,000세대 전 조상 중에는 네안데르탈인이 적어도 한 명은 존재한다.

하지만 미야스가 진지하게 자신이 네안데르탈인의 후손이라고 생각하는 이유는 이 때문이 아니다(그는 자신의 아버지를 완전한 사피엔스라고 규정한다). 그 이유는 유럽인들이 네안데르탈인에 대해 갖는 애증 관계에 있다. 20세기 후반 이후 엄밀한 유전학 및 화석 분석으로 네안데르탈인은 계통발생도 상에서 호모 사피엔스와 가장 가까운 친척 종으로 밝혀졌지만, 네안데르탈인 화석이 처음 발견된 19세기 초반부터 20세기 중반까지는 그렇지 않았다. 당시 서구인들은 네안데르탈인을 대표적인 원시인 정도로 여겼다. 그러한 네안데르탈인의 이미지는 오늘날까지 대중 매체를 통해 지속적으로 증폭되면서 지금도 서구인들은 네안데르탈인 하면 '원시인' 혹은 '길들여지지 않은 존재'를 떠올린다. 인터넷 검색 엔진에서 'Neanderthal caricature'를 검색해 보라. 원시인 복장을 한 다양한 네안데르탈인 캐릭터를 볼 수 있을 것이다.

미야스는 어릴 때 자신이 상징 능력이 부족해서 연애를 잘하지 못한다고 생각했고, 이를 네안데르탈적인 원시성과 연관 지었던 것이다.

IV.

우리는 흔히 현재를 더 잘 이해하기 위해서 역사를 배운다고 이야기한다. 인류 진화사를 배우는 이유도 마찬가지다. 현재 우리에게 어떤 생물학적 토대가 있는지 더 잘 이해하기 위해서 인류가 지나온 길을 찬찬히 살펴볼 필요가 있다. 독자들에게 이 책이 그 첫걸음이 되길 빈다.

김준홍 (포스텍 인문사회학부 교수)

옮긴이의 말

판소리의 아름다움은 명창의 구성진 소리와 고수의 장단과 추임새에서 오는 협력과 조화에서 찾을 수 있다. 최근 많은 사람의 이목을 집중시킨 이날치 음악의 성공도 같은 맥락에서 생각할 수 있다. 이날치의 퓨전 판소리는 그 자체로도 물론 훌륭하지만, 만약 인간의 솔직하고 원초적인 소통을 강조하는 앰비규어스 댄스 컴퍼니가 제공하는 감각적인 추임새가 없었다면 이와 같은 폭발적인 반응은 힘들었을 것이다.

《루시의 발자국》역시 마찬가지다. 스페인을 대표하는 고생물학자 '후안 루이스 아르수아가'가 전하는 진화생물학·심리학·인류학 지식에, 소설가이자 저널리스트인 '후안 호세 미야스'가 진한 사람 냄새를 담은 추임새를 넣어 가며 독자에게 전하는 형식을 택하고 있다. 고생물학자가 전하는 진화생물학에 대한 지식은 그 자체로 매우 흥미로울 수 있다. 그렇지만 이러한 흥미를 누가 어떤 식으로 유도할 것인가에 따라 재미는 배가될 수도 있고, 반감될 수도 있다. 그 역할을 소설가인 미야스는 아주 충실하게 해낸다. 전문가는 아니지만, 고대 인류에 대해 어렸을 적부터 가져온 관심을 통해 적절한 질문과 방향을 제시하고, 일반인이 관심을 가질 만한 주제로 대화를 이끌어 간다. 여기에 더해 고생물학자인 아르수아가의 이야기를 재치로 녹여 재미있게 전달하는 역할을 하고 있다.

두 사람의 조화가 더욱 흥미롭게 다가오는 이유는 그들이 각각 전혀 다른 삶의 궤적을 살아왔기 때문이다. 한 사람은 현실 속 인간의 모습을 글로 정착시키는 작업을 해 온 인문학적 사유에 익숙한 소설가라면, 다른 한 사람은 인간을 포함한 고생물학의 진화와 이에 따른 변화를 논리적이고 분석적으로 추적해 온 과학자라는 점에서 하나의 현상에 대해 같은 관점을 유지하기가 어려울 수밖에 없는 조합이다. 그러나 전혀 어우러질 것 같지 않은 이 조합은 앞에서 말한 고전적인 판소리와 앰비규어스 댄스 컴퍼니의 현대적인 춤이 소통과 조화를 통해 하나로 통합되는 모습을 보여 주듯이 인문학과 자연 과학의 결합을 통해 인간에 대한 새로운 해석을 만들어 내고 있다.

물론 전체 흐름은 아르수아가가 주도하고 있다. 현실과 밀

옮긴이의 말

접하게 연결된 삶의 공간으로, 예컨대 프라도 박물관, 어린이 놀이터, 장난감 가게, 마드리드 근교의 계곡, 성인용품 가게, 애견 대회장, 초등학교, 공동묘지, 원시인들의 동굴 벽화 현장 등으로 미야스를 안내하며 우리가 쉽게 접할 수 있는 소재에서 진화생물학의 최근 연구 결과를 재미있게 들려준다. 진화의 메커니즘, 음식의 변화에 따른 신체 변화, 뇌의 발달, 가축화 혹은 길들인다는 것의 의미, 남성과 여성의 이차 성징의 차이, 종교의 의미, 귀여움의 의미 등에 대해 우리가 간과하고 있던 새로운 지식을 재미있는 톤으로 전해 주는 것이다.

《루시의 발자국》은 진화생물학과 인류학 그리고 심리학 분야의 과학적 지식을 전하는 책이다. 그러나 단순히 '알쓸신잡' 식의 과학 지식의 전달에 머무르지 않는다. 미야스의 노력은, 이를 인문학적인 사유, 다시 말해 인간의 삶에 대한 철학적 사유로 연결하려는 그의 노력은 이 책을 한 차원 더 끌어올린다. 바로 여기에서 이 책의 가치를 찾아볼 수 있다. 모든 것을 경제로 환원시켜 '나'만을 생각하는 삭막해진 그리고 어딘가 방향을 잃고 헤매는 듯한 삶에 대해 다시 한번 생각해 볼 기회를 이 책을 통해 얻게 되었으면 좋겠다.

남진희

• 국기에 그려진 세계사
김유석 지음 | 김혜련 그림 | 2017 | 19,000원
방대한 역사적 사실 앞에 늘 주눅이 들 수밖에
없는 세계사. 한 국가의 정체성을 압축해 놓은
국기라는 상징을 통해 각 나라의 역사를 살펴본
다. 세계사를 본격적으로 알아가기에 앞서 뼈대
를 세우는 입문서로 제격이다.

• 지혜가 열리는 한국사
옥재원 지음 | 박태연 그림 | 2018 | 18,000원
국립중앙박물관, 국립고궁박물관에서 초등학
생들에게 한국사를 가르친 저자의 노하우를 담
았다. 저자는 어린이들의 역사 공부는 암기하
는 것이 아니라, 역사를 통해 생각하는 힘을 길
러주는 게 목적이라고 말한다. 어린이용과 어른
용, 두 권의 책으로 구성되어 있는 이 책은 어린
이와 어른이 따로 읽고, 함께 대화를 나누는 콘
셉트를 갖고 있다. 한국사를 잘 모르는 어른들
도 충분히 아이들과 역사를 소재로 대화할 수
있도록 만들었다.

• 당신은 지루함이 필요하다
마크 A. 호킨스 지음 | 서지민 옮김 | 박찬국 해제 |
2018 | 12,800원
눈코 뜰 새 없이 바쁜 삶을 살아가는 당신에게
'지루함'이 왜 필요한지 설파하는 실용 철학서.
지루함이 삶을 돌이켜 보고 그 전과는 다른 창
조적인 삶을 살 수 있는 기회를 제공한다고 주
장한다. 일중독과 게임 중독 등 갖가지 중독에
사로잡혀 지루할 틈이 없는 한국인들에게 큰 의
미를 던지는 책이다.

• 만년필 탐심
박종진 지음 | 2018 | 15,000원
펜을 사랑하는 이들에게 만년필은 욕망의 대상
이자 연구의 대상이다. 한자로 표현하면 '貪心'
과 '探心', 우리말로는 '탐심'으로 동일하게 음
독되는 양가적인 마음이 있다는 이야기다. 이
책은 어느 만년필 연구가의 '貪心'과 '探心'을
솔직하게 드러낸 글이다. 40년의 세월 동안 틈
만 나면 만년필을 찾아 벼룩시장을 헤매거나,
취향에 맞는 잉크를 위해 직접 제조하는 수고를
마다하지 않으며, 골방에서 하루 종일 만년필을
써 보고 분해한 경험을 담담히 써 내려간 만년
필 여행기다.

• 본질의 발견
최장순 지음 | 2017 | 13,000원
업(業)의 방향성을 고민하는 이들을 위한 안
내서. 삼성전자, 현대자동차, 이마트, 인천공항,
GUCCI 등 국내외 유수 기업의 브랜드 전략, 네
이밍, 디자인, 스토리, 인테리어, 마케팅 업무를
진행해 온 '브랜드 철학자' 최장순이 차별화된
컨셉션 방법론을 제시한다.

• 의미의 발견
최장순 지음 | 2020 | 15,000원
위기의 시대에도 승승장구하는 브랜드들이 있
다. 이들은 공통적으로 물건이 아니라 '의미'를
판다. 크리에이티브 디렉터 최장순이 제품과 서
비스에서 어떻게 남다른 의미를 발견하고 소비
자들에게 신앙과도 같은 브랜드를 만들 수 있는
지 그 비밀을 파헤쳤다.

• 밥벌이의 미래
이진오 지음 | 2018 | 15,000원
'4차 산업혁명'으로 우리 삶과 일자리가 어떻게
변화할지를 예측한 미래서. 망상에 가까운 낙관
주의도, 쓸데없는 '기술 포비아'도 이 책에는 없다.
딱 반걸음만 앞서 나가 치밀하게 미래를 그린다.

• 토마토 밭에서 꿈을 짓다
원승현 지음 | 2019 | 14,000원

이 시대의 농부는 투명인간이다. 멀쩡히 존재하지만 모두가 보이지 않는 것처럼 대한다. 우리 시대가 농업을 대하는 태도를 방증하는 일면이다. 《토마토 밭에서 꿈을 짓다》는 이에 반기를 든다. 새로운 산업의 상징인 디자이너에서 1차 산업의 파수꾼으로 변모한 저자는 자신의 토마토 농장의 사례를 통해 우리 농업의 놀라운 가능성과 존재감을 보여 준다.

• 널 보러 왔어
알베르토 몬디·이세아 지음 | 2019 | 15,000원

방송인 알베르토 몬디의 인생 여행 에세이. 이탈리아 베네치아를 떠나 중국 다롄에서 1년을 공부한 다음, 인생의 짝을 만나 한국에 정착하기까지의 이야기를 담았다. 백전백패 취업 준비생, 계약직 사원, 주류 및 자동차 영업 사원을 거쳐 방송인이 되기까지의 여정이 그려져 있다. 자신의 정체성을 잃지 않으려 노력하며, 남들이 뒤로 물러설 때 끊임없이 도전적인 선택을 하는 모습이 인상적이다. 책의 인세는 사회복지법인 '안나의집'에 전액 기부된다.

• 이럴 때, 연극
최여정 지음 | 2019 | 19,800원

연극 앞에 한없이 작아지는 당신을 위한 단 한 권의 책. 수천 년을 이어 온 연극의 매력을 알아가는 여정의 길잡이이다. 12가지의 상황과 감정 상태에 따라 볼 만한 연극을 소개한다. '2019 우수출판콘텐츠 제작지원사업 선정작'이다.

• 겨자씨 말씀
프란치스코 교황 지음 | 알베르토 몬디 옮김 | 정우석 신부 감수 | 2020

그리스도교를 믿든 그렇지 않든 전 세계인들의 영적인 지도자로 추앙받는 프란치스코 교황이 예수님의 말씀에서 길어 올린 생각들을 정리한 내용이다. 존중, 정의, 존엄, 환대 등 짧지만 깊은 의미를 담고 있는 복음서의 메시지를 매우 간단명료하고, 쉽게 전한다. 번역은 방송인 알베르토 몬디가 했다.

'당신의 밥벌이' 시리즈

• 연예 직업의 발견
장서윤 지음 | 2017 | 16,000원

스타가 아닌 스타를 만드는 직업을 소개한 책. 성장일로에 있는 한국의 엔터테인먼트 산업에 몸을 담고 싶어 하는 이들을 위한 착실한 안내서다. PD와 작가 등 전통적인 직업군부터 작가 및 연출자 에이전시, 엔터테인먼트 콘텐츠 기획자 등 새로운 직업군까지 망라했다. 각 분야의 대표 인물을 통해 누구도 말해 주지 않는 직업 현실과 제3자 입장에서 본 노동강도와 직업의 미래까지 적었다. 실제 연봉까지 공개한 것은 이 책의 최대 장점.

• e스포츠 직업 설명서
남윤성·윤아름 지음 | 2021 | 17,000원

요즘 10대, 20대들에게 게임은 사회생활의 일부다. 게임을 잘하면 친구들에게 신처럼 추앙받는다. 마치 기성세대가 학창 시절에 댄스, 노래, 운동을 통해 친구들과 소통한 것과 같다. 'e스포츠를 밥벌이로 생각할 수는 없을까?' 어른들이 게임고 e스포츠를 색안경을 끼고 보는 동안 MZ세대는 그러한 편견에 싸우면서도 자신의 미래를 개척해 나가고 있다. 이 책은 그들의 싸움에 도움을 주고자 만들었다.

'지구 여행자를 위한 안내서' 시리즈

• 이탈리아의 사생활

알베르토 몬디·이윤주 지음 | 2017 | 16,000원

한국인이 가장 사랑하는 이탈리아인 중 한 명인 방송인 알베르토 몬디가 전하는 이탈리아 안내서. 커피, 음식, 연애, 종교, 휴가, 밤 문화, 교육, 축구와 F1, 문화유산 그리고 커뮤니티 등 열 가지 키워드로 이탈리아의 문화와 사회를 소개한다.

• 상상 속의 덴마크

에밀 라우센·이세아 지음 | 2018 | 16,000원

행복 지수 1위, 1,000만 원짜리 소파와 함께하는 휘게, 그리고 정시 퇴근에서 비롯된 여유로운 삶. 한국인들에게 덴마크는 기껏해야 우유와 레고의 나라이거나, 완벽한 시스템을 구비한 행복의 나라다. 여행 또는 거주의 경험이 있는 사람들에게는 음울한 날씨와 따분하면서도 차가운 사람들이 모인 나라다. 어느 게 진짜 모습일까. 에밀 라우센이 가감 없이 전한다.

• 지극히 사적인 프랑스

오헬리엉 루베르·윤여진 지음 | 2019 | 16,000원

감히 말할 수 있다. 당신의 머릿속에 박제된 프랑스는 이제 버리시라. 부모가 가난해도 괜찮은 교육을 받을 수 있고, 어디에 가든 생산적인 정치적 논쟁이 있으며, 이민자를 열린 마음으로 받아들이는 나라는 없다. 여전히 당신이 프랑스를 이렇게 떠올린다면, 그건 수십 년 전 이야기다. 현재 한국방송통신대학교 교수이자 JTBC '비정상회담' 멤버였던 오헬리엉 루베르는 우리가 알고 있던 프랑스와 실제의 프랑스를 비교할 수 있도록 쉽고도 자세하게 설명한다.

• 세상에서 제일 우울한 동네
핀란드가 천국을 만드는 법

정경화 지음 | 2020 | 14,800원

핀란드는 한때 우리나라에서 매우 '핫한' 국가였다. 무상 교육을 실시하면서 창의적인 학생을 길러내고 국제학업성취도평가에서 1위까지 차지했다. 인간적 삶을 영위하도록 돕는 복지 제도는 또 어떤가. 전 세계를 주름잡던 대기업 노키아도 있었다. 하지만 국내의 핀란드 열풍은 겉핥기에 가까웠다. '독립적인 시민'을 키우자는 그들의 교육 철학, 돈으로 환산할 수 없는 '사회적 신뢰'를 이해하지 못했기 때문이다. 사실 이 두 가지 키워드를 보지 못하면, 핀란드는 그저 입맛을 다시며 부러워할 수밖에 없는 북유럽 국가 중 하나일 뿐이다.

루시의 발자국

소설가와 고생물학자의
유쾌하고 지적인 인간 진화 탐구 여행

1판 1쇄 발행 2021년 5월 14일
1판 2쇄 발행 2022년 7월 8일

지은이	후안 호세 미야스·후안 루이스 아르수아가
옮긴이	남진희
감수	김준홍

펴낸이	이민선
편집	홍성광
디자인	박은정
관리	이해정
제작	호호히히주니 아빠
인쇄	신성토탈시스템

펴낸곳	틈새책방
등록	2016년 9월 29일 (제25100-2016-000085)
주소	08355 서울특별시 구로구 개봉로1길 170, 101-1305
전화	02-6397-9452
팩스	02-6000-9452
홈페이지	www.teumsaebooks.com
네이버 포스트	m.post.naver.com/teumsaebooks
페이스북	www.facebook.com/teumsaebook
인스타그램	@teumsaebooks
전자우편	teumsaebooks@gmail.com

ISBN 979-11-88949-30-4 03900